教育部人文社会科学规划基金项目（16YJA630012）

中国政法大学科研创新项目（10818423）

中国政法大学新兴学科培育与建设计划：商业大数据分析

中国政法大学商学院优秀学术丛书系列

融　合
数字经济时代的企业价值创造模式

Fusion
Enterprise Value Creation Model
in the Digital Economy Era

葛建华 － 著

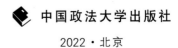

中国政法大学出版社

2022·北京

图书在版编目（CIP）数据

融合: 数字经济时代的企业价值创造模式/葛建华著. —北京: 中国政法大学出版社, 2022.6
ISBN 978-7-5764-0456-2

Ⅰ.①融…　　Ⅱ.①葛…　　Ⅲ.①互联网络－应用－企业管理－研究　　Ⅳ.①F272.7

中国版本图书馆CIP数据核字 (2022) 第092161号

出 版 者　　中国政法大学出版社

地　　址　　北京市海淀区西土城路 25 号

邮寄地址　　北京 100088 信箱 8034 分箱　邮编 100088

网　　址　　http://www.cuplpress.com (网络实名: 中国政法大学出版社)

电　　话　　010-58908289(编辑部) 58908334(邮购部)

承　　印　　固安华明印业有限公司

开　　本　　720mm×960mm　1/16

印　　张　　20

字　　数　　320 千字

版　　次　　2022 年 6 月第 1 版

印　　次　　2022 年 6 月第 1 次印刷

定　　价　　89.00 元

前 言

PREFACE

数字经济已上升为我国的国家战略，成为拉动经济增长的重要引擎和产业升级的重大突破口，同时成为体现创新驱动的关键指标。在 2021 年 3 月 12 日发布的国家"十四五"规划纲要中，明确提出到 2025 年我国数字经济核心产业增加值占 GDP 比重将达到 10%。

那么，延续了几百年的工业文明、延续了千万年的人类社会如何拥抱数字经济？互联网及其相关技术是如何推动着数字经济的发展？

"少出门、少聚集、保持一米社交距离"，成为人们在防控新冠肺炎疫情中重要的行为指南。

少出门、少聚集，那很多业务、很多工作如何开展？

从 2020 年 1 月 24 日到同年 2 月 9 日 18 点，天翼云会议注册用户达到 668 837 户；有 6000 多家政府和企事业单位使用云会议布置工作、几万门课程在线直播[1]……2020 年 1 月 26 日，京东健康启动在线义诊，用户打开京东 APP，直接搜索"京东义诊"，即可进入义诊专区页面。阿里、京东不是医院却开启了医疗门诊，中国电信不是酒店却为人们提供了无数间"会议室"，企业上"云"、医疗上"云"、教学上"云"……通过"云"，人们跨越了可见的空间边界和不可见的企业边界。

这些，都为本书的主题——"融合创造价值"提供了很好的例证。

---

〔1〕 参见《中国电信"天翼云会议"成为阻击战沟通利器》，载 http://jjdf.chinadevelopment.com.cn/xw/2020/02/1609163.shtml，最后访问日期：2020 年 11 月 16 日。

一、为什么写这本书？

本书的写作动机源于"互联网+"相关课题的研究和教学需要，期望能够从纷繁的现象中，探讨互联网如何改变企业的价值创造方式，如何推动社会和经济的发展，如何改变了人们的生活方式……进而将人类社会带入数字经济时代。

短短几十年，互联网叠加了移动互联网，以熊彼特（Joseph Alois Schumpeter）所强调的"创造性破坏"给人类的政治、经济、文化和日常生活等各个领域都带来了巨大变革。其中，"融合"是一个明显的趋势。近年来的政府工作报告中，"产业融合""两化融合"等内容多次被提起；百度搜索指数显示，2018年以来"融合"相关搜索大幅增加；中国知网上，研究"互联网+"与产业融合、跨界融合的期刊论文数量，也从2013年的29篇，增加至2020年的180多篇……这些都意味着互联网对社会经济活动的影响表现出极强的融合特征，从宏观到微观，各个层面与互联网相关的融合都备受瞩目。

那么，"融合"是什么？它是如何发生的？为何重要？

在汉语中，"融合"是指几种不同的事物合成为一体，人类发展的历史进程中就贯穿了各种各样的"融合"。互联网所带来的网络化、数字化等，更是前所未有地催生了"融合"的普遍性和频发性，既体现于创新也表现为改变。

李相文（Sang M. Lee）和奥尔森（David L. Olson）认为融合是指不同物体或思想的互补性结合，从而形成新的环境，对知识共享、合作竞争和创新提出了新的挑战，也将带来最大的机会……是人类创造力的结果。[1]他们将融合称为"第四大浪潮"，认为它正在改变人们的生活和行为方式，改变组织运行和创造价值的方式，以及改变政府服务于人民的方式。

这样的"融合"，是以何种方式影响着我们的时代，进而影响企业行为和每一个人的？

毫无疑问，作为数字经济时代的基础技术和核心技术，今天的互联网并非只是"信息传递工具"，它已成为颠覆传统价值创造方式、改变竞争结构、实施"创造性破坏"的利器；它正在重塑人类的经济、社会、文化和技术的

---

[1]〔美〕李相文、戴维·L. 奥尔森：《融合经济——融合时代的战略创新》，方晓光译，中国金融出版社2013年版，第3~40页。

形态，世界即网络、生活即网络正在逐步成为现实。美国著名社会学家、"信息时代三部曲"[1]作者曼纽尔·卡斯特（Manuel Castells）教授认为，互联网不是一个产业，而是我们这个时代唯一的社会结构。

　　本书认为，正是以互联网为基础的不同程度的跨界现象，催生了社会经济活动中各类主体内部组织边界或外部组织边界的模糊，这种融合的过程及成果推动了全面的数字化进程，深刻影响着人类社会的发展。

二、本书的构成

　　本书创新性地提出了互联网与产业融合的研究框架（见图0-1），由此构成本书的六章内容。第1章回顾了数字经济时代的基础——互联网的发展历程及其与融合的关系；[2]之后，在第2章、第3章、第4章和第5章，分别解析了融合的三大特征；第6章通过解读共享经济，对前述内容进行概括而深入的讨论。

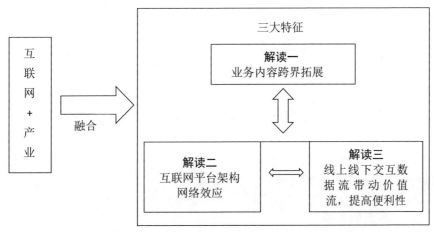

图0-1　本书的研究框架

---

　　〔1〕　即《网络社会的崛起》《认同的力量》和《千年终结》。
　　〔2〕　作者认为互联网的商业化应用开启了广泛意义上的互联网时代。互联网时代随其技术及应用的发展呈现出不同特征，数字经济是互联网时代的高级形态。因此，本书根据所讨论的内容，选择性使用互联网时代或数字经济时代，特此说明。

（1）特征之一：跨界。

现实中，跨界提供产品或服务的企业，越来越多地出现在人们的视野中。在各类跨界中，互联网强大而多向的"连接"能力和全新的"连接内容"，使原本缺少联系的产业/行业/企业之间得以实现"数据连接"，赋予企业改变资源利用和价值创造的新方式，由跨界引发的破坏性创新也应运而生，产业/行业之间的界限也随之模糊，不断衍生出新产业、新行业、新模式，从而改变了经济结构，并在整体上形成不同产业联合的正反馈循环，促进了资源配置优化和生产效率的提高。

（2）特征之二：平台模式。

互联网平台为融合提供了基础架构，也成为数字经济运行的重要载体。它不仅是信息资源的获取和交流平台，也是企业提供服务、与用户互动、建立广泛连接的商业系统生态圈的平台。平台模式凸显了由网络效应所引发的双边市场特性，进而影响到平台参与各方的交易行为和竞争策略；平台成员在竞合中不断共生、互生和自我生长，保持了平台生态圈的活力，也使融合的发生能够持续推动创新，从而实现更有效的报酬递增并推动经济进步。

（3）特征之三：线上线下数据交互与便利性的改善。

目前，由数据贯通的线上和线下、虚拟和现实的交互，成为各种依托于互联网的商业模式都采用的交互路径：简单如会议在线直播与现场参会相结合，复杂如基于用户需求的智能制造。无论是终端消费还是产业链的各个环节，线上线下交互的O2O模式都更加广泛地嵌入了社会经济生活的数字化过程中，连接起许多没有逻辑的关联，不断创造出更多具体的连接形态，让"数据就是资源"成为事实并能够产生价值。

三、本书的特点

在文字表达方面，本书注重可读性，叙述风格上不"严肃"但不缺少严谨；在内容构成方面，本书将理论研究与现象分析有机结合，每章除主题内容外，还以典型案例和附录的形式提供新闻热点、学者观点等不同专题内容与主题相互补充，为读者开阔视野和多角度思考提供参考，以减少一家之言难免存在的偏颇。

全书关注现实问题、注重理论的系统性，期望能为人们提供一张系统解读"融合"的"思维导图"，以便从纷繁多变的现象或"热词"中，抓住由互联网技术启动的数字经济时代企业价值创造的本质特点。

期待以文会友，与您相互切磋精进。

作　者

2022 年 2 月

目 录

CONTENTS

CHAPTER 1 ▶ 第 **1** 章

互联网与融合发展

数字经济时代的到来及其发展，离不开互联网。

截止到 2021 年，世界互联网已经走过了 52 年，中国互联网也经过了 27 年的发展历程。

1969 年，第一个真正的网络——阿帕网（Advanced Research Project Agency Net，ARPANet）创立。此后的几十年中，互联网强大的信息汇集、传播和处理能力，促进了其在一切与信息有关领域的快速渗透。互联网去中心化的多向性所带来的无限延展，构成了网络时代丰富的链接层次，使原本无任何关联和时空交集的人与人、人与物、物与物之间，通过连接而聚集。在各种连接中流动的信息如同黏合剂，强有力地黏合着不同产业、行业、企业及个体，进而推动着社会关系和交易关系的不断变革与创新，全方位改变着人类社会的发展方式和人们的生活方式。

从微观层面看，因互联网渗透带来的技术融合促进了业务融合、产品融合和服务融合；从宏观层面看，因互联网渗透带来了产业、行业界限的模糊，不同产业或行业因相互融合衍生出新产业或新行业……这种融合，既表现为对"已有"的改造或升级，也表现为对"已有"的颠覆，还表现为从"无"到"有"的新增，从而让人们置身于更加丰富多彩的现实社会中。这也从另一层面展现了罗伯特·梅特卡夫（Robert Metcalfe）法则所诠释的网络的正反馈性，即互联网爆炸性地渗透在经济和社会各个领域，不断通过激活和扩张创造出价值；这种价值又以网络外部性的乘数效应在人与人、人与物、物与物、企业之间、产业之间、企业与产业之间的更大范围中建立起广泛连接，进而创造出更多价值。

本书所讨论的融合，聚焦于依托互联网技术跨越产业或行业边界的企业活动，其行为主体是企业；关注因融合而产生的新的产品或服务，以及提供这些产品和服务的方式。

因此，勾勒互联网及其应用的发展过程是本书的开篇。本章首先简要回顾互联网及其应用的发展历史，并以消费互联网和产业互联网为主，简述互联网与不同领域的融合。[1]

1.1 国际互联网发展历程

国际互联网（Internet，以下简称"互联网"）是由一个个终端，如计算机、智能手机和平板电脑等连接起来的、能够远距离传输数据的网络；在这个巨大的网络中，人们几乎可以随时随地地快速获取各种数据和信息。

最早，互联网只限于军方内部使用，后来扩展到学术网络和商业网络；其连接方式从以桌面计算机为代表的固定终端连接，发展到以智能手机为代表的移动连接。短短几十年，互联网叠加了移动互联网，在人类政治、经济、文化和社会等各个领域引发了巨大变革，被公认为是 20 世纪当之无愧的最伟大发明。

1.1.1 互联网的诞生[2]

渴望相互联系，是人类重要的社会属性。从古至今，人类一直在探索信息的传输及共享方式，以满足对交流的渴望。正是在人类为"连接"和"交流"而作出的不懈努力中，互联网诞生了。

一般认为，互联网的发展经历了以下五个阶段：

第一阶段（1969 年之前）。1968 年，美国军方开始组建阿帕网（ARPANet）[3]，1969 年，该网络第一期工程投入使用，当时只有四个节点，也没有局域网（LAN）技术。这一阶段被人们称为互联网的萌芽阶段，阿帕网也作

---

〔1〕 互联网发展简史相关内容是对客观事实的叙述，本章参考了许多书籍、论文和网络资料等，恕不一一列出。在此，向各位作者特别致谢。

〔2〕 参见吕廷杰等编著：《信息技术简史》，电子工业出版社 2018 年版。

〔3〕 "阿帕"（ARPA），是美国国防部高级研究计划署（Advanced Research Project Agency）的简称，阿帕网为该机构开发了世界上第一个运营的封包交换网络，是全球互联网的始祖。

为互联网的起源被载入史册。

第二阶段（1970—1982 年）。1971 年，阿帕网的节点扩充到 15 个，随后逐步发展成为连接许多大学、研究所和公司的计算机网络。通过卫星通信，该网络得以连接到伦敦和挪威，欧洲用户通过这两个节点就可以入网；1981 年，阿帕网已有 94 个节点，分布在 88 个不同的地点。同年，阿帕网引入了互联网协议（Internet Protocol，IP）来实现相互连接的网络之间的地址搜寻，以便将数据传递给发送人指定的接收者。在这一时期，一些大学和公司也相继接入并使用阿帕网，网络覆盖面不断扩大。

第三阶段（1983—1994 年）。1983 年，阿帕网一分为二，其中之一继续用于美国军方，而另一部分则专门用于民间。这种军用与民用网络的分离，使互联网在社会各个层面的应用成为可能。同时，基于 IP 建立的美国国家科学基金会网（National Science Foundation Network，NSFNET）通过传输速度为 56kb/s 的通信线路，连接起美国六个超级计算机中心，实现了资源共享。该网络系统由主干网、地区网和校园网组成，各大学的主机通过本校的校园网可以就近连接到地区网，每个地区网又可以连接到主干网。这样一来，各大学的任何一台主机都能够通过 NSFNET 访问美国的六个超级计算机中心，实现用户之间的数据交换。

1989 年，美国国家科学基金会网更名为"Internet"并向公众开放，世界上被称为"互联网"的网络从此诞生了！当时，这一网络上已连接了世界各地约 30 万台计算机；20 世纪 90 年代后，一些国家、地区和科研机构建立起的广域网络也逐渐连接到 Internet 上。所有这些，共同构成了世界范围内的互联网络。

第四阶段（1995—2006 年），商业化应用启动。1995 年，美国国家科学基金会网络的经营权被转交给斯普林特（Sprint）、美国世界通讯国际公司（MCI）和高级网络服务公司（ANS）三家私营电信公司。

将网络经营权移交给企业，是互联网发展史上的重大转折，这表明互联网的商业化身份已经形成。从此，互联网从单纯的科研网络，演变成一个世界性的商业网络。随着世界各国的接入和各种商业应用的加入，网络的覆盖范围及其应用技术都得以迅速发展，其所覆盖的地域不断扩大、所承载的内容不断丰富并日益膨胀。这一发展过程，也彰显了互联网所拥有的巨大能量和包容性。

在互联网走向商业化应用的过程中，许多关键性的技术及其产品的不断发明和改进，彻底颠覆了人类获取、传递、共享、分析和应用信息的方式，推动了各个领域的一系列创造性破坏[1]和破坏性创新[2]，进而对社会经济发展中的产业、行业、企业和人们生活的各个方面，都产生了极其重大而深刻的影响，其中的一些典型事例至今仍然为人们所津津乐道。

1995年，微软浏览器 IE（Internet Explorer）诞生；同年，美国最大的电子商务公司——亚马逊公司成立。

1996年，四名以色列的犹太年轻人发明了一款即时通信软件 ICQ，意为"我在找你"；同年，Hotmail 公司在国际互联网上提供免费电子邮件服务，Hotmail 的那只彩色的蝴蝶翅膀，曾经在很多人的电脑屏幕上灵动飞舞。

从1996年起，在政府的支持下，美国的科研机构和高校合作，开始了"下一代互联网"（NGI）研究计划，旨在进行高速计算机网络（Internet 2）的建设及其相关应用研究；1998年美国一百多所大学联合成立"先进互联网发展大学公司"（UCAID），从事 Internet 2 研究计划。该计划旨在为美国的教育和科研提供世界最先进的信息基础设施，确保美国在高速计算机网络及其应用领域的技术优势，进而保证21世纪美国在科学和经济领域的竞争力。[3]由此催生了很多互联网企业的诞生，大批相关新技术、新理念和新模式不断涌现，在互联网商业应用领域引发了一次次创新和变革。

1998年，谷歌在线搜索引擎诞生。

2001年，微软推出 Windows XP 操作系统。

2003年，淘宝网上线，成为迄今为止中国最大、国际知名的 C2C 商品交易网站。

2004年2月，Facebook（脸书）诞生，现在已发展成为世界最大的社交网络服务网站，2019年其全球月活跃用户达 23.75 亿，约占世界人口的 1/3。[4]2021年10月28日，脸书更名为"元宇宙"。这一名称的变迁，也反映了互联网

〔1〕［美］约瑟夫·熊彼特：《经济发展理论——对于利润、资本、信贷、利息和经济周期的考察》，何畏、易家详等译，商务印书馆1990年版。

〔2〕［美］克莱顿·克里斯坦森：《创新者的窘境》，胡建桥译，中信出版社2010年版。

〔3〕黄令恭：《NGI——下一代的 Internet》，载《自然杂志》1998年第3期，第153~156页。

〔4〕参见《社交媒体行业数据分析：2019年 Facebook 全球月活跃用户达 23.75 亿》，载 https://www.iimedia.cn/c1061/72012.html，最后访问日期：2020年10月4日。

巨头们对数字经济发展趋势的捕捉。

2006 年，Twitter（推特）诞生，其用户只需要发送一段不超过 140 字符的内容，就可向他们的追随者播报各种消息。

第五阶段（2007 年至今），进入移动互联网时代。虽然无线局域网（WiFi）在 20 世纪 80 年代末就已具雏形，但一直以来，人们使用互联网都离不开桌面电脑，这意味着上网行为被固定在某些空间，如办公室或书房等。但 2007 年美国苹果公司总裁斯蒂夫·乔布斯（Steve Jobs）所开发的智能手机（iPhone）的问世及 2010 年诞生的平板电脑（iPad），为人们提供了可以随时移动、便捷上网的终端设备，WiFi 从此与移动终端完美结合，移动互联网时代也随之到来并获得快速发展。

以上互联网发展进程中的一些关键节点，如图 1-1 所示。其中，亚马逊的成立和淘宝网的上线，使互联网的商业应用大踏步进入零售行业，二者也成为电子商务领域的代表性企业。

图 1-1　互联网及其商业应用发展进程

现在，人类已经进入移动互联网时代；人们已经习惯于通过智能手机"随时随地、人人互联"地交流和获取信息；移动互联网在为人与人、人与物、物与物的广泛连接和信息分享提供强大技术支持的同时，也孕育出无限商机。如智能手机因其所载入的内容及服务更私密、更便利，进而促成了手机支付业务被普遍采用，并由此极大地繁荣了第三方支付产业。另外，通过手机建立的人与物、物与物的网络连接，也使智能家居、智慧城市等"高大上"的概念得以落地，走进普通人的生活中。

1994 年 4 月 20 日，通过美国斯普林特公司，北京中关村地区教育与科研示范网络（NCFC）开通了接入互联网的 64K 专线，实现了该网络与互联网的全功能连接，中国也因此在国际上被正式承认是真正拥有全功能互联网的国家。由此，翻开了我国互联网发展史的第一页，这也被评为我国 1994 年重大科技成就之一。相关资料，请参看本章附录。

因为互联网，现实世界中相互分离的人们实现了信息的远距离、实时、多媒体和多向交互的传输、收集与共享，极大地改变了人们的思维、生产和生活方式，在人类社会的各个方面都掀起了一场革命，诞生了很多全新的产业和商业模式。

在这一进程中，早期参与互联网研究的科学家们所提出的"所有计算机生来都是平等的"理念，使得全球的每一个网络终端都能够平等地使用网络资源、快速地获取各种信息，也为以后的互联网技术发展奠定了重要的技术标准基础。[1]

1.1.2 伯纳斯·李与万维网

在互联网的发展史上，英国计算机科学家伯纳斯·李（Tim Berners-Lee）有着举足轻重的地位。

2012 年 7 月 28 日，在伦敦奥运会开幕式现场，伯纳斯·李受到了全场的热烈欢迎，人们向他致敬，向互联网致敬，向科学致敬——目前最常使用的超文本标记语言（Hyper Text Markup Language，HTML）就是伯纳斯·李的发明。该语言巧妙地将网络资源的外表与内涵统一成整体，为海量的数据传输、处理和呈现提供了极大的便利。

在伦敦奥运会开幕式表演的第六章中，上演了名为 *Frankie and June Say...Thanks Tim* 的短片。[2] 片中，少女琼外出参加聚会，在地铁上对相遇的小伙子弗兰奇一见钟情。不知道是故意还是失手，琼的手机掉在了弗兰奇的面前。随后，弗兰奇开始通过音乐、通过社交媒体等寻找手机的主人，最终

---

〔1〕 这里谈到的标准、规则就是现在所说的通信"协议"，如文件传输协议 FTP、传输控制协议 TCP 等，参见吕廷杰等编著：《信息技术简史》，电子工业出版社 2018 年版，第 33 页。

〔2〕 *Frankie and June Say...Thanks Tim* 也被直译为《弗兰奇和琼说：谢谢你，蒂姆》。

找到了琼。之所以能找到，是因为有互联网、有伯纳斯·李开发的超文本标记语言。

1989 年，英国科学家伯纳斯·李在欧洲核子研究组织工作期间，[1]考察了当时已有的超文本系统，决定将超文本的思想运用到计算机网络的建设中。据说，有一次伯纳斯·李端着一杯咖啡走在实验室走廊上，当他经过盛开的紫丁香花丛时，闻到了伴随着咖啡香的花香。刹那间，他灵感迸发：既然人脑可以通过互相连贯的神经传递不同信息（咖啡香和花香），那么互相连接的电脑是不是也可以传递不同信息的"超文本"呢？于是，他提出利用超文本重新构造信息系统的设想，并设计出供多人在网络中同时管理信息的超文本标记语言。

1990 年，伯纳斯·李在当时的 NeXTStep 网络系统上，开发出了世界上第一个网络服务器（Web Server）Httpd、第一个客户端浏览编辑程序 World Wide Web（WWW，万维网，它与因特网有本质的区别）[2]，并用一个全域"统一资源标识符——URL"来标记。

1991 年 8 月 6 日，伯纳斯·李建立了世界上第一个网站——http://info.cern.ch/，并在网站上说明了什么是万维网、如何使用网页浏览器和如何建立一个网页服务器等。此后，伯纳斯·李花费了 18 个月的时间来游说欧洲核子研究组织，使该组织于 1994 年 4 月 30 日宣布：根据修正的通用公共许可（General Public License，GPL）公开万维网协议和源代码，即任何人都可以永远免费利用它编写服务器或浏览器程序，可以用于商业目的，并且不附加任何条件。这一知识产权的全面免费开放，铸就了互联网开放而公平的基因，使"电脑平等、资源共享"这一创立互联网的初衷能够真正而便捷地实现。由此，互联网的基础应用架构具有了非私有的开源性质，这也最大限度地避免了此后互联网技术的开发因陷入知识产权纠纷而分裂的局面，使得服务器

---

　　〔1〕　欧洲核子研究组织（European Organization for Nuclear Research），成立于 1954 年 9 月 29 日，通常被简称为 CERN，是世界上最大型的粒子物理学实验室，也是万维网的发源地。

　　〔2〕　万维网（亦作"网络""WWW""3W"，英文"Web"或"World Wide Web"），是一个资料空间，人们常说的互联网或网络多指万维网。在这个空间中的资源由一个全域统一资源标识符（URL）标识。这些资源通过超文本传输协议（Hypertext Transfer Protocol，HTP）传送给使用者，后者通过点击链接来获得资源。虽然万维网常被当成因特网的同义词，但万维网与因特网有着本质的差别。因特网（Internet）指的是一个硬件的网络，是全球计算机网络，提供电子邮件、新闻组、网页浏览的服务，全球所有的电脑相互连接后便形成了因特网，而万维网更倾向于一种浏览网页的功能。

和客户端都能够独立地发展和扩展而不受知识产权的许可限制。这一切，都成为互联网技术快速发展和广泛应用的基石。

1994年，伯纳斯·李在美国麻省理工学院成立了全球互联网联盟（World Wide Web Consortium，W3C），这一非营利性组织是网络技术领域最具权威和最有影响力的国际中立性技术标准机构。该联盟由设立在美国麻省理工学院、欧洲数学与信息学研究联盟、日本庆应大学和中国北京航空航天大学的四个全球总部（W3C Hosts）的全球团队联合运营。到目前为止，W3C已发布了四百多项影响深远的网络技术标准及实施指南，如广为业界采用的超文本标记语言（HTML）、可扩展标记语言（XML）以及帮助残障人士有效获得网络内容的信息无障碍指南（WCAG）等，有效促进了网络技术的互相兼容，对互联网技术的发展和应用起到了基础性和根本性的支撑作用。[1]

因为在互联网技术上的杰出贡献，伯纳斯·李被业界公认为"互联网之父"，是互联网行业经营者和全世界互联网迷的偶像。2004年4月15日，49岁的伯纳斯·李荣获芬兰技术奖基金会"千年技术奖"的100万欧元奖金，是这一全球最大的技术类奖的首位获得者。同年，英女王伊丽莎白二世向他颁发了大英帝国爵级司令勋章。2009年4月，他获选成为美国国家科学院外籍院士；2016年，荣获图灵奖。[2]

从技术角度上说，万维网是Internet上那些支持WWW协议和超文本传输协议（Hyper Text Transport Protocol，HTTP）的客户机与服务器的集合。通过万维网，任何人都可以存取或链接世界各地的超媒体文件，如文字、图形、声音、动画、资料库以及各式各样的软件等，人类因此实现了史无前例的巨大规模的信息交流。可以说，万维网是人类历史上最深远、最广泛的超越时间和空间的传播媒介及信息交流方式。它的诞生和使用，大大加速了全球各

---

〔1〕参见"W3C中国"网站首页，载 https://www.chinaw3c.org/about.html，最后访问日期：2020年11月23日。

〔2〕艾伦·麦席森·图灵（Alan Mathison Turing，1912—1954），英国科学家，计算机之父，人工智能之父；2019年7月15日，英国央行英格兰银行宣布，将在新版50英镑纸币上使用图灵的肖像，以纪念其在计算机领域所做出的开创性贡献；2021年6月23日（图灵诞辰日），这一新版50英镑纸币正式流通。1936年，图灵在论文《可计算数字及其在判断性问题中的应用》中构造出一台完全属于想象中的"计算机"，被称为"图灵机"。二战中，图灵小组成功破译了德国谜式密码（理论上是无法破译的），对结束二战贡献卓越。1954年6月的一天，图灵吃下了含有氰化物的苹果自杀。如有兴趣，可参看美国影片《模仿游戏》，该片曾获第87届（2015年）奥斯卡七项提名以及最佳改编剧本大奖。

个领域的信息化进程，促进了人们超越国界的相互认知、相互理解。

在万维网的技术体系中，超文本传输协议将词、短语、符号、图像、声音剪辑、影视剪辑和其他文件等文档元素，在同一个文件内或不同的文件之间建立起链接关系，这种链接方式与人们的思维方式和工作方式较为接近，因而降低了人们使用互联网的技术门槛。同时，伯纳斯·李宣布不申请万维网技术专利，人们可以免费使用，这也在客观上消除了互联网广泛应用的经济壁垒。这些，都为互联网的快速普及奠定了重要基础。

2016 年 8 月 26 日，伯纳斯·李在其发表于《连线》（Wired）上的一篇文章中说："互联网的开放与灵活是嵌入骨子里的：它的协议、程序语言等，在设计上都很易于更新，因此有无限潜能可以在新的需求指引下、在新的设备帮助下，实现对现有限制的突破。"互联网发展至今，也很好地印证了伯纳斯·李对互联网的设想。

起初，创立互联网是源于学者们对信息交流的需求，早期的应用也局限在学术和军事防务领域。当时，基于文件传输协议（File Transfer Protocol，FTP）的互联网，其页面只有文字、没有图形，而且必须输入命令才能使用，这就大大限制了能够使用互联网的人群。而基于 TCP/IP 的万维网，以其简单、实用的特点突破了基于 FTP 的网络限制，让普罗大众也可以方便地使用网络，这也使得互联网能够在广泛应用中获得超乎寻常的迅猛发展，成为全球规模最大的网络信息系统，成功地将世界变成了地球村。

可以说，互联网[1] 所带来的不仅仅是巨大的技术进步，其所坚守的面向所有人的共享、开放理念，还推动了人们以互联网思维来突破传统思维的束缚，在各个领域平等合作，推陈出新。

1.1.3　从 Web1.0 到 Web4.0[2]

从 Web1.0 到 Web4.0，是人们对互联网技术进步的阶段性划分，它的每

---

〔1〕　从理论上讲，万维网和互联网并非同一概念，但本书仅限于对互联网应用的讨论，对二者作同一理解，特此说明。

〔2〕　Web 的本意是蜘蛛网和网的意思，在互联网上表现为三种形式，即超文本（Hypertext）、超媒体（Hypermedia）、超文本传输协议（HTTP）等，有三个特点，即动态的、图形化的，并且与平台（操作系统）无关。访问是通过一种叫浏览器的软件来实现的。参见陈豪文等：《浅谈 Web 发展及现状》，载《计算机产品与流通》2019 年第 6 期，第 104 页。

一次显著进步，都是在满足市场应用和需求变化的过程中实现的进化，而非预设。

（1）Web1.0。Web1.0即万维网发展的第一代模式，是静态的、单向的网络，可以聚集大量信息供终端用户搜索、查看。这是人们为了实现信息共享而奋斗多年的成果，虽然还很不尽如人意，但与其他信息共享方式相比，已经有了很大进步。因而，人们也更多地使用Web1.0，并赋予其在使用中不断进步的强大生命力。

在商业应用方面，Web1.0最初主要是为大型企业和商业公司服务。1985年3月15日，美国一家名为Symbolics的电脑生产商注册了历史上第一个".com"域名——"Symbolics.com"，这标志着互联网进入了商用时代。这一时期，使用互联网的企业通过网络将产品信息发布到网上，人们通过网络来浏览这些信息，如果看到满意的商品，便可以联系公司。与今天的互联网相比，Web1.0被称为"阅读式互联网"，其用途相当有限，只是简单的信息检索，网页大多是静态的，其最大的缺陷是交互性差，用户每提交一次数据，都要停下来等待响应，在响应之前，用户只能看到一个空白网页。

虽然Web1.0只是一种只读模式，但其带来的全新视觉感受深受人们的喜爱，因而被迅速运用在商业和个人领域。1997年，仅我国就有网民62万人；1998年，京东、腾讯分别注册成立；1999年，马云在杭州创办了阿里巴巴网站；同年，美国约有44%的商业机构开展了网上销售与服务，为美国带来了1715亿美元的年收益；2000年，全球企业注册的".com"域名已突破1000万个，全球网民达3亿多；[1]这意味着全球有数以亿计的企业和个人利用网络搜索或发布信息。

但是，Web1.0的电子商务网站是单向的，就像街头商家散发的促销彩页一样，用户只能看内容，却无法下单，也不能互动和交流，而人们希望能够通过网络交流、下单来获得更多商业机会。因而，互联网领域的技术创新开始关注如何通过网络解决人与人之间的沟通和互动，由此推动了Web2.0的开发。

（2）Web2.0。2003年后，Web2.0成为热词，它满足了人们对交互的需求，也被称为"可写、可读的互联网"。

---

〔1〕 周民：《世界互联网发展状况一瞥》，载《全球科技经济瞭望》2001年第4期，第24~26页。

使用 Web2.0 时，用户在发布内容的过程中不仅可以与网络服务器进行交互，还可以实现同一网站不同用户之间的交互，以及不同网站之间用户的交互。它还允许用户自主上传或分享内容，用户既是浏览者，也是内容的制造者。这一时期的互联网，在使用模式上从"只读"转向"可读、可写、可上传、可下载"，这也使得用户可通过书写并上传内容来共同建设网站，博客和微博就诞生于这一时期。这种方式，也更加符合人类渴望表达、渴望交流的本性。

从单向到交互，互联网逐渐发展为双向或多向交流的、以分享为特征的实时网络；用户在互联网上拥有自己的数据，并能在不同的网站上使用。这是互联网的理念和思想体系的一次升级换代，即从自上而下的、由少数资源控制者集中主导的互联网体系，转变为自下而上的、由广大用户集体智慧和力量主导的网络体系。

正是 Web2.0 的这种交互特性，推动了人与人之间通过网络的社会交往活动即社交网络（Social Network Service，SNS）的兴起，最典型的有 Twitter 和 Facebook，它们分别代表了两种功能显著不同的社交网络。其中，Twitter 的用户以寻找信息为目的，用户通过初级信息（Information 1）找到高质量的信息发布者，即有共同兴趣的朋友，进而与其建立起社交关系（Relationship），有目的地获取自己所喜欢的信息（Information 2）。在这样的社交关系中，信息的发布者发挥着"信息筛选器"的作用，从而保证跟随者能够接收到有质量的信息，并保证接收过程的高效。Facebook 的用户则主要以维护关系为目的，其用户为了维护和拓展关系而发布信息（如个人资料、BLOG、写真等），并通过信息平台搜索感兴趣的内容或具体的人（如现实生活中的某个人），最终根据这些内容找到发布者（包括其他相关信息的发布者），如加为好友即可建立新的社交关系，并有可能将这种线上虚拟空间的网友关系，转变为线下物理空间的真实朋友关系。

Web2.0 的这种交互性，构建起网络上"一对多"和"多对多"的信息传播模式，意味着每个人都可以在网络上传播自己的信息，由此形成了各种社交网站和点评网站，从而打破了门户网站对信息的垄断，也诞生了无数网红。Web2.0 激发了普通人在网络上的创造力并为其带来商机，但一句谩骂也预示着"网络暴力"发生的可能。互联网赋予了每个网络使用者话语权和共建网站内容的空间，同时也导致了网络上的信息泛滥。

如何才能在海量的信息中找到自己需要的信息？这一需求推动了网络搜索引擎技术的异军突起。但搜索引擎并不能杜绝软件病毒，也不能区分垃圾信息，更不能对网络信息进行系统化处理。为解决这些问题，人们又开始探索相关的新技术。

（3）Web3.0。Web3.0承载并满足着人们对互联网的新需求。这是一个全新的互联网平台、一个多媒体集成的操作系统、一个全新的人机对话时代。借助开放的应用编程接口（Application Programming Interface，API），Web3.0的网站成为一个基于"定向搜索+开放式TAG（分类系统）+智能匹配"的操作系统。如果说Web1.0用超链接解决了信息孤岛的连接问题，Web2.0解决了自下而上的网络发言权问题，Web3.0则致力于解决海量信息在细化后的定向搜索与获利机制问题，[1]它最大的价值不仅在于可以让人们更好地利用网络资源，还在于可以促进人们通过相互合作来实现资源转化并获得价值。随之而来的是大数据、云计算和区块链等热门话题和技术应用，令人应接不暇。

Web3.0的特点之一是个性化，即为网民提供更大的自由空间，如个性化用户体验、个性化配置等，更能体现网民的自我需求。特点之二是用户导向，即将用户的喜好作为软件开发的主要动因，如电脑弹窗的个性化推送，实际上就是Web3.0技术引入了个人信息偏好处理系统和个性化搜索引擎，对个体用户的特征和网络搜索习惯进行整理、归类，帮助用户在极短时间内找到自己需要的信息资料。这既节省了时间和精力，也实现了搜索的快捷与准确，帮助人们提高了效率。

不仅如此，Web3.0还使网站具备了自主学习能力，即能够使网站从海量数据中发现个性化的关联，并以此洞察用户潜在需求，从而变得更加智能。如人们每次在网上购物时，网站总会列出一个清单——其他人购买了你选中的这件商品后还会继续买什么，看到这个清单后，你也许会选购其中的商品，会形成新的消费关联。这种关联，就是Web3.0通过算法激活的潜在购买力，是对信息的系统化处理，也是其智能化的表现之一。

---

〔1〕 张振接、梁祥丰：《Web3.0向我们走来》，载《科技与出版》2007年第2期，第58~59页。

（4）Web4.0。Web4.0 被认为是无所不在的网络时代，我们正处在这个时代。

Web4.0 时代是人工智能与实体经济融合的时代，"无人驾驶""AI 技术"和"机器人服务"等都是这一时代的象征，它们的集中亮相标志着互联网进入了万物互联阶段，手机就是连接万物的万能终端和遥控器。为了节约手机因下载 APP 而占据的存储空间，小程序被认为是进入 Web4.0 时代的入场券。

随着虚拟现实技术、尖端显示技术、智能网络身份代理、情境感知应用等代表智慧生活的网络信息技术不断出现，Web4.0 将人们带入了一个全新的智慧互联网时代。智慧虚拟感知、智慧电子代理、智慧身份认证、智慧网络生活等是这一时代的发展趋势，共生网络（Symbiotic Web）、大规模网络（Massive Web）、同步网络（Simultaneously Web）和智慧网络（Intelligent Web）等，将是 Web4.0 时代的特征。

从 Web1.0 到 Web4.0，互联网在汇集人类智慧的同时，其自身也在共享人类智慧的过程中快速进化，如通过网络的智能化来学习和传承人类知识，等等。图 1-2 概括了每一代互联网的主要特点。

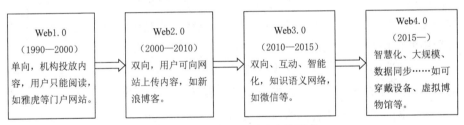

图 1-2　Web1.0~ Web4.0 的特点

目前，人们也在谈论 Web5.0、Web6.0。从一些资料来看，Web6.0 本质上是物联网与互联网尤其是移动互联网的叠加，它有效延长了人类的感官，如无人机航拍、智慧农业中的各种传感器等，帮助人们获得大量数据来重新发现世界、改变世界。互联网所实现的信息远距离、实时、多媒体、双向（多向）交互传输等，激发了各行各业商业模式的不断创新，并大大改变了世界政治经济格局和人们的思维方式。[1]尤其是 Web2.0 以来，"每个人都成了

---

〔1〕吕廷杰等编著：《信息技术简史》，电子工业出版社 2018 年版。

行走的数据生成器"。[1]

在生产领域，以云计算为代表的新型计算能力呈现出爆炸式增长，人工智能、物联网、增材制造等技术持续进步；基于数据的智能化，柔性制造系统正在得到广泛普及，产业结构的去中心化、生产经营活动的物联网化和泛数据化等趋势在不断加强。这一切，改变的不单纯是企业的信息传递，而且使数据上升为企业资源，从而改变企业的资源结构，进而衍生为企业能力。[2]正如麦奎尔（McGuire）等所强调的，互联网技术的进步，使企业能实现精确预测及前瞻性研发，从而开辟蓝海获得竞争优势。我国积极推进的"互联网+"战略、美国的"再工业化"、德国的"工业4.0"等，都是基于"互联网已成为新的资源基础，且与其他要素存在着边际替代"的认知；流动于互联网中的信息，其重要意义在于消除不确定性，从而为企业带来利润；[3]因而，互联网所带来的发展模式和思维方式，也被认为是第三次工业革命的先导和思维范式。[4]

"无处不网络"，在今天，无处不在的高速网络和移动互联网，已经成为全球经济发展和社会进步的重要基础设施，成为人们不能离开的生活要素。借助网络，信息和知识的交换与传播的互动性、时域性都得到极大提升，各种数据的资源性得到空前强化；[5]每一个消费个体在价值发现、创造与实现过程中的作用都有很大提升，为企业获取经济租金提供着动力。[6]在企业与用户、用户与用户、企业与企业之间所形成的基于互联网的互动关系网络中，每一个参与者都有可能依靠资源共享而获取私有与共有的经济租金，实现价值兑现。网络中，流动着的数据所蕴含的丰富价值正在被发现、被唤醒、被转化，进而为各行各业赋能。

曾经为交流和通信便利而发明并建立的互联网，如今已演变出消费互联

---

〔1〕 McGuire, Tim, James Manyika, and Michael Chui, "Why Big Data Is the New Competitive Advantage", *Ivey Business Journal*, 2012, （7/8）pp. 1-13.

〔2〕 赵振：《"互联网+"跨界经营：创造性破坏视角》，载《中国工业经济》2015年第10期，第146~160页。

〔3〕 F. H. Knight, *Risk, Uncertainty and Profit*, Houghton Mifflin, Co. , 1921, pp. 682-690.

〔4〕 金元浦：《互联网思维：科技革命时代的范式变革》，载《福建论坛（人文社会科学版）》2014年第10期，第42~48页。

〔5〕 M. Granovetter, "The Strength of Weak Ties", *American Journal of Sociology*, 1973, pp. 1360-1380.

〔6〕 刘川：《互联网跨界经营的三种隔绝机制》，载《江汉论坛》2019年第4期，第22~27页。

网、产业互联网等，成为新一代工业系统和社会经济生活的中枢神经系统，成为人与人、人与物之间连接的"血脉"，智能手机等移动终端则借助移动互联网，成为各种"连接"的万能触点，促进着"人人互联、万物互联"。

1.1.4　移动互联网

（1）移动互联网与移动终端。从理论上讲，并没有互联网和移动互联网的区分，但在现实应用中，人们将网络终端是否可移动这一特性赋予网络，因而也就有了桌面互联网和移动互联网的说法。桌面互联网，即通过桌上的电脑上网，终端相对固定且较难移动，尤其是在笔记本电脑出现之前；移动互联网，即以智能手机为代表的可随意移动的终端所依赖的网络。

从技术特性来看，移动互联网本身就体现了融合的特点，是移动通信技术和互联网相结合的产物——它采用无线技术解决了互联网所不能解决的移动性，使人们可以在移动中使用网络。通过移动互联网，手机所具有的随时、随地、随身的优势与互联网所具有的分享、开放、互动的优势合二为一，从而使互联网具有了实时性、隐私性、便携性、准确性和可移动定位等特点，并将时间、空间和个人身份三个维度加入互联网中。目前，移动互联网已经发展成为一个全球性的、以宽带 IP 为核心技术的新一代开放的基础网络，可同时为无数的移动终端提供语音、数据、图像、视频和多媒体等高品质服务，对人类的信息化发展进程和企业价值创造模式的创新产生着重大影响。

"世界尽在指尖"，这应该是对移动互联网最贴切的表述。手持可移动终端、在触摸屏上滑动指尖，人们就可以完成各种信息交互：聊天、购物、会议、教学和游戏等，而且还可以瞬间切换各种场景。这些场景切换由需求所主导，即使各场景之间可能没有逻辑关联，人们也可以通过智能手机等获得多场景应用的价值。

2010 年，被认为是移动互联网的发展元年。在这一年，全球许多地区的移动数据流量成倍增长，中国某些省份的移动数据流量增长率达 150%，个别城市甚至增长了 200%~300%。也是在 2010 年，千元以下、普及型的智能终端纷纷亮相，成为通信运营商们普及移动互联网的重要载体。这一年，全球的移动用户数突破了 50 亿，电信产业的格局也因此而改变：互联网厂商、终端厂商等加入其中，更多不同行业的企业或部门期望成为移动互联网这一"蛋糕"的分享者。这也意味着在以互联网为基础的数字经济时代，行业或企业发展需要更加开放的平台、需要相互融合才能实现更好的发展。[1]

移动互联网的兴盛，离不开以智能手机为代表的各类移动终端的创新与发展。自 2007 年苹果公司推出 iPhone 智能手机以来，各种移动终端不断面世和升级，如平板电脑、可穿戴设备等。目前，人们通过移动终端进行交流、交易已成为常态；很多航空公司也在努力提供空中 WiFi 服务，使上网不受时间和空间的限制。人们期待的永远在线、随时随地上网正在逐步成为现实，人类正在进入真正完全意义上的网络时代。比如，东方航空公司的部分飞机在舱门、机身和客舱内部都有 WiFi 标识，乘客只要提前在东方航空 APP 或东航官网上申请登录密码，就可在登机后打开手机 WiFi 功能连接东航的空中互联网络，体验空中社交通讯、视频通话、空中购物、旅行预订、获取新闻资讯等上网服务，还可以体验全球领先的在飞行中的空中实时支付服务。[2]

（2）从 1G 到 5G。1G 到 5G，代表着移动通信网络技术发展的迭代，其目的是以更快速度、更好功能来满足不同空间位置上的通信质量。作为一个高效连接、能耗较低的通信网络体系，移动互联网的发展必然会导致相关产业的服务对象和服务方式都有所改变。

20 世纪 80 年代以来，大约每 10 年就有一种新的无线移动通信技术发布，代表着移动终端不同凡响的发展，特别是以智能手机为代表的移动终端，其颠覆性的创新彻底改变了移动电话行业的发展格局。《时代》（*Times*）杂志曾经将苹果的 iPhone 评为 2007 年度的最佳发明，并将其称为"一部永远改变手机产业的手机"。

表 1-1 简要列出了每一代移动通信网络的特点，相关文章较多，读者可自行浏览。

---

〔1〕 叶惠：《移动互联网元年?》，载《通讯世界》2010 年第 12 期，第 1 页。

〔2〕 参见《东航将推出空中 WiFi 服务》，载 http://www.xinhuanet.com/fortune/2018-01/17/c_1122274546.htm，最后访问日期：2020 年 10 月 18 日。

表 1-1　移动互联网的技术特点变化

	特　　点	使用年代	典型终端
1G 第 一 代	以模拟技术为基础的蜂窝无线电话系统。使用模拟调制、频分多址（FDMA），仅限语音传送。因受网络容量的限制，语音品质低、讯号不稳定、涵盖范围也不够全面。	1980 年代	代表生产商：美国摩托罗拉公司，俗称"大哥大"手机
2G 第 二 代	以无线通信数字化为代表，能够进行窄带数据通信。可使用 QQ 聊天发文字，但传输图片和视频并不畅通。通用分组无线业务（GPRS）的最大速度为 50Kbps。	1990 年代	代表生产商：芬兰诺基亚公司
3G 第 三 代	高带宽的数据通信，提了了语音通话安全性，传播速度相对较快，可以很好地满足手机上网等需求，如 QQ、微信等，但播放高清视频还不流畅。3G 促进了各类手机购物 APP 的诞生，启动了手机网购。	2000 年代	代表生产商：美国苹果、韩国三星
4G 第 四 代	包括 TD-LTE 和 FDD-LTE 两种制式，其中 FDD-LTE 在国际上采用较多；静态传输速率可达到 1Gbps，用户在高速移动状态下可以达到 100Mbps，其更快的传输速率，使手机实现的功能变得更丰富。其网速大约是 3G 的 20 倍，可以满足游戏、高清移动电视、视频会议、3D 电视以及其他需要高速的功能。4G 通信技术，已经很大程度上实现了智能化的操作，但还不能根据物联网产生的变化和需求及时地优化处理。	2013 年以后	代表生产商：美国苹果、韩国三星、中国华为、中国小米

	特　　点	使用年代	典型终端
5G 第 五 代	最新一代蜂窝移动通信技术，性能目标的高数据速率最高可达 10Gbit/s，比当前的有线互联网快，比 4G-LTE 蜂窝网络快 100 倍；能够减少延迟、更快响应，能够满足"万物互联"的物联网通信，如自动驾驶，远程医疗等实时应用；其超大网络容量能提供千亿设备的连接能力，能为手机和一般性的家庭和办公网络提供服务。	2020 年以后 5G、4G 并行	代表生产商：中国华为、美国苹果
2G 网络看文字，3G 网络看图片，4G 网络看视频，5G 网络时代看什么？4K 视频？无人驾驶？远程课堂？……目前，手机已经不再拘泥于"打电话工具"这一传统身份，而是成为一个移动的全能信息终端。				

相对于 PC 用户，手机不仅具有随时随地浏览和交互信息的特点，更具有个人化、私密性的特点。这些特点，每一个都可以延伸出新的应用、可能成为新的商机。如通过手机终端，可以获取使用者的位置，可以根据不同的位置提供个性化的服务；手机通讯录所反映的是用户最真实的社会关系，随着手机应用从娱乐化转向实用化，基于通讯录的各种应用也正在成为移动互联网价值的新增长点……围绕手机不断推出的各种新产品、新应用和新商业模式，正在为人们的工作或生活提供各种便利。在 2020 年的新冠肺炎疫情中，阿里钉钉、腾讯会议等 APP，就成为企事业单位、学校等组织和开展工作的主要网络平台，现实工作和虚拟网络在不经意间实现了快速而广泛的融合，人们迅速参与其中并很快适应了这一新的工作方式。

2019 年 6 月 6 日，我国工业和信息化部正式向中国电信、中国移动、中国联通、中国广电等发放了 5G 商用牌照，中国正式进入 5G 商用元年。[1]5G 为物联网的发展提供了更大的网络平台，所支持的终端设备不仅比 4G 多出几倍，还解决了使用 4G 网络不能持续实时玩游戏的问题，能量消耗也较低。

5G 手机从外观上看起来与 4G 手机没有多大区别，但内部设计更复杂。

---

[1] 《我国正式发放 5G 商用牌照》，载 http://www.xinhuanet.com/fortune/2019-06/06/c_1124590839.htm，最后访问日期：2020 年 11 月 18 日。

如我国大力推广的全网通手机，就要求其能够支持三大运营商的全部频段，一些商务机型还需要考虑到世界其他国家的各种制式，要求内置的滤波器数量非常多，还要求高速运行的手机能够更好地散热……这些，对 5G 手机的生产厂商来说都是相当大的考验。

虽然移动互联网发展历程还不长，但其网络和终端设备的升级换代都比早期的互联网和桌面电脑更快。通过移动通信技术，早期互联网不能移动的问题得以彻底解决，人们在移动中就可获得信息或交互信息，互联网也因此覆盖到更庞大的人群和更多的应用场景。这一切，都为社会经济发展和人们生活方式的改变，带来了更多契机并提供了更多可能。

站在今天，当我们回顾全球互联网从 20 世纪 70 年代的军事专用到 80 年代向学术界开放，再到 90 年代进入商用；从通过固定的桌面电脑上网到手持移动终端随时随地在线，互联网叠加移动互联网的迅速拓展，使人人互联、万物互联正在成为现实并显现出惊人的能量——既为新一轮产业革命提供着技术手段，又为其提供着资源供给和价值实现方式；既帮助企业不断创造出熊彼特所说的"新竞争手段"，又直接推动了许多颠覆性创新，快速推动着市场变化、经济发展和社会进步。

1.2　融合：互联网应用的发展

互联网既是一种工具化载体，也是一种思维方式，给各行各业的发展观念都带来了革命性的冲击。国务院总理李克强在《2015 年国务院政府工作报告》中首次提出"互联网+"行动计划，将其列为重要的国家战略，也开启了我国将互联网技术、互联网思维与传统产业融合的热潮。

融合，是把不同领域内的成就加以结合和利用，使其效果超过融合之前。互联网是一个无中心的、自主式的开放组织，它通过对信息的数据化处理和数据化流动推动着实物、技术和价值流动。因此，互联网几乎可以与所有产业/行业和个人对接并渗透到生产和消费的每个角落。"互联网+"就是互联网思维的进一步实践成果，它代表一种先进的生产力，推动经济形态不断发展演变。[1]

---

〔1〕《用"互联网+"为发展中国提供动能》，载 http://www.gov.cn/zhengce/2015-06/25/content_2884315.htm，最后访问日期：2020 年 11 月 23 日。

2015 年 6 月 24 日召开的国务院常务会议通过的《关于积极推进"互联网+"行动的指导意见》明确了推进"互联网+"的重点领域发展目标任务，即在创业创新、协同制造、现代农业、智慧能源、普惠金融、公共服务、高效物流、电子商务、便捷交通、绿色生态、人工智能等若干领域通过与互联网融合形成新的产业模式，这些领域涉及消费和生产的不同方面。

1.2.1 消费互联网

互联网承载着人类对自由交流和分享信息的梦想，其商业化应用也最先在与个人信息交流密切的领域展开，进而扩展到个人消费等其他领域。

人们要通过互联网阅读或交互信息，首先就需要能够打开网页进行浏览，由此，人类与互联网之间的交互工具——网页浏览器应运而生，它可以根据用户的请求，显示万维网或局域网内的文字、图像及其他信息，并让用户可以与这些文件互动。1994 年，美国网景通信公司（Netscape Communications Corporation）开发的网景浏览器 1.0 正式版发布，不到一年时间就卖出了几百万份。随之而来的网景与微软的浏览器大战，将网络带到了千百万普通电脑用户面前，也成为点燃全球互联网热潮的火种之一。最后，微软强势夺得了市场高份额，网景则黯然离开浏览器市场，这也展示了互联网技术相关市场竞争的最初状态。[1] 随后出现了各类门户网站，如 1994 年成立的美国雅虎网，1998 年成立的中国搜狐网、新浪网等，现在都已成为该行业的巨头。

信息获取的便利，自然而然地启动了人们通过互联网进行商务活动的欲望，各类电子商务公司应运而生。1995 年 7 月，亚马逊"网上书店"开张，现已成长为全球最大的全品类电商巨头，截至 2021 年 3 月，其市值达 1.58 万亿美元。网络交易的兴盛又促进了网络支付工具的出现，彼得·蒂尔（Peter Thiel）和麦克斯·拉夫琴（Max Levchin）于 1998 年在美国加利福尼亚州圣何塞市创立了 PayPal 公司，提供在线支付服务并致力于普惠金融服务，用于支付的币种达一百多种。2003 年淘宝网上线，并于同年 10 月首次推出支付宝业务，为用户提供高效、便捷、安全的支付服务，完善了在线购物交易体系；2004 年 1 月，京东开启网上商城……经济学人智库最新报告显示，2020 年全

---

[1]《万维网诞生 25 周年，人类已经走了多远?》，载 https://www.sohu.com/a/112281368_381615，最后访问日期：2020 年 11 月 18 日。

球在线零售销售增长 32%，达到 2.6 万亿美元。[1]无论是欧美流行的全渠道零售，还是中国流行的新零售，都推动着线上和线下业务的整合、融合与创新发展。

随着互联网上信息的爆炸式增长，能够快速获得需要信息的搜索引擎成为上网的"必需品"。1998 年初，拉里·佩奇（Larry Page）和谢尔盖·布林（Sergey Brin）在美国斯坦福大学的学生宿舍内共同开发了谷歌在线搜索引擎，并迅速传播给全球的信息搜索者；同年，他们发明了 Google PageRank。2000年，李彦宏从硅谷回到北京，创办了百度公司，百度搜索引擎从此成为中国人的上网必备。2020 年第一季度，百度营收为 225 亿元，净利润为 31 亿元，比去年同期增长 219%。[2]

因为互联网，熟人和陌生人都可以被联系在一起，这自然也刺激了人们之间相互认识、交往的愿望。2004 年，还在哈佛念书的扎克伯格（Mark Elliot Zuckerberg）创办了 Facebook 网站，网站的名字来自传统的纸质"点名册"（花名册）。目前，Facebook 是全球最大的社交网站，截至 2020 年 3 月 31 日，其月度活跃用户（MAU）为 26 亿人，同比增长 10%；2020 年第一季度的总营收为 177.37 亿美元，同比增长 18%。[3]

2006 年 Twitter 面世，其以鸟鸣的"短、频、快"为自身特点，即可以简短、快速、频繁地发送信息；在中国，与之对应的典型网站是新浪微博。

……

人们日常生活和社交所需，是互联网应用最先涉足的领域。互联网上的信息搜寻、交互、购物、点餐、游戏、视频、音乐等在线生活服务业，成就了很多知名企业，如百度、腾讯、淘宝、京东……这些企业不仅发展迅速、实力雄厚、规模庞大，而且也成为各自所在行业的风向标和领军者。

这些以个人为对象的购物、服务或娱乐休闲等领域的互联网应用，被统称为"消费互联网"，被认为是互联网商业化应用的开端或 0 时代。人们常说

---

〔1〕《经济学人智库：2020 年全球在线零售额飙升 32%》，载 https://finance.sina.com.cn/stock/usstock/c/2021-04-07/doc-ikmxzfmk5457954.shtml，最后访问日期：2021 年 4 月 23 日。

〔2〕《百度 2020 年 Q1 财报发布》，载 https://baijiahao.baidu.com/s？id=1667215983691828707&wfr=spider&for=pc，最后访问日期：2020 年 11 月 18 日。

〔3〕《2020 年第一季度 Facebook 季度财报及简要数据》，载 https://tech.sina.com.cn/roll/2020-04-30/doc-iircuyvi0790579.shtml，最后访问日期：2020 年 11 月 18 日。

的 B2C 或 C2C 模式，就是对消费互联网的一种表述。

具体而言，消费互联网是指通过互联网来满足个人的消费需求，是以个人为用户，以日常生活为应用场景的互联网应用形式；是在衣、食、住、行等个人消费场景和水、电、气等公共服务场景中，通过网络将其中的一些主要消费环节虚拟化，进而帮助消费者完成消费的过程。它改变了产品或服务的传统提供方式，改善了消费体验，其目的是以更高效和便捷的服务来提升个人消费的品质，并通过消费端的数据积累，促进供给端的商品或服务内容的改进与创新。人们耳熟能详的淘宝、拼多多、微博、QQ、知乎、豆瓣等，代表了互联网开始从信息交流向商品交易和生活服务等个人消费领域逐步渗透，现在已经延伸到教育、文娱、交通、金融、旅游等多个行业。

在这一发展过程中，各种以个人用户为导向的产品和服务及其提供方式的数字化应用不断涌现，微信、微博、淘宝、支付宝、顺丰速运、滴滴出行和哔哩哔哩等，都是我国消费互联网领域具有代表性的产品和服务，并在从 PC 端到移动端的变化过程中，很好地适应了庞大用户群体的需求。工业和信息化部统计数据显示，截至 2021 年 6 月底，市场上监测到的移动应用程序（APP）总量达到 302 万款。在所有 APP 中，游戏类 APP 数量为 72.9 万款，占比为 24.1%。日常工具类、电子商务类和社交通信类 APP 数量分别达 46.5 万、29.5 万和 27.1 万款，分别占全部 APP 比重的 15.4%、9.8% 和 9.0%。[1] 在 2020 年新冠肺炎疫情中，各种 APP 释放出巨大能量，同时如直播带货、在线教育、无人配送等进入发展快车道。尤其在扶贫脱困方面，直播跨越了信息不畅的缺陷，促销效果非常明显。如受疫情影响，四川通江县的农家散养土鸡、通江银耳、腊肉腊肠等农特产品出现滞销，2020 年 4 月 12 日，通江县人民政府联合拼多多平台共同发起"电商扶贫、抗疫助农"县长直播代言活动。通江县委副书记、县长王军和县委常委、副县长张春根先后来到直播间与网友们面对面交流，宣传推介通江县农特产品，吸引了众多网友的围观。从预热到直播，截至当天 24 点，直播累计观看人数达 20 余万，成

―――――

〔1〕《2021 年中国移动应用程序（APP）发展规模分析 游戏类应用规模依然领先》，载 https://www.qianzhan.com/analyst/detail/220/210907-ac8565ba.html，最后访问日期：2021 年 9 月 24 日。

交约 1 万余单，销售金额达 40 万元。[1]

　　政策的推动和 14 亿人口规模的个人消费市场，也成就了我国的消费互联网大国地位，尤其在线上购物、网络支付、共享经济等领域的规模均领先全球。互联网对消费过程所提供的在线化和数字化服务方式，极大地方便和改变了人们的生活与交易方式，也加速了互联网从消费端向生产端的渗透，进而通过供给侧和需求侧的双向发力，全面促进国民经济和社会发展。国家统计局的数据显示，2020 年我国网上零售额达 11.76 万亿元，同比增长 10.9%，实物商品网上零售额达 9.76 万亿元，同比增长 14.8%，占社会消费品零售总额的近 1/4，中国已经成为全球最大的互联网零售市场。依托于强大的信息与数据处理能力，以及多样化的移动终端的发展，我国消费互联网在电子商务、社交网络、餐饮服务、在线教育和网络视频等行业都形成了规模化的发展态势，并在发展过程中形成了各自的生态圈，奠定了稳定的行业发展格局。所有这些，均受益于互联网的普及、信息技术的广泛应用以及人口规模红利优势，也受益于互联网与商业服务业、个人生活领域的全面融合。

　　随着一线、二线城市消费互联网的快速发展，三线、四线及以下城市市场的用户规模与消费空间也显现出来，一些电商企业通过互联网将销售渠道向下延伸，获得了更广大的消费群体。2015 年成立的拼多多在创业伊始就紧紧抓住下沉市场，其快速发展尤为引人注目。2018 年拼多多登陆纳斯达克，2020 年 7 月市值已飙升至 1000 多亿美元，成为继阿里巴巴、腾讯、美团之后，进入到千亿美元市值的互联网企业。2021 年公司实现营业收入 230.46 亿元，同比增长 89%。[2]《2021 胡润全球富豪榜》中，拼多多创始人黄峥以 4500 亿元的财富超过马云位列中国第三。[3]

　　在个人消费领域，由于互联网的渗透而形成的线上生活方式，已然成为很多人的首选。无论是工作方式还是生活方式（消费方式），人们都逐渐从线下转移到线上，与互联网建立起密不可分的关系。互联网不仅推动了速度和

---

〔1〕 参见《通江县长直播 90 分钟"带货"40 万，这样的县长你爱了吗？》，载 https://www.thepaper.cn/newsDetail_forward_6961658，最后访问日期：2020 年 11 月 18 日。

〔2〕 参见《拼多多发布 2021 年第二季度业绩　营收 230.46 亿元同比增长 89%》，载 https://finance.sina.com.cn/roll/2021-08-24/docikqciyzm3382148.shtml，最后访问日期：2021 年 10 月 8 日。

〔3〕 参见《2021 胡润全球富豪榜 TOP100》，载 https://top.askci.com/news/20210302/1455341372100.shtml，最后访问日期：2021 年 8 月 10 日。

数量的结合，还通过广泛的信息传播与互动，降低了交易成本，为社会经济活动创造了强大的新平台，为企业带来惊人的发展速度。由此，商家的营销模式也发生了重大变化，如粉丝经济、直播等，使普通人也具有了明星般推广商品或服务的广告效应。在2020年"双十一"淘宝直播中，头部直播带货交易额达33.27亿元。

消费互联网的迅速扩大，也促使许多生产企业（B端）改变了拥抱互联网的方式。最初，很多企业仅仅将互联网视为一个全新的信息传播渠道，现在则借助互联网来改变产品和服务的生产与供应方式，如通过互联网改造企业供应链以提升企业运行效率……这意味着互联网带来的新变化正在发生，即通过改变生产而改变消费市场，用更好、更多的产品，满足人们不断升级的消费需求，由此也驱动了产业互联网在我国的发展。目前，以阿里、腾讯、京东、美团为代表的，成长于消费互联网领域的巨型企业，已经加入到产业互联网的布局中，一些创业者也将产业互联网看成是赢得行业地位和资本关注的吸引点。

正如人们所说，消费互联网改变的是生活方式，产业互联网改变的是工作方式，未来的20年，被认为是产业互联网时代，体现为数字经济的加速发展。

1.2.2 产业互联网

产业互联网是一种新的经济形态，是利用信息技术与互联网平台，充分发挥互联网在生产要素配置中的优化和集成作用，实现互联网与传统产业的深度融合，将互联网的创新应用成果融入国家经济、科技、军事、民生等各项社会经济领域中，最终提升国家的生产力。[1]它包括产业链上的信息互通，如供求信息的共享互通；交易过程数据化，如信用评估、物流跟踪和在线支付；综合服务互联网化，如金融服务、数据分析、产品再加工和其他管理服务等，这些业务通常也被称为B2B模式。

产业互联网将三大产业的生产活动作为互联网的应用场景，其主体是企业，其本质是企业借助数据的虚拟化对产业链和内部的价值链进行重塑和改造，其结果表现为通过互联网应用全面提升企业在生产、交易、融资、物流

---

〔1〕 陈春春：《产业互联网的定义和分类》，载《互联网经济》2018年第Z2期，第32~35页。

仓储等各个环节的运行效率。产业互联网意味着互联网与各个产业尤其是与工业、农业的融合、集成和创新，其所引发的是生产力的革命，是生产能力和效率的提升。通过产业互联网实现的数字化、可视化管理，有助于解决某些传统行业一直存在的产能过剩、能耗过大、库存居高不下、生产成本高企等问题，从而实现企业、行业和产业的转型与升级。

从技术基础看，在产业互联网的建设和发展中，智能终端、云计算和高速且大容量的宽带网络，被认为是产业互联网的三项关键技术和基础，并正在改变着很多企业现有的商业模式和组织方式。其中，无所不在的智能终端，如手机、平板电脑、智能眼镜、智能腕表和各种传感器的普及应用，为产业互联网的发展提供了海量数据；空前强大的后台云计算，IaaS（Infrastructure as a Service）、PaaS（Platform as a Service）和 SaaS（Software as a Service）等模式，提供着从 G 到 P 直至 E 级的强大存储和计算能力服务；不断升级的宽带网络，推动了从音频业务到视频业务再到多媒体业务乃至全息业务的传输服务的发展。这三项技术的成熟，使每个行业都具备了收集、传输及处理大数据的能力，这些大数据正是产业互联网时代的新型生产资料，对这些数据的处理能力，将成为每个企业、每个行业的"新大脑"，促使生产过程从流程核心转向数据核心。

从融合的角度看，产业互联网更能体现和谐共生的特点，其通过跨企业、跨行业的互联网化来实现生态化、共生化的发展；其可以有效减少企业之间、行业之间、行业自身的内耗，满足用户消费升级的需求，达成资源利用的最大化；其终极目标是建立一种超越企业、行业和产业界限的、全新的产业共生状态。

本书认为产业互联网涵盖工业互联网，[1]王建伟提出了工业互联网发展的三个阶段[2]：第一阶段是制造资源云化改造，第二阶段是制造能力开放共享，第三阶段是人机智能开放创新。其进一步的展开是：第一阶段包括 IT 能力平台化、制造资源互联互通、制造资源云迁移；第二阶段是推动制造能力

---

〔1〕　本书作者非互联网技术专业人士，仅从互联网应用领域考察，对应于消费互联网而使用了产业互联网一词，并认为其涵盖工业互联网，限于篇幅，在此不作深入讨论。业界或学界有观点认为产业互联网与工业互联网并不完全相同，读者可自行查阅。如质疑本书观点，欢迎商榷、指正。

〔2〕　王建伟：《工业互联网平台应用与发展》，载 https://www.sohu.com/a/274932084_99895565，最后访问日期：2020 年 11 月 18 日。

平台化，促进制造资源开放合作和协同共享；第三阶段是推进工业知识与大数据、人工智能深度融合，实现价值分享，提升制造业创新能力并建立开放价值生态和制造业创新体系。应该说，这样的三个阶段，也适合于互联网与其他产业的融合，其本质是资源的云化改造、生产能力的开放共享和生产/服务过程的智能化。耿强认为人工智能将成为产业跨界融合发展的核心和基础，也是这一轮新技术革命的焦点。[1]人工智能通过运用核心算法对海量数据进行高效处理，精准预测人的行为和未来的可能，从而使人与机器、机器与机器间的关系发生根本性改变，进而取代大部分程序化、标准化、重复性的技能和工作，显著提高有效工作时间和生产效率，实现生产力水平和经营管理模式的质的飞跃。

产业互联网平台旨在打破传统的产业之间、企业之间，以及企业与用户之间的明确界限，促进生产力、技术、资金和人才的跨行业、跨产业共享流动，推动传统的生产方式和管理方式的解构。它通过虚拟现实、仿真建模等技术对生产和管理方式进行重建，企业可以根据订单需求对虚拟工厂中各个主体的实际能力进行分配和管理，实现制造技术与生产能力的共享，从而创新设计、生产、管理和服务模式，使平台与大数据、人工智能等技术深度融合，加速实现产品驱动、商业变革、生产与运营创新。例如，青岛红领集团利用平台洞察用户个性化需要并与生产联动，为全球用户提供高档西装、衬衣等的个人定制；英国石油、石化盈科、宝信等利用平台优化工艺参数、降低生产能耗、实现原材料协同供应。具体案例，参见本章第三部分。

在产业互联网时代，互联网改造的是整个产业链，即深入到生产、研发、销售和配送等各个环节，对企业、行业和产业发展的影响深远。比如，在2020年新冠肺炎疫情中，服务机器人在医疗、配送、巡检等方面大显身手；儿童陪伴机器人、扫地机器人、拖地机器人等家用服务机器人亦加速落地。这些，都为产业互联网的发展提供了契机。

产业互联网和消费互联网是相互促进、伴生共存的，各自的特点如表1-2所示。

---

[1] 耿强：《产业跨界融合，经济增长新动能》，载《新华日报》2017年12月20日，智库专版。

表 1-2 产业互联网与消费互联网的对比

	产业互联网	消费互联网
不同点	(1) 各类企业用户 (2) 渗透在生产场景 (3) 生产过程数据化 (4) 提升生产效率 (5) 改变生产方式 (6) 技术创新与落地重于流量	(1) 个人用户 (2) 渗透在生活场景 (3) 消费过程数据化 (4) 提升消费体验 (5) 改变生活方式 (6) 得流量者得天下
典型企业	用友网络、东方国信、科远智慧、敦煌网等	淘宝网、滴滴出行、美团等

从表 1-2 和以上分析不难看出，消费互联网改变的是生活方式，产业互联网改变的是生产方式，进而改变工作方式。与消费互联网的启动不同，产业互联网更依赖于技术创新和落地，而非靠热炒概念来获得资本的驱动和主导。产业互联网的核心是通过互联网平台的庞大数据，真正解决生产过程中和产业、行业发展中的真实问题，为转型升级提供新的动力，新技术的不断开发和落地是产业互联网能够真正获得长远发展的关键。2020 年初，中央部署的新型基础设施建设中所包含的信息基础设施、融合基础设施和创新基础设施等，正是为了强化和推动产业互联网的创新发展与智能制造、电子商务的有机结合和互促共进，从而推动我国传统制造业加速向数字化、网络化和智能化转变。

在消费互联网和产业互联网之间，物联网既是产业互联网的基础设施，也是其接入消费互联网的入口，为企业之间、个人与企业、个人与个人之间搭建起交易与交流的桥梁。物联网能实现对商品状态的实时监测，帮助企业挖掘用户在产品使用过程中的衍生需求，以便企业能够有针对性地提供相应服务。通过物联网而形成的"硬件+软件+服务"的模式，也促使许多制造企业从生产制造者转型为服务提供者，实现产品与服务的创新性结合，从而跨越"微笑曲线底部"低利润区，通过为用户提供解决方案而创造和获取更多价值，业务活动服务化也将成为制造业转型的趋势。[1]

---

〔1〕谢莉娟：《互联网时代的流通组织重构——供应链逆向整合视角》，载《中国工业经济》2015 年第 4 期，第 44~56 页。

1.2.3　互联网与创新

从消费互联网向产业互联网的推进，是互联网更广泛地拥抱实体经济并与之融合的过程，也是互联网的各项应用及其成果相互融合的过程，其叠加效应、聚合效应和倍增效应等在不同行业都有表现，成为能够为所有产业带来价值的生产要素，将社会引入一个大胆创新的时代，从而引发了熊彼特所谓的创造性毁灭，创造出更多商机，其主要表现在三个方面：

一是通过互联网技术来改进产品或服务，如大规模定制。互联网提供的互动和数据积累，使企业能够以较低成本生产出更加适合消费者需求的个性化产品。

二是用互联网改进价值链。按照迈克尔·E. 波特（Michael E. Porter）的价值链理论，企业的价值链可以描述为原料采购—设计生产—分销渠道—营销广告—销售消费—售后服务六大环节，各环节层层驱动整个链条单向运行。互联网嵌入价值链，可以降低各环节费用、优化产出、创造价值和分配利益，从而确保价值链稳定、持续和高效地运行。如从消费者在线浏览和下单开始，信息流便逆流而上，从客户服务到销售、营销推广、批发零售、设计生产和原料采购端，促成了企业价值链的"逆向"互联网化，也由此引发了组织变革和经营模式创新。

三是互联网重塑商业模式。互联网用户的广泛性，使得与终端用户关系密切的行业、产业较早地开始了与互联网的融合，如最先融入互联网的零售行业成为电子商务的代表，淘宝网的发展最为典型。随后是第三方支付的兴起以及各种生活服务业融入互联网，如以支付宝为代表的蚂蚁金服几乎涉及金融服务的各个领域。同时，文化娱乐业也随着互联网的渗透而改变了传播媒介，各类视频网站、融媒体成为典型代表。

在制造业领域，互联网的融入使其从传统模式向数字化、网络化和智能化转变，推动了很多生产企业的商业模式向生产服务型转变，即企业通过新的流程和方法、通过横向合作和提供服务来实现转型升级。例如，信息技术、材料技术和制造业结合出现的 3D 打印，正在改变航空航天、汽车和机械等制造行业的商业模式。在互联网引发的融合经济时代，企业不再是与世隔绝的独立体，而是参与到完全开放的世界社区中。在融合经济中，企业不仅追求规模和范围经济，而且追求专长和合作效益。[1]

无论是面对个人用户还是企业用户，价值创造都是企业关注的主题。李相文（Sang M. Lee）等认为由互联网引发的融合会带来企业的战略创新，这种创新分为三个层面（参见表 1-3），可以帮助企业用全新的方式来创造价值。[2]

表 1-3　融合与价值创新

层　面	目　　的	价值创造目标
1	流程创新	改进价值链结构：采购、转换、分销
2	顾客价值创新	丰富和再创顾客价值：成本、质量、速度、定制、情感需求
3	顾客群创新	重新界定和创造顾客群：终极用户、E-顾客、顾客社区、全球顾客、非顾客

这些由互联网的融入而引发的创新，为人们提供了新产品，如智能手机带来的随时随地听、随时随地拍、随时随地看等；也为人们带来了新服务方式，如滴滴打车、共享单车；还让人们习惯了从未体验的网络购物，如天猫、京东；还有新的社交方式，如微博，让互不相识的人可以互相关注、聊起某个话题……互联网的融入，改变的不仅仅是消费方式，还带来了产业格局的巨大变化，一些原本截然不同的产业，成为直接的竞争对手或合作伙伴，如外卖的兴起对方便面生产厂家的冲击、智能手机对数码相机的冲击，医疗机构与人工智能、物联网、电子信息等企业的跨界合作，等等。由互联网带来的融合所引发的创新，在消费互联网和产业互联网中都有很多具体表现。

1.2.4　融合：互联网改变世界的方式

在人类科技发展和社会进步的历程中，充满了各种各样的融合，并由此

---

〔1〕［美］李相文、戴维·L. 奥尔森：《融合经济——融合时代的战略创新》，方晓光译，中国金融出版社 2013 年版，第 153 页。

〔2〕［美］李相文、戴维·L. 奥尔森：《融合经济——融合时代的战略创新》，方晓光译，中国金融出版社 2013 年版，第 154 页。

获得了发展和长久的生命力。从互联网自身的发展过程看，许多创新与改变也是通过各种各样的融合得以实现，如计算机与通讯技术的融合产生了互联网；互联网技术与移动通信技术的融合产生了移动互联网；电脑和智能手机等终端与数字技术的融合，出现了内容服务产业；互联网与家电家居产业的融合，出现了智能家居产品……人们对应用的需求导致了很多新技术和新商业模式不断产生并相互融合。1995年，比尔·盖茨在《未来之路》（*The Road Ahead*）一书中提到：在未来，我们希望对万物互联可控可管理。二十多年后，这一希望正在成为现实，这就是物联网，是互联网与万物的融合途径之一。融合，正是互联网影响社会经济发展、改变世界的重要方式。

融合，意味着在合作与跨界中寻找到共同生长的空间和机会；融合是给力也是借力，既发挥自身能量，又灵活适应对方，在相互认同的基础上取长补短，在展现自身力量的同时也为他人赋能，共同获得进步和价值提升，共建更高层次的发展空间。这也是"生态圈"一词被越来越多地使用的原因之一。李相文等把互联网所带来的融合称为第四大浪潮，认为融合正在改变人们的生活和行为方式，改变组织运行和创造价值的方式，以及政府服务于人民的方式……终极的融合是通过情感、智慧的融合而达到人与人的融合。[1]

通常认为，融合是指不同概念或物体的有机结合，进而产生新的用途。从人类发展的进程来看，融合在各个时期、各个领域都有发生，但程度和影响都非常有限。依托互联网，越来越多的信息可以更好地流动和被利用，这就使得融合的发生更容易、更广泛、更频繁，影响也更突出，进而推动了许多颠覆性的发明创造。这些融合，表现为不同的模式，催生了更加开放的社会和经济生活，向更多的人提供更多的进步机会，为许多原本陷于孤立并被排除在某个体系之外的人，提供了发展机会。

从融合的表现形式来看，消费互联网引领的是互联网与每一个人的融合，其核心价值在于提高消费端的交易效率；产业互联网引领的是各行各业与互联网的融合，因具体应用领域的不同而呈现出多元化势态。这些融合并不单纯是产业结构的改变和升级，更是由互联网所创造的新兴产业与传统产业、

---

〔1〕［美］李相文、戴维·L.奥尔森：《融合经济——融合时代的战略创新》，方晓光译，中国金融出版社2013年版，第3页。

传统产业之间以及企业内部所发生的融合，是人和物、物和物等多种要素的连接，注重交易效率与生产效率的协同。融合的核心价值在于提高从交易端到生产端这一社会再生产过程的效率，是互联网在经济社会的渗透从局部向全局、再向纵深发展的过程。

从宏观到微观，由互联网所引发的融合已经渗透到学科层面、产业层面、技术层面、组织层面；既有纵向融合也有横向融合；融合成果既有看得见、摸得着的有形商品，也有看不见却能感受到的无形服务和知识体系；其影响从更舒适的物质享受上升为更愉悦的精神联系……融合在为生产和社会提供日新月异的新方式的同时，也让人们对信息失控、经济或生活过于虚拟化感到担忧。

近年来，对融合相关的研究逐渐增多，一些学者的观点可参见本章附录。

1.3　典型案例：AT&T 的车联网平台[1]

在互联网时代，拥有竞争优势的企业很难一直保持领先，因而如何整合若干"瞬时优势"进而创造竞争优势，成为企业战略的重要内容。[2]现实中，一些传统企业正是通过拥抱互联网而建立起新的竞争优势，美国电话电报公司（American Telephone and Telegraph Corporation，AT&T）就是一个典型代表。目前，AT&T 通过车联网平台将其在信息传播领域的传统优势与各领域不同的经营单元相互整合、协同，从而跨越众多经营领域，将多个"瞬时优势"相互关联、有序更迭，在不断的迭代和更新中建立起新的动态竞争优势，成为车联网领域的标杆性企业。

这一典型案例，可以使我们更好地了解基于互联网的平台模式、线上线下的数据闭环等，是如何帮助企业实现不同产业间跨界融合的；也有助于我们从多个角度理解产业互联网，理解融合所创造的价值和具体表现形式，如业务内容的跨界发展、平台架构和线上线下的数据交互等，以后的各章将分

---

〔1〕　相关资料来自网络，笔者整理，恕不一一列出，在此致敬各位作者，感谢您的慷慨分享。创立于 1877 年的 AT&T 经过重组并购后，已发生了很大变化。参见吴军：《浪潮之巅》，电子工业出版社 2011 年版。

〔2〕　Mcgrath, R. G. , "The End of Competitive Advantage：How to Keep Your Strategy Moving as Fast as Your Business"，*Research Technology Management*，2013，56（5）：pp. 64–65.

别阐述相关内容。

1.3.1 车联网

车联网即车辆物联网，是未来智能城市的一个标志。它主要指车辆上的车载设备通过与无线通信技术、GPS 技术及传感技术的相互配合，以无线语音、数字通信和卫星导航定位系统为平台，通过定位系统和无线通信网，向驾驶员和乘客提供交通信息、紧急情况应对措施、远距离车辆诊断和互联网服务，如车辆在行驶中可接收在线交易、新闻、电子邮件等。

车联网有两大主要特征：一是能够为车与车保持距离提供保障，降低车辆发生碰撞事故的几率；二是可以帮助车主实时导航，实现与其他车辆和网络系统的通信并接受服务，提高交通运行的效率。

早在 20 世纪 60 年代，日本就已开始研究车辆间的通信技术；21 世纪初，欧洲和美国开启了车联网项目。随着信息技术和大数据分析的广泛应用，车联网已成为物联网的重要组成部分，包括汽车与各种对象、平台的全方位网络链接。目前，车联网在车辆信息输入、精准服务、驾驶安全保障和交通环境监测的智能化等方面，都达到了前所未有的高度，已经可以实现车与车、车与路、车与行人以及车与互联网之间的互动交流和信息共享，为人们创建"智能车"的出行环境。

1.3.2 AT&T 的车联网步伐

2011 年，AT&T 开始在其新技术实验室启动与车联网有关的基础研究。

2012 年末，AT&T 将车联网写入发展战略，并将其作为未来几年新的重要增长点。

2014 年，在整合原有研发资源的基础上，AT&T 在亚特兰大成立了车联网工作室——互联网汽车创新中心（AT&T Drive Studio），致力于与车企合作研发车联网产品并进行系统集成。

2015 年第二季度，全美已经有 480 万辆互联网汽车使用了 AT&T 的车联网网络，随着 AT&T 在欧洲和加拿大地区的数据中心的建立，AT&T 的车联网服务开始扩展到美国本土市场之外。

2016 年，AT&T 的车联网业务迎来迅猛发展，全年实现新增联网车辆 490

万辆，占无线网络新增连接数量的 60.2%（含手机、其他物联网连接等），成为企业新的利润增长来源。同年，AT&T 与保时捷签订了长期合约，为保时捷 2017 年及其以后车型提供在美国的车联网服务；与爱立信和中国吉利等共同开发互联汽车平台，并推出自主研发的车联网服务。

2017 年一季度，AT&T 同全球 22 家汽车和长途卡车品牌建立了合作关系，旗下联网车辆达 1100 万辆。

目前，AT&T 已经与通用、奥迪、福特、尼桑、沃尔沃、特斯拉等全球 15 家汽车制造厂商达成合作协议，为其提供无线连接服务；与埃森哲和朗新合作提供汽车相关信息化解决方案。

1.3.3　AT&T 的车联网战略布局

（1）技术战略。结合企业特点和专业优势，AT&T 将通信技术与 ADAS（先进驾驶辅助系统）和 V2X（车与外界的信息交换）等领域进行融合，围绕安全、便捷和效率推出了多项服务。

一是安全类，即以先进的汽车诊断确保安全。未来的汽车将产生每秒数千次的数据点，这些信息将帮助人们在问题发生之前作出预测。其中，汽车远程信息处理让汽车具有大量安全防护功能，以提高汽车在紧急情况下的安全性，如自动碰撞提示、被盗车辆跟踪、道路救援等。当汽车驾驶越过预定边界或超出预设极限速度时，汽车跟踪提醒装置会将通知发给指定用户并跟踪该车辆，这可用于被盗车辆或被青少年私自驾驶的车辆。

二是便捷类，即通过与互联网的连接提供各类便捷性服务。如通过语音控制来实现免提服务，以创造更安全的驾驶体验；通过连接媒体，乘客在车上就可购买和下载歌曲、有声读物、地图等；通过汽车的应用程序商店，连接和下载专属车辆应用以满足娱乐及车内需求；通过内置的移动热点转换技术，乘客可以获得 4G 速度，得到良好的车内娱乐和网购体验。

三是效率类。如车辆软件更新，无需预约经销商便可将车辆软件自动更新到最新版本；车载远程服务，客户可以通过无线设备远程控制汽车，包括定位在停车场停放的车辆、将导航信息发送至车辆，以及在寒冷的天气远程启动并加热车辆，等等。

为更好地发展车联网业务，AT&T 专门成立了"移动和商业"事业部门、领先技术实验室、Foundry 创新中心和车联网工作室等机构。

"移动和商业"事业部门主要布局 AT&T 物联网业务的六大模块，其中车联网业务居第一，是该事业部职责的重中之重。

领先技术实验室的任务是针对当前行业、市场中的难点问题，通过颠覆性技术来推动创新，将尖端先进的技术用于物联网建设中的数据分析、云服务、智能系统等，对网络和服务质量进行管理。

Foundry 创新中心致力于科研项目与商业、设计和技术资源的结合，其职责是发现新技术、高附加值产品和优化服务，并对接相应客户，实现技术、产品、客户的内外部连接和融合。

车联网工作室负责将集成连接汽车的解决方案和技术创新整合在一起，确保 AT&T 车联网业务的不断拓展并保持技术领先，以支撑 AT&T 在物联网行业的领导地位。

这些机构之间有密切的协作关系，三方共同形成 AT&T 车联网创新和推广的正向循环，即领先技术实验室提供技术支持，Foundry 创新中心提供商业资源拓展，两者携手为车联网工作室提供输入；车联网工作室为另外两个机构提供业务反馈。

（2）车联网平台的应用场景。AT&T 的车联网事业正在日趋成熟，其服务对象早已从车辆拓展至飞机、火车、轮船等运输工具，目前应用场景主要有以下五个方面：

一是为汽车管理公司提供车队综合管理。为了更好地管理人力与燃油消耗，车联网将帮助企业优化运送路径、改进车队维修规程、缩短响应时间并提升客户满意度。AT&T 推出的车队管理与跟踪解决方案，包括如下功能：跟踪驾驶路径和汽车点火状态信息，定位距离最近的车辆，查看行程回放和浏览路径记录；调度和订单管理；提供司机行为以及车辆维修的运营报告；发送用户自行设定的规定并给予警告；提供客户管理的计费和结算。

二是为保险公司提供基于驾驶行为的保险业务数据服务。通过 AT&T 的车载解决方案，保险公司可以收集到详细的驾驶行为数据，用以推进商业创新；同时也帮助消费者通过安全驾驶来节省保险开支。通常，智能车载设备会连接到 AT&T 的无线网络，进而获得更多驾驶行为数据，如车辆信息、驾驶时间、位置、速度、情景模式等，保险公司可以依据每位驾驶者的行为数据建立有针对性的保险方案。

三是为航空及跨国物流公司提供高价值货运查看业务。保障高价值货物的全球供应链管理质量和状态良好极具挑战性，无论是拯救生命的疫苗或药品，还是关键机械零件、艺术品或贵重货物，往往涉及多人、若干运输公司和若干机场。AT&T 的货物查看服务，能够感知货物的即时状态，如通过将传感设备放入货运包裹之中，货物位置信息以及外界温度、压力、光线、冲击及运动信息等便可反馈给客户，如在飞机起落后将数据自动发送给客户。还可以通过跟踪货物的实时位置，检测包裹是否被篡改，以及是否暴露于极端温度、震动或光照环境下。这些服务，可以帮助客户掌握货物的运送状态，使整个运输过程透明化，帮助客户获得供应链中的控制权。

四是为远洋运输公司提供集装箱跟踪和监控业务。远洋集装箱运输通常要经过几个码头以及运输船、卡车、拖车、铁路等多个运输渠道，AT&T 的集装箱跟踪和监控解决方案，可帮助企业组建智能化的集装箱船队，并通过AT&T 的网络实现对货物从出发至抵达的全程监控。

五是为重型机械企业提供设备机械跟踪与监控业务。从塔式起重机到轮式收割机、地下钻孔机等，AT&T 通过收集和测量重要设备的数据，帮助企业实现更高的效率，重构业务模式并创造新价值。通常，AT&T 会建立一个可以连接任何设备的远程信息处理解决方案，可对部署在任何工作环境下的设备进行跟踪，并记录和分析其关键数据，让用户对设备状况与使用数据做到一目了然。

1.3.4　车联网生态圈中 AT&T 的多重角色

利用车联网平台创造的有利环境，AT&T 既为各类用户提供服务，也以多个角色与各方合作来打通车联网产业链（参见图 1-3），把握"平台生态圈"的主动权和控制权。

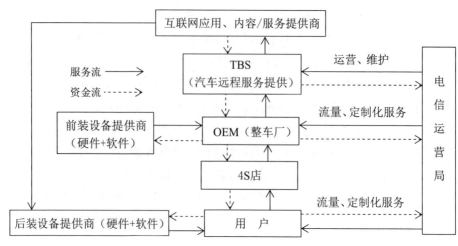

图1-3 AT&T的车联网产业链

一是作为用户，从多家知名科技企业获得技术支持。例如，埃森哲为AT&T提供连接车辆的服务和解决方案，爱立信为AT&T提供全球应用交付架构，虚拟运营商贾斯珀无线（Jasper Wireless）为AT&T提供基于云计算的全球连接的设备平台等。这些车联网平台的上游供应商所提供的全球SIM卡、全球性供应、全球性计费、安全性和保密性诊断、语音支持、安全驾驶、服务递送、全固件更新和应用商店功能等，确保了AT&T在与下游合作中，拥有高质量的服务保障和强大的议价能力。

二是作为供应商，为多家汽车制造商提供定制化的车辆出厂模块装载。这些早先属于增值服务的功能模块，随着全球顶尖车企的使用已经转为汽车标准化配置，尤其是与安全驾驶相关的功能，深受消费市场青睐。例如，AT&T先后为奥迪、宝马、福特、通用、沃尔沃、特斯拉等15家主流车厂，提供了涵盖硬件设备、自然语言技术、云平台和设备平台等内容的解决方案，成功推进了纵向业务连接，强化了其在车联网产业链中的话语权。

三是作为数据服务商，积极建设开放、共享、共赢的生态圈。AT&T依托平台提供包括安保、诊断软件、声控、安全固件更新、应用商店、计费系统等一切必需的软件和服务。APP开发者可以向平台提供软件和服务，丰富平台资源，汽车制造商也可以自由选择使用平台资源。

除了实现产业链的贯通，AT&T的车联网事业还通过创新思维开展生态圈建设。

2014 年，AT&T 率先引入移动通信设备商、虚拟运营商、外包技术服务提供商等一系列重要的生态圈合作伙伴，共同打造了 AT&T Drive 平台。该平台包括安保、诊断软件、声控、安全固件等方面的服务；同年，AT&T 和 IBM 达成全球联盟协议，共同帮助政府部门更可靠地评估城市发展模式和趋势，改善城市规划，帮助相关部门实时了解街区、交通信号灯和交通流量等情况。

2015 年，AT&T 与互联汽车服务领域的全球领先企业 Airbiquity 签订了多年合作协议，共同推出车联网服务平台。Airbiquity 公司的 Choreo 互联车辆服务交付平台，为 AT&T 终端用户提供注册和设备管理服务，使原始生产商能够根据远程信息来选择不同的供应商，为不同车型提供更好的配套设施。

2016 年，AT&T 参与三星主导的车联网生态系统，为 AT&T 业务发展开辟了新的空间。目前，该系统包括电信运营商、保险公司、道路救援机构及车辆修护网络等主体。

目前，AT&T 已与全世界 210 多个国家达成漫游合作协议，其无线网络覆盖全球，使漫游的 SIM 卡在全球几乎没有盲区，任何使用这一技术的物流公司，都可以在全球追踪其货物的状态。通过与沃达丰（Vodafone Business）合作，AT&T 开发了北美、欧洲和非洲的联网汽车服务，与全球近 50 个汽车品牌建立起合作关系，连接起超过 4300 万辆汽车和卡车。业务内容包括连接、娱乐和远程信息处理等，旨在简化联网汽车部署流程、改进运营、提供创新解决方案，并使网络认证过程更加轻松。其重点关注领域包括 5G 和自动驾驶技术、V2X 功能、车载娱乐、车联网应用和服务、全球服务质量模式、智能城市交叉路口的联网等。按每月每辆车 20 美元~30 美元计算，仅 2016 年，AT&T 连接用户的营业收入就可达 26 亿美元~40 亿美元。

目前，市场上具备车联网功能的车辆逐渐增多，但功能基本相同，如远程开闭锁、启动车辆、空调控制、车辆防盗、信息推送、紧急救援、车辆信息查看等。然而，受制于技术水平和硬件成本的限制，这些应用的人机交互并无颠覆性突破。所以在很多情况下，用户更愿意选择用智能手机来实现一些基本的在线功能，车联网更多的智能化新式服务至今未被"激活"。据外媒报道，全球车联网市场的市值在 2018—2024 年的年复合增长率约为 18%，[1] 不具备车联网功能的传统汽车可能将在 2050 年之前彻底退出市场，人类社会将在 2025 年之前正式迎来车联网时代。

通过向车联网平台运营商转变，融合上下游产业、聚合终端和服务，AT&T 紧跟互联网发展的步伐，牢牢把握住"信息传递与处理"的核心业务，从传统的电报电话行业，成功转型为依托互联网的信息服务商，在顺应世界车联网发展的大趋势中，为企业重塑了竞争优势。

同样，互联网在农业领域的渗透推动了智慧农业的兴起，参见本章附录。

世界因为融合而精彩纷呈。

未来，互联网与各种行业的跨界和渗透会更加深入，基于互联网而产生的融合的具体形式也将层出不穷，但本质上表现为三大特征：

一是跨界，即企业以跨越产业或行业边界的业务选择来实现创新和发展，这也是人们在互联网时代观察到的普遍现象，如跨界的产品与服务等。跨界，既表现为融合的路径，也表现为融合的内容和结果，AT&T 的车联网平台就是典型代表。

二是以平台模式为基础架构。由于互联网的开放性、端对端的共享性等特征，依托于互联网的平台组织，能够更加有效地实现对资源的整合和协同，平台模式也因此成为融合的基础架构，能够有效组织和动员供需双方、第三方或多方成员加入，促进各方在信息开放与共享中共同创造价值、分享价值。

三是跨越物理世界与互联网边界的 O2O 模式。线上线下的数据流闭环交互成为跨界与平台运营的"血液"，各类数据流在闭环的、不断往复的交互中，不间断地带动着价值的流动与增值。如今，无论是消费互联网还是产业互联网，O2O 模式都已经是如空气般的存在，被无意识地、自觉地使用着，成为常态和常识。

这三大特征，已经在不知不觉中广泛存在于各大产业中，我们每个人，通过日常生活和工作方式的改变感受着融合带来的变化。

围绕这三大特征，本书将逐一展开讨论。

---

[1] 李文龙：《全球车联网报告概述 2018—2024 年车联网市场年复合增长率为 18%》，载 https://auto. gasgoo. com/News/2018/08/22040418418I70058503C601. shtml，最后访问日期：2021 年 5 月 30 日

 **1-1**

中国接入互联网简史

总的来说，中国互联网的发展可以分为三个阶段：研究实验阶段、起步阶段、快速成长阶段。

第一阶段：研究实验阶段（1986—1993 年）

中国建设互联网的努力始于 20 世纪 80 年代初期。在当时的国际环境下，中国面临着诸多封锁和技术进口限制，发展互联网并非一件易事。所幸在国际科研机构和科学家的共同努力下，最终促使中国成功地接入世界互联网。

1980 年 3 月，在与信息产业相关的 11 个部委的共同努力下，我国在香港地区建成了一个国际在线信息检索终端并向内地科研机构提供服务。1982 年 12 月，计算机应用信息研究所在北京通过传真线设立了一个国际在线检索终端。通过租用的卫星线路，这条线连接到 TYMNET 或 TELENET，并最终与美国的阿帕网相连，进入到 DIALOG 数据库系统。

1983 年 10 月，前中国信息研究所（现中国科学技术信息研究所）通过国际商业卫星连接到欧洲航天局的信息检索系统，并通过意大利的 PDN 连接到美国的公共数据网络（Public Data Network）。后来中国信息研究所成功地与不同国家的十二个主要公共信息服务系统建立起连接。

1984 年 7 月 1 日，中国科学院高能物理研究所利用微波技术使其分时终端机（TST）连接到中国水利水电科学研究院的 M-160，从而使这一分时终端机成为这台 M-160 的远程终端，弥补了中国科学院高能物理研究所的电脑不具备大规模拨号能力的弱点。据不完全统计，到 1985 年末，中国已经建立超过 50 个国际在线信息检索终端。

1986 年，王运丰教授（国家科委电子信息与技术顾问）领导的北京市计算机应用研究所，启动了一个名为"中国学术网"的国际联网项目，合作伙伴是德国卡尔斯鲁厄大学。

1987 年 9 月 25 日，英文版的《中国日报》刊登了这一消息："中国与世界 10 000 个大学、研究所和计算机厂家建立了计算机连接。这个连接是通过北京与卡尔斯鲁厄的两台西门子计算机来实现的。王运丰教授把这一成果描述为：'中国大学和研究所与世界计算机网络一体化的技术突破，在卡尔斯鲁厄大学教授维纳·措恩（Werner Zorn）指导下完成，技术团体由来自北京市计算机应用研究所、卡尔斯鲁厄大学、西门子公司和美国的科学家们组成。'"

1987 年 3 月 27 日，中国科学院高能物理研究所的 M-160 远程终端移交给北京信息控制研究所，并成功地建立起与欧洲核子研究组织（CERN）的远程连接。

1992 年底，清华大学校园网建成并投入使用，这是中国第一个采取了 TCP/IP 体系结构的校园网。同时，中关村地区教育与科研示范网络（NCFC）和北京大学校园网也相继建成。

1993 年 3 月 2 日，中国科学院高能物理研究所租用 AT&T 公司的国际卫星，接入美国斯坦福线性加速器中心（SLAC）的 64K 专线正式开通。这条专线只允许进入美国能源网，而不能连接到其他地方，尽管如此，这条专线仍是中国连接互联网的第一条专线。

1994 年，中国国家域名".CN"服务器由德国卡尔斯鲁厄大学移交给中国，中国实现了互联网的全功能连接。

1994 年，中国科学院高能物理研究所正式进入互联网，并建立了中国第一个 WWW 服务器，成为中国第一个进入国际互联网的计算机网络。

在这期间，一些科研部门和高校开始研究互联网技术，并开展课题研究与科研合作，这一阶段的互联网应用仅限于小范围的电子邮件服务，而且仅为几所高校和研究机构提供电子邮件服务。

从发展过程看，中国成功接入世界互联网，离不开国际社会的协助。这种国际合作与共同努力，超越了民族与国家边界，超越了意识形态，促进了互联网的形成与统一，并使其最终成为一种由人类自主创造的公共事物。

今天的互联网，注入了更多的商业因素，更多的国家利益，更多的意识形态，但不可否认的是，唯有将互联网看作公共事物，互联网才是真正意义上的互联网。因此，只有承认和尊重历史事实，超越网络霸权和战争思维，从共同推进全球合作治理互联网这一人类最大的公共事物的角度，思考当今互联网治理的问题，才具有现实意义。

第二阶段：起步阶段（1994—1996 年）

1994 年 4 月 20 日，中关村地区教育与科研示范网络（NCFC）通过美国斯普林特公司接入互联网的 64K 专线开通，实现了与互联网的全功能连接，翻开了中国互联网发展史的首页。从此中国在国际上被正式承认为真正拥有全功能互联网的国家。此事被评为中国 1994 年十大科技新闻和重大科技成就之一。

1994 年 5 月，中国科学院高能物理研究所设立了国内第一个 Web 服务器，创立于 1990 年 3 月的中国国家智能计算机研究开发中心（现已更名为"高性能计算机研究中心"）开通了曙光 BBS，成为中国的第一个 BBS 站[1]。

从 1994 年到 1997 年，中国互联网发展史上四个重要的网络逐步成型并开始提供服务，为中国互联网的发展奠定了基础：

一是 1994 年 7 月，由清华大学等六所高校建设的中国教育和科研计算机网（CERNET）试验网开通。连接北京、上海、广州、南京、西安五个城市，并通过 NCFC 的国际出口与互联网相连，成为运行 TCP/IP 协议的计算机互联网络。

二是 1995 年 5 月，中国电信开始筹建中国公用计算机互联网（CHINANET）全国骨干网。其重要奠基人中国工程院院士刘韵洁被誉为"中国互联网络之父"，他的一个重要观点是："互联网只要和应用联系起来，肯定能获得发展。"这一观点为中国快速发展的互联网经济所验证，也推动了互联网在中国的应用。

三是 1996 年 2 月，中国科学院正式将以 NCFC 为基础发展起来的网络命名为中国科技网（CSTNET）。

四是 1996 年 9 月 6 日，中国金桥信息网（CHINAGBN）连入美国的 256K 专线正式开通并提供互联网服务，主要提供专线集团用户的接入和个人用户的单点上网服务。

1996 年底，中国互联网用户已超过 20 万，利用互联网开展业务的应用逐步增多。

---

〔1〕　BBS 是英文 Bulletin Board System 的缩写，即电子公告牌，是 Internet 上的一种电子信息服务系统。它相当于提供一块公共电子白板，每个用户都可以在上面书写，可留言发布信息、可交谈或讨论问题、可传送文件、可学习交流等，提供了一个利用互联网表达和交流的社群空间。

第三阶段：快速成长阶段（1997 年至今）

1997 年 10 月，中国公用计算机互联网实现了与中国其他三个互联网络——中国科技网、中国教育和科研计算机网和中国金桥信息网的互联互通，开启了中国信息高速公路的快速建设历程。

得益于应用，中国互联网获得了快速发展。1998 年，京东、腾讯分别注册成立；1999 年是中国互联网巨头开始起步的一年，是互联网蓬勃发展的一年。互联网的先行者们意识到，互联网将改变中国人的生活方式，联想酝酿的 PC+家庭联网的形式，打开了互联网应用的新局面。

1999 年，马云在杭州创办阿里巴巴网站，同年 9 月 6 日，中国国际电子商务应用博览会在北京举行。这一时期，电子商务开始启动，网商群体崛起，网上银行、网上教育、网上即时通讯和网络游戏兴起。

1999 年底，李彦宏放弃在硅谷的高薪回到北京，于 2000 年 1 月 1 日在中关村创立了百度公司。

2000 年互联网的各种内容和应用蓬勃发展，人们可以通过各门户网站了解各种各样的信息。开阔的视野既启发了智慧，也催生了互联网创业和发展的浪潮，中国三大门户网站——搜狐、新浪和网易在美国纳斯达克挂牌上市，"博客"也是这一年开始进入中国并迅速发展。

2002 年，清华大学博士方兴东发起博客中国网站，推动博客在中国的发展。他也被誉为"中国博客教父"。

2003 年，"非典"给电子商务带来了意外的发展机遇。各种 B2B、B2C 电子商务网站会员数量迅速增加，并实现部分盈利，C2C 也因此酝酿着变局。阿里巴巴投资创立的淘宝网进军 C2C，逐渐改变了国内 C2C 的市场格局，网购理念和网络消费习惯被更多买家和卖家所接受，网购行为得到进一步普及。

2004 年支付宝发展成为中国最大的第三方支付平台，新浪、搜狐和网易首次迎来了全年度盈利；中国首届网商大会在杭州召开，宣告中国"网商时代"全面来临。此后，中国互联网公司开启了自 2000 年以来的第二轮境外上市热潮，如 TOM 互联网集团、盛大网络、腾讯、前程无忧等网络公司纷纷在海外上市。

2005 年 8 月，百度在美国纳斯达克上市，搜索业务成为中国互联网新的增长点，网络广告产业获得飞跃式发展。就在这一年，新浪、搜狐也加入了博客阵营，开启了博客时代。

2007 年，腾讯、百度、阿里巴巴的市值先后超过 100 亿美元，中国互联网企业跻身全球最大互联网企业之列。2007 年 9 月 30 日，国家电子政务网络中央级传输骨干网正式开通，这标志着国家电子政务网络统一构架基本形成。

2008 年，开心网、校内网等社交网站迅速传播，SNS[1]成为当年的热门应用之一。

2008 年 12 月 31 日上午，国务院常务会议研究同意启动第三代移动通信（3G）牌照发放工作，明确工业和信息化部应按照程序做好相关工作。

2009 年 3G 牌照发放后，中国移动互联网时代拉开了序幕。许多在个人电脑端才能获得的业务纷纷迁往移动终端，移动电子商务、手机游戏、LBS（定位服务）[2]和手机视频等逐渐兴起，人们在移动中就可以得到网络服务，随时随地地获取或交流信息、购买商品与服务等。

2014 年 12 月，工业和信息化部正式向中国三大移动通信运营商颁发了 TD-LTE 制式的 4G 牌照，这标志着中国电子通信行业正式进入数据时代。4G 可以带来更快的网速，其网速是 3G 网络的十倍以上，能支持更多高清视频和更多应用。

参考文献：

1. 王东宾：《突破美国的封锁——中国接入互联网简史》，载 https://www.guancha. cn/WangDongBin/2019_02_16_490322. shtml.

2. 《回眸历史：图说中国互联网 20 年发展历程》，载 https://www. sohu. com/a/48496944_119536.

3. 《18 年互联网科技闪耀 AI 少年百度正青春》，载 http://beijing. qian-long. com/2018/0103/2296533_2. shtml.

4. 百度文库、知乎、360 图书馆等相关资料（恕不一一列出）。

（限于篇幅和为便于阅读，上述资料在使用时略有删减或修改，敬请理解。）

---

〔1〕 SNS，全称 Social Network Services，即社会性网络服务，指旨在帮助人们建立社会性网络的互联网应用服务。
〔2〕 LBS，全称 Location Based Services，它包括两层含义：首先是确定移动设备或用户所在的地理位置；其次是提供与位置相关的各类信息服务。

附 录 1-2

关于互联网未来的几个猜想

（今天，我们回看这篇发表于 2010 年 5 月的网络帖子，哪些猜想变成了现实？）

后端与前端的不断完善。技术专家诺瓦·斯皮瓦克（Nova Spivack）认为，互联网的发展以 10 年为一个周期。[1] 在互联网的头十年，发展重心在互联网的后端，即基础架构上。编程人员开发出我们用来生成网页的协议和代码语言；在第二个十年，重心转移到了前端，Web2.0 时代就此拉开帷幕。现在，人们使用网页作为创建其他应用的平台。同时，人们还开发聚合应用，并且尝试通过互联网体验更具互动性的应用。目前我们正处于 Web2.0 周期的末端；下一个周期将是 Web3.0，重心会重新转移到后端。编程人员会完善互联网的基础架构，以支持 Web3.0 浏览器的高级功能。一旦这个阶段告一段落，我们将迈入 Web4.0 时代，重心又将回到前端，我们会看到成千上万的新程序使用 Web3.0 作为基础。

（1）互联网将发展成为一个三维环境。我们将来看到的是 Web3D，而不是 Web3.0。互联网把虚拟现实元素与多人角色扮演的大型在线游戏结合起来，最后可能会变成融入了立体效果的一种数字环境。你可以以第一人的视角或通过你本人的数字化呈现（即化身），徜徉于互联网中。

（2）互联网会立足于分布式计算领域的最新进展，实现真正的人工智能。在分布式计算中，几台计算机共同处理一项庞大的任务，其中每台计算机负责处理整项任务中的一小部分。一些人认为，互联网会拥有思考能力，因为它能把任务分配到成千上万台计算机上，还能查询深层本体。这样，互联网实际上会变成一个巨大的大脑组织，能够分析数据，并根据这些信息得出新想法。

---

〔1〕 诺瓦·斯皮瓦克出生于 1969 年，是管理大师彼得·德鲁克（Peter Drucker）的长孙。他是一位技术企业家、投资者、创新者和未来学家。他帮助建立了数十家企业和近一百项专利，共同创造了数十亿美元的市场价值，包括多次首次公开发股（IPO）以及苹果、Facebook、三星、迪士尼等公司的收购。参见《诺瓦·斯皮瓦克，21 世纪的"未来学家"》，载 https://www.17admin.cc/thread-226924-1-1.html，最后访问日期：2021 年 7 月 30 日。

（3）访问互联网的设备绝不仅限于计算机和手机。从手表、电视机到衣服，将来一切东西都能连接至互联网。用户将与互联网保持持续不断的连接，同样，每个用户的软件代理会以电子方式观察用户的活动，从而了解该用户的更多信息。这可能会引发争论：如何兼顾个人隐私与拥有个性化的互联网浏览体验带来的乐趣。

（4）互联网会与其他形式的媒体融合，直至各种形式的媒体之间的所有区别都消失。广播节目、电视节目和故事片都将依赖互联网这种内容分发系统。

参考文献：

《Web3.0 时代：网络对你无所不知》，载 https：//developer. 51cto. com/art/201005/202496_2. htm，最后访问日期：2021 年 1 月 8 日。

附　录　1-3

产业融合现象的相关研究

对产业融合现象的关注，最早源于数字技术的出现而导致的信息行业之间的相互交叉，信息通信领域的电信、广播电视和出版三大产业的融合。格林斯丁（Greenstein）和迦拿（Khanna）认为，产业融合是为了适应产业增长而发生的产业边界的收缩或者消失。日本学者植草益在对信息通信业的产业融合进行研究后指出，产业融合将在更大范围内拓展。现实中，产业融合不仅出现在信息通信行业，而且出现在农业、制造业、服务业等多个行业中。

对服务业和制造业产业融合的研究集中探讨了生产性服务业与制造业的互动融合关系。国外学者范德迈尔（Vandermerwe）、帕帕斯（Pappas）和希恩（Sheehan）、拜尔斯（Beyers）、科菲（Coffey）和贝利（Bailly）、卡拉奥梅里奥卢（Karaomerlioglu）和卡尔森（Carlsson）等，立足于制造企业服务化和服务活动外部化进行了探讨。范德迈尔指出，一些制造企业开始不只是制造实物产品，而且提供服务，为用户提供包括制造品在内的一体化解决方案，从而使得原来具有明显产业边界特征的制造业越来越具有服务业特征，制造业和服务业的边界日渐模糊。

新近出现的服务主导逻辑（service-dominant logic）理论认为，服务交换（service exchange）是社会经济的基本内容，制造业不仅将用户作为目标，而且将用户纳入企业生产过程，企业过程导向（而非产出导向）的结果是用户或者顾客介入价值创造过程，由传统的产出引领转变为服务引领，制造企业服务化。制造企业将原来内部化服务活动外部化是促成生产性服务业与制造业互动融合的另一个重要原因。

上述学者们的研究指出，成本因素是制造企业将服务外包的重要考量，当企业内部自行组织提供服务所需的工资、管理成本和外部交易成本相当时，企业宁可将此服务活动外包出去——因为外部专业提供者更具规模经济性且成本可控。制造企业生产日益柔性化也是需要大量外部化生产服务的重要原因。企业为了降低风险、满足偶发的需求、专注于核心技术，常常需要将一些非核心环节的生产性服务活动外包。除了成本因素导致的需求外，学者们还分析了导致制造企业对服务外包需求的非成本因素，主要包括市场的不确定性和竞争，在需求多变条件下企业的能力资源有限以及管理复杂性的增加，以及政府管制和贸易壁垒等。

参考文献：

赵霞、朱启航：《"互联网+"背景下零售业与制造业跨界融合研究综述》，载《商业经济研究》2017年第1期，第182~184页。

●●●附 录 1-4 ●●●

创建 APP Store——苹果公司的跨界与融合

APP Store 的创建，为所有软件开发者敞开了一扇大门，改变了整个软件行业由几家大公司所控制的局面。无论是个人开发者，还是大型工作室，都可以在 APP Store 充分施展创意，构建高品质的 APP 并顺利地交付给全世界不断壮大的用户群。

2008 年 7 月 10 日，美国苹果公司推出了应用商店 APP Store，凭借当时的 500 款 APP，在文化、社会和经济领域掀起一场热潮，改变了人们工作、娱乐、会面、旅行等诸多活动的方式。同年 7 月 14 日，APP Store 中可供下载的应用已达 800 款，下载量达到 1000 万次。2009 年 1 月 16 日，已有逾 1.5 万款应用，超过 5 亿次下载。2011 年 1 月 6 日，APP Store 扩展至 Mac 平台。平台上，大部分应用价格低于 10 美元，并且有约 20% 的应用是供免费下载的。用户购买应用软件所支付的费用由苹果公司与应用开发商 3:7 分成。2013 年 1 月 8 日，苹果公司宣布，官方应用商店 APP Store 的应用下载量已经突破 400 亿次，总活跃账户数也达 5 亿。

APP Store 模式为第三方软件提供了一个方便而又高效的销售平台，为开发者提供了推广软件的突破性解决方案。同时，为各年龄段的用户打造了一个获取出色 APP 的安全场所，将一个全新的软件世界展现给手机用户，既为用户带来前所未有的 APP 体验，又适应了手机用户们对个性化软件的需求；进而使 APP 经济充满生机，各类规模的软件开发者都得以蓬勃发展，手机软件业由此进入一个高速、良性发展的轨道，其意义远远超越了"iPhone 的软件应用商店"本身，是手机软件业发展史上一个重要的里程碑。

爱彼迎（Airbnb）工程副总裁迈克·柯蒂斯（Mike Curtis）说过："作为一个为数百万用户提供旅行新方式的社群，拥有世界级的 APP 至关重要，因为 iPhone 往往是他们外出旅行时唯一的通信工具。我们的 APP 让旅行者可以获得启发，动动手指就能发掘新的地点和新鲜体验。通过 APP Store 接触更广泛的用户群成为我们获得成长至关重要的因素。"

APP Store+iPhone 也成为苹果公司增加收益的关键路径之一。它不仅符合苹果公司由终端厂商向服务提供商转型的整体战略定位，也为苹果公司通过 APP Store 增加终端产品 iPhone 的价值、提升苹果公司收益做出了重要贡献。

2020 年 6 月 16 日，苹果公司公布 2019 年 APP Store 应用商店的收入为 5190 亿美元，这也是 APP Store 成立 12 年来首次公布生态商业数据。在这 5190 亿美元中，4130 亿美元来自实物商品和服务，其中 2680 亿美元来自零售应用，570 亿美元来自旅游应用，400 亿美元来自叫车应用，310 亿美元来自外卖应用，其他为 170 亿美元；610 亿美元来自数字产品和服务；410 亿美元来自应用内广告；40 亿美元来其他。从地区的角度看，中国的销售额为 2460 亿美元，占整体收入的 47%；美国的销售额为 1380 亿美元，占整体收入的 27%；欧洲的销售额为 510 亿美元，占整体收入的 10%；日本的销售额为 370 亿美元，占整体收入的 7%；其他地区的销售额为 470 亿美元，占整体收入的 8%。

作为常规服务收入的一部分，苹果公司向通过 APP Store 应用商店购买软件的用户收取每月 15%~30% 的订阅费。无论用户何时购买 iOS 程序中的数字产品（如电子书）或在 iOS 应用程序中发起订阅，苹果公司都会在第一年收取 30% 的费用，从第二年起收取 15% 的费用。

苹果公司 CEO 库克（Tim Cook）称："在这个充满挑战和不安的时期，APP Store 为创业、健康和福祉、教育提供了持久的机会，帮助人们迅速适应不断变化的世界。"

参考文献：

1. 《苹果：去年消费者和广告主通过 App Store 花费 5190 亿美元》，载 https://baijiahao.baidu.com/s? id=1669610047847595551&wfr=spider&for=pc.

2. 《苹果发文庆祝 App Store 发布十周年》，载 https://www.ithome.com/html/it/368903.htm.

•••• 附 录 **1-5** ••••

日本的智慧农业

2018 年 9 月，中共中央、国务院印发了《乡村振兴战略规划（2018—2022 年）》，全面阐述实施乡村振兴战略的重大意义、总体要求、目标任务、工作重点，描绘实现乡村振兴的宏伟蓝图。如何实现这一蓝图，以智慧农业推动乡村产业振兴是一个重要抓手。其根本目的在于加快传统农业向现代农业转型，充分发挥互联网等高科技对生产的支撑作用，不断提高劳动生产率、土地产出率和资源利用率，实现人与自然的和谐相处。

作为世界农业的一大发展趋势，各国都很注重推动智慧农业。如何使智慧农业从政策层面真正落实到田间地头，日本的实践可以给我们一些启示。

日本农林水产省对智慧农业的定义是：以更加节省劳动力和提高农作物品质等为目的，将机器人技术、信息和通信技术等先进技术运用于农业生产过程。在这些技术中，互联网尤其是移动互联网技术的充分发展和广泛应用是基础。

日本推动智慧农业的主要目的有三个：一是节省劳动力，减轻农业劳作的辛苦，以化解日本农村超老龄化和劳动力严重不足的问题。二是传承农业技术，农村青壮年的缺乏也影响着农业生产技术的传承，通过智能农业系统等有望将相关技术和诀窍持续性地传承下去。三是提高日本农作物的自给率，2017 年日本的食品自给率为 38%，进口超过本国生产，没有保持恰当的平衡。在劳动力和人才不足的状况下，要提高农产品产量和品质、提高自给率，发展智慧农业是一个重要途径。

日本的智慧农业体系的架构包括三个主要方面，由总务省和农林水产省相互协调，统领全局，实现数据驱动下的产供销一体化，其中，通过农业云确保各主体的相互连接，提供标准化数据，及时传播、共享生产和流通信息，保障食品安全。

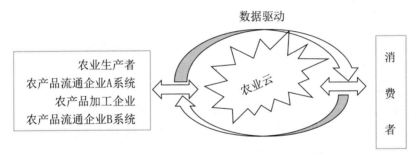

图 1-4　日本智慧农业的基本架构

曾经，农业被认为是与互联网、智能化等几乎无缘的领域，但这几年在日本却出现了很多面向智慧农业的解决方案，使日本政府的智能农业政策得以落地，主要体现在以下几方面：

（1）机器人技术+农业。

目前，日本农业就业人口中，65% 以上是 65 岁以上的人员，人口老龄化和劳动力不足日益严重，推进智能机器人的普及使用，是日本发展农业迫在眉睫的课题。以前使用机器人作业的仅限于大型农场和农产品加工企业，现在随着技术和生产的进步，相关产品的性能提高而价格进一步降低，日本农村一般的农户也有经济实力购入并使用。2018 年日本农林水产省的目标之一，就是实现农场和农地中自动行驶的机械系统市场化销售，促进其在农业生产中使用。

农用机器人的主要目的是省力，减少在农业作业过程中的体力劳动，如收割、喷洒农药、搬运、果实分级拣选装箱等，而搭载照相机和传感器等数据采集部件的机器人则帮助农业提高科学管理水平。在日本农村，机器人不只是"出力气、干粗活"，还可以很精细、很精准。日本北海道大学的野口教授研究室与大型农业机械制造商洋马（Yanma）正在共同研发能够实现智能农业的机器人，其中之一就是无人拖拉机。该拖拉机被称为"协作型机器人拖拉机"，可以根据预先指定的工作内容和场所等信息自动作业，并通过 GPS 接收和传输信息，实现多台协作作业，其行走误差仅为 5cm。

同样，机器人与人工智能技术的组合，被用于果实的分级挑选等。筛选分拣是农产品分级管理的基础工作，一般都是人工完成，工作内容单调、工作时间长，既消耗体力又容易疲劳，在农忙时往往会因为来不及分拣而影响农产品销售。快速发展的图像解析技术，正越来越多地用于果实的自动分拣，如日本静冈县农户利用开源 AI 引擎"Tensor Flow"实现了黄瓜的自动分级选果，目前的识别精度已达到 70%以上，并在不断试错和学习中提高精确度。

（2）大数据+农业。

大数据+农业是利用摄像机、照相机和各类传感器等拍摄并记录田地和农作物的状况，如生长情况、病虫害、日照时间、空气湿度和二氧化碳浓度等的变化，并将其汇总进行大数据分析，以便提出有针对性的提高效率的栽培管理方法、测算果实的最佳收获或配送日期。

同时，利用气象大数据，还可减少种植风险。例如日本长野县高山村，正在实施"信州葡萄酒谷建设构想"用以振兴当地葡萄产业。在葡萄酒生产中，如果葡萄本身品质恶化或歉收，会直接影响葡萄酒的品质和产量。目前，大数据+农业的模式正在帮助当地农场和农户解决这一大难题，为当地农户带来更高的附加值。

（3）物联网+农业。

物联网+农业可在更大规模的水平上实现生产、流通和销售的合作，构建更高效的产供销一体化体系，更多降低农产品生产和流通成本。日本的一些大型企业已经参与到农业物联网和云计算的行列中，如丰田汽车从 2011 年开始致力于智慧农业，并在 2014 年提出"丰收计划"，目的主要是为大型稻米生产企业提供种植解决方案。"丰收计划"中包含了丰田迄今为止在汽车生产中的管理和技术"改善"诀窍，即将汽车生产的现代化管理理念和方法运用于农业管理，如将一直以来纸面记录的水田台账和工作日报等均纳入大数据范畴，用数字化管理来实现效率化，包括农具故障及放置场所、作业环节等。正是依据数字化的作业记录，某稻米生产者成功削减了 10% 以上的无效作业，提高了劳动生产率。

通过"丰收计划"，农民的工作和生活方式也得以改善。例如用智能手机可以随时查看农作物的状况，再也不需要天天劳作在田间地头，帮助人们有效平衡工作与生活，提高生活的幸福感。

目前，日本的很多企业、研究机构、高校、自治团体和金融机关等都在酝酿联合，携手推进智慧农业，使日本的农业可持续、有魅力。

联合国 2015 年 9 月提出了《2030 年可持续发展议程》，呼吁在各种产业领域使用互联网等更多面向未来的工作方式和技术，农业领域被认为是最重要的领域，智慧农业的发展对于全球可持续发展将是不可或缺的。

参考文献：

葛建华：《富有特色的日本智慧农业》，载《中国城乡金融报》2019 年 7 月 10 日，第 3 版。

第2章 ◀ CHAPTER 2
跨　界

2019 年底，突如其来的新冠肺炎病毒肆虐全球，导致口罩奇缺。

2020 年 2 月，造汽车的比亚迪，3 天完成了口罩机设计图纸、7 天完成了设备研发、30 天内就成了全球口罩日产量之最。在其他新加入口罩生产的企业还在为一个月起步的交货周期头疼的时候，比亚迪已经完成了一系列让外界瞠目的"硬核"操作——自己造口罩机，且一天能造出十几台。

这种突破原有业务边界的跨界景象，正是人们在谈论融合时常常提及的事例。比如，中石化就将"加油站+个人消费"的模式发挥得淋漓尽致，在 340 座加油站都开通了"安心买菜"业务——每份蔬菜礼包组合约 14 斤，售价 99 元，包括西红柿、豆角等 10 多种蔬菜和 10 个鸡蛋，可满足三口之家 3 天左右的需求。其旗下的易捷还推出自有品牌"易捷咖啡"的三大系列产品：92#（黑白咖啡）、95#（时尚特饮）、98#（精品系列）。

跨界经营，让不同产业或行业之间的界限越来越模糊，也让一些原本不相干的企业相互竞争：曾经是世界 500 强的柯达胶卷衰落于数码相机的兴起中；数码相机又因智能手机而失去不少市场销量；富士胶片则将其技术应用在医药、化妆品等领域展开自救；拥有上百辆出租车的公司，被没有车的滴滴出行挤兑……

在这些现象背后，都有互联网织成的大网在为各种跨界提供可能；跨界成为实现融合的重要形式，创造出很多新型、发展迅速的经济元素。

2.1　关于跨界

2.1.1　跨界的含义

界，即界限、范围。《荀子·正论》中认为，界是"是非之封界，分职名象之所起"。

"跨界"一词，字面意思是指跨越界限，跨越两个或多个界限，词典中并未记载这一词语的含义。从物理学的角度看，"跨界"是指具有某一属性的事物进入另一属性运作，虽然主体没变但事物属性归类却发生了变化。从经济管理的角度看，跨界反映了一种变化，这种变化实际上是某一主体跨越组织、产业、行业或文化的界限并发生一定的碰撞而产生的；碰撞的结果是在一些曾经没有关系或者不兼容的要素或内容之间进行了连接，并创造出新的价值——或满足了潜在需求，或创造出新的需求。

1980 年前后，人们在研究组织理论和行为时注意到企业的"跨界"现象，罗森科普夫（Rosenkopf）和尼卡（Nerkar）首先将跨界引入战略领域进行研究。[1]目前，跨界概念已经扩展至产业/行业/企业等不同层面，人们希望在跨界的异质性中实现颠覆性创新；由跨界引起的不同资源的重新配置，形成了一些新的行业、产业，典型如共享经济、文创产业等。

在生产制造领域，跨界的概念最早源于工业设计。一些设计师通过跨界来超越行业或学科的羁绊，或突破传统观念的束缚，由此来获得源源不断的、新的设计灵感，这也成为工业设计领域中最时尚的设计策略，为那些富有激情、思想前卫、敢于挑战传统的工业设计师们提供了改变设计惯例、创新设计思路的重要途径。通过跨界，设计师们可以为产品添加更为新鲜的体验，实现与最新技术的结合、与时尚元素的融合等。在日本，已经 53 岁的中村开己，通过跨界将"折纸"与"机关"连接，让玩具纸模型一下子"活"了起来：可以瞬间开合、自动膨胀……这种跨界的折纸作品，颠覆了人们对传统折纸的想象。依靠这样的折纸作品，中村开己不仅轻松还清了房贷，而且还

---

〔1〕　Rosenkopf L. & Nerkar A. , "Beyond Local Search: Boundary-Spanning, Exploration, and Iimpact in the Optical Disc Industry", *Strategic Management Journal*, 2001, 22 (4): pp. 287-306.

开创了一个老少皆宜的玩具流派，风靡日本。

如果说，由设计师承担的跨界设计是以个人为主体，主要表现为思维与技术的跨界融合而创造出新的作品，那么，当下的跨界更多地发生在设计领域之外。跨界（Crossover）代表着交叉、混合之意，表现为企业的业务活动跨越了不同产业、不同行业，原来分属不同产业或行业的经营活动被统一在同一企业中，这也代表着数字经济时代很多行业或企业的发展方向。这些跨越边界的业务活动，让原本属于不同行业或产业的业务内容相互渗透、相互融合，使得人们很难清楚地界定其产业或行业的"属性"。这也意味着在互联网时代，企业追求的不再是产品价格差异所带来的超额利润，而是企业与不同经济主体"连接数据"所带来的价值增值。

本书将"跨界"定义为企业跨越产业或行业边界的发展，即企业的业务范围如产品、服务或技术等各个具体方面，突破了原有行业或产业的限制而转向不同的行业或产业，并采取不同于此前的发展模式来获取新的价值。跨界现象的出现，在客观上导致了传统产业或行业边界的模糊，由此诞生出新的产品或服务，成就了许多新产业、新行业、新业态。

从跨界的行为主体——企业来看，跨界分为两大类：原生跨界和转型跨界。

原生跨界即成立伊始，企业的主要业务活动就呈现出融合性，如集产品设计与制造、商品销售与物流配送、供应链整合和技术服务等多个环节于一体。这样的企业往往通过互联网平台进行信息交互，在生产制造、电子商务、物流、服务等方面集成企业业务；其产品或服务都呈现出跨界的特点，难以按传统的行业或产业标准将其进行归属。例如小米，从设计生产智能手机起家，可以归在手机生产行业；但其又生产小米电视机、路由器、接线板、台灯，还生产智能手环、智能人体秤、T恤、背包等多品类产品，其跨界既丰富又自然，相互之间均由互联网平台从底层数据搭建起内在联系。

转型跨界则是指一些企业依托互联网从原有主业向新领域拓展，突出的表现是业务模式的变化。例如，生产农业检测仪器的浙江托普仪器有限公司转变为托普云农科技有限公司，从农用检测仪器生产商转型为智慧农业整体解决方案服务商。近年来还有一些转型的商贸中心、物流枢纽等企业，在互联网基础上将物联网、电子商务、制造和金融等行业沿全产业链进行跨界，

"一站式"提供技术、物流、贸易和金融等服务，如义乌购、顺丰速运等企业，均因跨界而呈现出网络化和集约化等特征。这种转型跨界，代表着传统企业在互联网时代的发展方向，对于直接连接国际国内市场、畅通国内外供需渠道、推动国内国际双循环的相互促进发挥着重要作用。

跨界意味着融合，无论哪一种跨界，都不是简单的 1+1 的物理叠加，而是需要企业在不同产业或行业的要素之间建立起有机连接并产生协同效应，尤其是对于转型跨界的企业来说，跨界是经营形式和业务内容的转变，是不同要素之间的互动与融合，往往需要重塑商业模式才能适应企业的跨界发展。当跨界发生时，一个企业、一个行业、一个产业，或处于"解构"或处于"重构"，一些新的企业、行业、产业也因此而"建立"，呈现出与以往不同的景象。

2.1.2　互联网与跨界

正是因为互联网的广泛应用，各类信息才得以广泛传递、采集、分析和应用，使生产者之间、消费者之间、生产者和消费者之间的信息交流和价值转换可以便捷实现，从而使不同领域原本泾渭分明的界限变得模糊，为同一主体的跨界经营提供了可能，也催生出多种形式的跨界行为。

在各种跨界中，互联网技术更多地作为桥梁连接起不同领域，"互联网+"成为跨界的主要途径，如云计算、大数据和物联网等正在推动传统产业向数字化、智能化发展，这也成为数字经济时代产业融合的新特征、新现象。在2020 年 10 月的中国国际工业博览会上，日本的日立公司通过数字化信息技术，全方位展现了日立在智能制造领域的构想。日立展台严格按照制造运营流程，分为"工厂前""工厂中""工厂后"三个展区。展出的内容包括：智能物流的概念、智能配车动态管理系统、V2X 车路协同解决方案、Hitachi AI Technology/智能优化计划解决方案、铸造模拟系统、智能制造系列解决方案。[1] 在 2020 年 11 月的上海进博会上，日立公司的展品涉足医疗健康、智能楼宇、公共安防、智慧养老、工程机械、智能制造、高性能材料、汽车系统及家用电器等多个领域，如日立为"抗疫"开发的"无接触式乘梯解决方

---

〔1〕《第 22 届中国国际工业博览落幕，日立创新赋能产业新发展》，载 https://new.qq.com/omn/20201020/20201020A0AL6T00. html，最后访问日期：2020 年 12 月 6 日。

案"，无需用手指按电梯按钮，通过语音、手势或手机二维码、NFC、蓝牙等多种方式，可直接呼叫电梯自动到达目的楼层。日立的穿行式爆炸物探测装置，最大可实现在每小时 1200 人流量中的爆炸物检测，只要将身上的证件插入外形类似于地铁检票机的设备，3 秒钟就可以获得检测结果。这类设备应用于车站、体育场馆、会议厅等公共场所，将大大节省安检时间，避免人群聚集及与安检人员的接触，有效降低传染风险……[1]在技术环境和市场竞争的急剧变化中，日立以跨界实现了创新性突破并确立了新的发展方向，成果丰硕。

从市场绩效看，日立的智能制造和"抗疫"产品、滴滴出行的快车、支付宝的网购担保等，都展现了跨界的普遍性和市场竞争推动下企业跨界的自觉性。"跨界"已经不再是简单的企业横向或纵向边界扩张，而是信息技术支持下的互联网产业与传统产业的融合与渗透，是传统产业的转型升级和互联网企业落地生根的重要方式，是将一种产业的知识运用于另一种产业的跨产业升级。[2]对互联网企业而言，"跨界"是在制造业、金融业、零售业和物流业等传统产业的不断尝试，由此诞生了许多业绩不菲的企业，如小米、蚂蚁金服、拼多多和顺丰等。对于传统企业而言，"跨界"是借助互联网实现产业价值链环节解构并与互联网价值链"跨链"重组的过程，[3]是将曾经不相干、不兼容的元素相互链接并产生价值的价值创造过程。[4]早在 1958 年，马奇（March）和西蒙（Simon）就认为，可渗透性是系统的边界所具有的一个重要特性，而这个特性意味着系统能够选择性地吸收组织内部需要的、符合规范和价值观念的存在于外部的资源。[5]互联网以其强大而广域的连接能力，充分利用了横亘在产业或行业之间"边界"的可渗透特性，将融合从少数的、悄无声息的"渗透"，演变为较普遍的、大张旗鼓的"跨界"。

---

〔1〕 陈言：《进博会上看日立：多元化企业如何做到各领域协同发展》，载 https://www.sohu.com/na/435856860_99900743，最后访问日期：2020 年 12 月 5 日。

〔2〕 佟家栋等：《"逆全球化"与实体经济转型升级笔谈》，载《中国工业经济》2017 年第 6 期，第 5~59 页。

〔3〕 赵振：《"互联网+"跨界经营：创造性破坏视角》，载《中国工业经济》2015 年第 10 期，第 146~160 页。

〔4〕 罗珉、李亮宇：《互联网时代的商业模式创新：价值创造视角》，载《中国工业经济》2015 年第 1 期，第 95~107 页。

〔5〕 March J. G. , Simon H. , *Organizations*, Wiley, 1958.

在互联网出现之前，并非没有跨界现象，如一些实施纵向或横向一体化战略的企业，就表现出跨越组织边界或产业边界的特征。但是，这种跨界，面对依靠传统技术和资源建立起来的竞争壁垒，往往力不从心，因而跨界只是较少地存在于个别实力雄厚的大型企业集团中，跨界现象以及人们对跨界的关注并不普遍。而互联网及其相关技术的发展，推动了经济发展中不可或缺的信息流以极低的成本快速而广泛地扩散，信息分析和信息价值挖掘等技术应用服务的发展，轻松化解了传统方式所构建的产业或行业或企业之间的竞争壁垒。如轻点支付宝，便跨越了传统银行多年来辛辛苦苦建立起的实体网点所形成的竞争壁垒；轻点微信，就跨越了中国移动、中国电信等多年来用铁塔和电信牌照建立起的竞争壁垒。

在互联网所参与的跨界中，一些原本不是上下游关系也不是横向合作关系的企业之间，形成了紧密联盟，其目的不是以形成局部性垄断为目标，而是为了实现普遍意义上的开放式创新。这种创新是以满足新需求为目标，是以新科技和新平台为依托，将不同产业领域的要素和资源，通过相互渗透、融合或裂变而整合为一体，实现产业价值链的延伸或突破。正是这样的跨界，互联网与传统产业实现了有机结合，而不是简单地跨越两个完全不同的领域。特别是基于互联网的商业模式创新，有力推动了技术发展和产业创新，如 API 模式、手机应用商店等。这些，不仅带动了产业转型升级，也使跨界成为经济发展的重要模式和重要趋势，在全球经济的各个领域中，催生出新增长点。

在各种形式的跨界中，互联网及其相关技术，既提供了跨界的技术手段，也以其强大的数据汇集和分析功能，为跨界发展提供新的业务内容和业务实现方式。其中，信息的充分交互与传递，为不同领域之间的生产要素互动和融合提供了技术及资源基础，使各种跨界因为"数据–信息–数字–智能"这一融通机制的建立而得以实现。由此，各行业之间的壁垒和界限逐渐被打破，你中有我、我中有你的产业格局逐渐形成。通过跨界，企业从数据中挖掘出不同领域的共性和联系，组合、扩展和集合不同的产业或行业元素，开发出高质量产品或者服务，其业务内容呈现出数据化、智能化和服务化的新特征，并由此实现传统产业的转型升级。跨界内涵也从跨越组织边界与技术边界，转变为跨越产业边界与知识边界，[1]知识的融合成为不同领域跨界的牢固黏合剂，为价值创造环节的相互渗透和融合提供知识和技术支持，从而为跨界、为新产业诞生、为新一轮产业升级提供着强劲动力。

英特尔董事长安迪·格鲁夫（Andy Grove）曾经说过："未来只有一种企业——互联网化的企业。"由互联网所引发的各种跨界，是对此语的最好注解。

2.2 不同领域的跨界经营

2.2.1 跨界动因

企业为什么会选择跨界？归根结底来源于市场竞争和如何实现可持续发展，这与企业对现状和未来发展趋势的判断直接相关。

一些企业基于对大趋势的判断，通过对自身能力、资源和短板的识别，希望从"互联网+"中寻求整合企业内部资源能力的方案，实现战略转型。这种内生型动因，得益于企业对竞争环境、对组织机会和威胁来源的清晰认识；这类企业能够根据企业所处行业的竞争状况、市场环境和拥有的资源、能力等因素来判断基于互联网的战略变革时机、方向和规模，因而能够较好地把握机会，作出前瞻性的战略决策。例如，苏宁集团经历了"苏宁电器—苏宁易购—苏宁云商"，现在又回归"苏宁易购"，确立了基于"实体店+互联网+大数据"的商业模式，强调服务、透明，通过互联网构建起具有制造、零售、服务、投资、平台、技术与模式创新等功能的价值网络来实现"易购"。这既源于对消费者需求变化的把握，也源于对互联网技术发展的深刻认识。如沙欣（Shaheen）所言，这种转型的主要目标是在经历一段时间的转型之后，企业能大幅提升企业绩效，维持企业核心竞争力。近年来，苏宁通过零售云打造的"供应链+门店+社交网络"平台模式，借助跨界完成了线上线下的全场景智慧零售布局，实体店与互联网的融合成效显著，规模与利润业绩同步增长。[2]通过前瞻性转型，2019年苏宁易购商品销售规模为3796.73亿元，同

---

〔1〕 Kodama M., Shibata T., "Developing Knowledge Convergence through a Boundaries Vision: A Case Study of Fujifilm in Japan", *Knowledge and Process Management*, 2016, 23（4）, pp. 274-292.

〔2〕 Shaheen, George T., "Approach to Transformation", *Chief Executive*, 1994, pp. 2-5.

比增长 12.74%；营业收入 2703.15 亿元，相比上年同期增长 10.35%；实现营业利润、利润总额分别为 161.44 亿元、161.4 亿元，同比分别增长 18.20%、15.79%。[1]以安索夫（Ansoff）等为代表人物的理性分析范式认为，企业的这种战略转型是组织为达成既定目标，用一系列有计划的方式求出最优解的过程。[2]

同时，也有一些企业处于"生死攸关"的边缘，不得不作出选择来拥抱互联网，希望通过互联网来获得"人、财、物"更直接、透明、高效的连接，将供应链、生产服务、销售和物流等多环节融合在一起，以突破发展困境，从危机中突围。这种由于外生型动因而采取的转型，在跨界中将协同制造、人工智能、大数据技术等融入生产经营活动，使企业如凤凰涅槃般实现重生。曾经是我国煤炭业龙头企业的山东兖州矿业集团（以下简称"兖矿"），最辉煌时企业利润占全行业的 50%。在经历过煤炭行业的黄金十年之后，兖矿深陷亏损的低谷。面对危机，兖矿在确定了产业链向新能源、新材料领域发展的同时，还决定通过大规模的数字化变革，优化现有经营管理模式，提升快速响应市场的能力。2014 年，兖矿建成了全国煤炭行业第一家云计算中心，成为煤炭行业第一批国家级"两化"融合示范企业，信息化建设走在了行业前列。[3]2015 年，兖矿启动"YK136"大数据工程并进行了试点应用；2018 年，与 SAP、IBM、阿里巴巴、华为等知名企业开展合作；2019 年 6 月，完成大数据总体规划。2019 年 7 月，兖矿的国内首个常态化运行的智能化综放工作面在鲍店煤矿开机成功，员工只需在地面控制中心按动按钮，井下所有设备就能按预设程序自动运行，58 个高清摄像头和 1000 多个传感器实时传输数据。[4]目前，兖矿已建成 12 个智能采煤工作面、11 个远程控制掘进工作面

---

〔1〕《透视苏宁易购 2019 年业绩快报：零售云进击，开放平台提速》，载 http://finance.sina.com.cn/stock/relnews/cn/2020-03-15/doc-iimxxstf9178400.shtml，最后访问日期：2020 年 11 月 3 日。

〔2〕 Ansoff H. I. , *Corporate Strategy: An Analytic Approach to Business Policy for Growth and Expansion*, Penguin Books, 1965.

〔3〕 即信息化与工业化在高层次的结合，包括技术融合、产品融合、业务融合、产业衍生四个方面。

〔4〕《兖矿集团：一个煤炭企业的"凤凰涅槃"》，载 https://www.sohu.com/a/325732881_99896823，最后访问日期：2020 年 11 月 5 日。

和 2 个智能矿山示范点。[1]

跨界，是企业在市场竞争中取胜的创新路径。无论在零售等商业服务业还是在煤矿开采这样的第一产业，数字经济时代的各类跨界，本质上是市场竞争日益加剧和互联网及其相关技术的快速发展与应用所引发的企业创新。它是企业在目标客户群体的需求驱动下，以新科技和新平台为依托，通过跨界的方式寻求以新的资源优势及其组合来实现利润；跨界所带来的创新红利，使企业获得了新的成长动力。因此，跨界也成为很多传统企业的重生之路、成长之路。

2.2.2 零售业的跨界经营

互联网对零售业的改造，既表现为电子商务的快速兴起，也表现为消费场景的巨大变化，尤其是移动互联网带来的随时随地的信息交换，既影响了购物方式，也加剧了消费需求的改变和增长。

一方面，消费者用微信、微博、抖音等 APP 浏览并创造碎片化的内容；另一方面，又通过网络来满足消费需求的个性化、自主化。网络带来的信息透明化、物流发展带来的商品可获得性的提高，都促使商品在更大范围流通，带动生产者和消费者越来越多地介入流通全过程，传统的零售中介交易方式越来越难以维持其稳定的利益，这都促使各种零售业态通过互联网来寻求改变。例如，通过互联网来延伸服务链条，与上游的品牌商、分销商等通过跨界来整合资源、整合线上线下需求；上游制造企业则基于大数据、云计算等先进技术，与集中在各零售业态的众多需求信息实现无缝对接，通过合作来实施个性化定制等。作为纽带，互联网促进了零售商和制造企业之间日益频繁的交互，使双方都通过跨组织的流程再造来重塑销售渠道，以合作谋求新发展。

在移动互联网推动的"物物相连、万物互联"趋势中，一些互联网企业跨界"无人零售"，如北京在楼下科技有限公司以自主研发的无人便利柜为智能终端，为食品品牌商提供云服务平台，构建深入城市社区的"公共冰箱"；以自运营的高品质供应链为市民提供 24 小时营业、新鲜高效的社区零售服

---

〔1〕《兖矿集团转型升级后迎"疫"考 智能矿山赋能生产，重点项目悉数开工》，载 https://xw.qq.com/cmsid/20200318A0CQAB00，最后访问日期：2020 年 12 月 6 日。

务。有数据显示，截至 2019 年 4 月，"在楼下"前端整体盈利。[1]

同时，各零售业态之间的跨界合作也频繁发生。"互联网+商业"所产生的电子商务，成就了阿里、京东等电商企业，而电商企业与传统零售商的跨界合作，正在成就"新零售"。2015 年 8 月 7 日，京东宣布将以每股 9 元，共计 43.1 亿元人民币入股永辉超市，以京东的快速物流网络服务于永辉擅长的生鲜商品领域，在永辉的营收结构中，生鲜商品占比一直在 50%左右。此外，京东与永辉超市还在联合采购、仓储物流、打通线上线下、金融和信息技术等方面开展合作。按 2020 年 4 月 16 日永辉的收盘价 10.47 元/股，京东从线上跨界投资线下零售，在永辉就获得了近 66 亿元浮动盈利的超高回报。[2]同样，阿里巴巴入股银泰商业、腾讯入股华南城等，都是不同业态的零售企业利用跨界经营来实现优势互补和整合资源。"互联网+"，让诞生于互联网的电商企业与依靠实体店发展的传统零售商之间，跨越了不同零售业态的边界，双方因消费者需求和购物方式的变化而结合得更加紧密。

2.2.3　生活服务业的跨界经营

"互联网+"，促进了互联网企业与各类服务业的跨界经营，尤其是互联网企业与生活服务行业的融合，如各种在线支付/缴费、网络消费信贷和共享出行等，都展示了互联网企业凭借对信息技术的深刻理解与应用，跨界进入金融、交通等生活服务业，为这些行业带来翻天覆地的变化，为传统生活服务业的转型和创新注入了巨大活力。智能家居、互联网医疗服务、智慧养老等，这些人们期待能够深入到每一个家庭的服务业，也因互联网而得以实现，且更加便捷、更加安全和人性化。

在智能家居方面，互联网企业频繁与房地产企业进行跨界合作。例如，方兴地产（中国）有限公司与腾讯的多个事业群合作，双方主要在硬实力、软实力、云服务三个方面利用互联网对产品端、服务端进行创新，实现真正意义上的互联网房地产产品，共同探索"智慧家"。360 与华远集团的合作，

---

〔1〕《对话在楼下张赢：我眼中的"无人"与"零售"》，载 http://finance.eastmoney.com/a/202004301473537133.html，最后访问日期：2020 年 11 月 6 日。

〔2〕《让腾讯和京东大赚的永辉超市，已经是优等生了?》，载 https://36kr.com/p/686382379184006，最后访问日期：2020 年 11 月 6 日。

围绕智能硬件、移动互联和 APP 以及云服务等诸多领域展开，为华远旗下项目设计并提供家庭安全智能产品和管理系统，包括智能摄像机、安全路由器、定位和健康手环、电器安全报警器、燃气烟气智能报警器等产品，帮助华远集团完善、优化现有的公共区域安全监控体系，推动安全智能家居在社区的广泛应用等，这些跨界合作都体现了互联网与日常生活的高度融合。

与人们健康密切相关的医疗大健康产业，正在形成先进设备与移动互联网的跨界融合。由于医疗数字化与人工智能相互渗透的推动，医疗大健康产业已经迎来了数据量输出和数据量积累爆发式增长的拐点。以智能医疗辅助穿戴设备、智能手术系统、智能诊疗、医学影像识别等为代表的人工智能，已经在医疗健康领域取得了成功，如埃博拉病毒暴发后，硅谷软件公司 Atomwise 应用人工智能算法对分子结构数据库进行筛选，不到一天时间就成功寻找出能够控制埃博拉病毒的候选药品。医疗大健康产业与人工智能的跨界融合，为健康产业带来了诊疗模式、管理方式、设备应用、药物及设备研发、健康管理等方面的巨大变化，极大地提升着健康产业的生产质量和效益。

正如 360 董事长周鸿祎所说："未来是一个万物互联的时代，多种多样的智能设备连接在一起，能够为人们提供更安全、更方便的生活服务。"

2.2.4 媒体的跨界经营

现在，媒体是如此丰富多彩。除了电视、广播、报纸和期刊（杂志）四大传统媒体（media），人们更多地使用数字电视、IPTV（交互式网络电视）、手机终端、电脑等信息媒介物；同时，电视、报纸等媒体的传播内容，也被移植到全新的传播空间，如楼宇大屏幕、车载电视等，互联网极大地改变了人们获取、储存、呈现、处理、传递和交流信息的实体或技术手段。众多基于网络技术和无线通信技术而出现的媒体形态，使传播、交流信息的媒介物呈现出多样化、数字化、多媒体化、网络化等特征。

这类媒体被统称为"新媒体"，共同带来了媒体业界的全新格局，表现为电视的重要性、纸媒体等的发行量下降；媒体的传播内容，更多地通过移动互联网、宽带局域网、无线通信网和卫星等渠道传播到各种网络终端，向用户提供视频、音频、语音数据服务、连线游戏、远程教育等多种信息服务；内容存储和传播的数字化、网络化，大幅度提升了媒体的传播容量和传播效率。

从传统媒体到新媒体，传播技术的变化、市场竞争的加剧，也促进了媒体的跨界融合。其中具有代表性的"融媒体"，作为新的媒体运作模式而被广泛采用，业界也将 2014 年称为我国融媒体元年。

融媒体是指将广播、电视、报纸等既有共同点又存在互补性的不同媒体，在人力资源、报道内容、营销宣传等多方面进行整合，从而创建出资源通融、内容兼融、宣传互融和利益共融的新型媒体。光明日报社副总编辑、融媒体中心主任陆先高指出："融媒体的概念重在'融'，重在将机构媒体分散在传统媒体和新媒体部门的内容资源、采编队伍、采编资源、采编发流程、产品形态、传播渠道、技术解决方案、市场对接等，融合到一个统一的平台上来解决。"[1]我国的融媒体构建模式，无论是打造融媒体平台，还是成立融媒体机构、集团，大致有行业性融媒体、区域性融媒体和品牌性融媒体三种模式。[2]这些基于互联互通的"融媒体"模式，将广播、电视、互联网的优势相互整合，同时为某一项目活动提供三种形式的传播与交流服务，虽然其成本高于任何一个单媒体，但其传播效果也远高于任何一个单媒体。

在融媒体中，不同媒体的人力资源可以跨界，将各自为政的服务转变为共同服务。例如，广播与网站合并，双方原采编人员重组成立"融媒体采编中心"，同时为广播和网络提供稿件，既保证了双方的新闻稿源，降低了人力成本，又提升了网站新闻稿件的权威性和原创能力。通过媒体融合，新老媒体有效实现了优势互补——广播的迅疾、便捷，电视的直观、立体，互联网的随时随地传播等特征，由此得以兼收并蓄、发扬光大，使媒体的社会效益和经济效益都得到有效提高。

融媒体模式，凸显了互联网对跨界所带来的重要影响。例如，受众和传播者的边界逐步淡化，自媒体如抖音、微博、微信公众号等的崛起，都对传统意义上的"大众"进行着小众化切割。这些，既使受众群体逐步分散化、垂直化，又使受众的主体意识提高，对节目的互动性、代入感、沉浸感等提出了全新要求，因而也催生了通过融媒体来实现对媒体人、媒体资源、传播渠道和传播内容等的跨界整合，以便提供更优质的视觉和听觉效果来满足大

---

〔1〕　陆先高：《融媒体：光明日报媒体融合发展七路径》，载《光明日报》2014 年 11 月 1 日，第 10 版。

〔2〕　尚策：《融媒体的构建原则与模式分析》，载《出版广角》2015 年第 14 期，第 26~29 页。

众需求。

2.2.5 制造业的跨界经营

互联网的本质是通过开放与共享来降低社会总成本，这既丰富了市场竞争的组织形式，也促使企业通过互联网技术挖掘数据的价值，数据正在成长为新的生产要素，成为新一轮产业革命的发展动力。作为资源，数据在催生新兴行业产生的同时，也更多地改造着传统产业，如一些生产企业或打造互联网平台，或与互联网企业合作共同实现工业化与信息化的融合，以跨界的业务内容和经营方式完成转型升级。目前，制造业领域的跨界已经兴起，并被业界称为"互联网+"下半场的重头戏，即"互联网+"正在促使消费互联网向产业互联网过渡，深刻改变未来产业的发展方向和格局。

在 2017 年的格兰仕中国市场年会现场，格兰仕宣布通过跨界与其他行业的伙伴组成"G+智慧家居"战略联盟，如与中科智城结成全屋智能战略合作伙伴，与联通结成"互联网+"战略合作伙伴，与华为 Hilink 结成智能家居战略合作伙伴，与艾拉物联（Ayla）结成海外物联云平台战略合作伙伴等。近年来，格兰仕投资几十亿元建成自动化工厂和互联网工厂，先后引进国际一流的微波炉、洗碗机、电蒸炉、洗衣机等从整机到核心配套产业的全自动生产线，并与全球第一的工业机器人企业——日本发那科公司（FANUC）建立了战略合作伙伴关系。通过跨界，格兰仕持续提高着中高端家电产品的供给能力和产品质量，以智能健康家电、高端节能家电的研发和生产来满足消费升级。

备受人们关注的生态环保产业，通过与人工智能的跨界融合正在实现全面升级，进而将生态环保和可持续发展理念扩大到更多领域，具体表现在三个方面：首先，通过人工智能来调整和优化企业的工作模式，如由机器人取代部分传统的机械化操作等，可以降低能源消耗、工作危险程度和人工成本，提升生产的精细化和精准化水平。其次，推动实现由共享到主动智能应用的转型升级，将由人主导和控制下的以数据分析为基础的共享模式，进化为核心算法主导下的由智能中心连接、引导和控制的智能设备的主动行动，以此服务于人类社会的智能应用模式，实现资源的最有效利用。最后，生态环境管理水平的整体性提升。通过人工智能传感器等的运用，可以实现智能化的数据连通和实时共享，如以智能化的能源互通来降低生活能耗和减少环境污染，提高人们生活的幸福感，等等。

正是通过互联网所串联的底层数据，制造业领域的跨界现象越来越普遍，不同产业、不同行业的企业，越来越多地跨越边界融合形成有巨大价值的生态链系统；产业和行业的边界不再是企业业务活动的界限，人们也很难按照原来的产业或行业标准来界定企业的行业或产业属性。

跨界，正在成为互联网脱虚向实、拥抱实体经济、夯实我国数字经济产业基础的重要途径。

2.3　跨界与企业变革

2.3.1　创新路径变革

自 18 世纪以来，技术创新一直在引领着人类社会发生革命性的变化。无论是蒸汽机为代表的第一次工业革命，以电气技术和内燃机为代表的第二次工业革命，还是以互联网为代表的信息技术所引发的新一轮工业革命，技术革命中具有主导突破性的技术创新，在驱动时代向更高水平发展的过程中往往扮演着重要角色。这些技术，也很快成为人类社会发展中的普及性底层技术，如蒸汽机、内燃机、电力、铁路、电话电报、互联网、电脑和智能手机等，它们被广泛应用并渗透进传统产业，与传统产业形成各类新组合、新突破。这些融合又以各类变革或全新的商业模式出现，使在原有技术轨道上的渐进式创新，转变为具有更高技术含量和附加值的突破性创新，推动产业革命向纵深发展。目前，互联网及其相关技术的发展所带来的跨界，正在开创这样的创新时代，为熊彼特的创造性破坏理论提供着新的解读。

正如熊彼特所强调的，跨界所带来的是源于经济内部的突变和革命，是不断破坏旧结构建立新结构的过程。产业的跨界融合发展最为显著和关键的特征是通过"创造性破坏"带来的"指数式增长"。它表明现有的产业分类已不再适应新时代发展，大量新技术不断突破原有产业边界；原有产业或知识的认知边界，往往是创新的源发地和高发地。[1] 在学术界，西方关于跨界的概念一开始就与知识或学科的交叉有关，认为学科之间的跨界可以促进创

---

〔1〕 耿强：《产业跨界融合，经济增长新动能》，载《新华日报》2017 年 12 月 20 日，智库专版。

新。克莱因（Klein）曾经论述了不同学科的交互对于创新的影响，并以美国近几十年的学术创新事实为依据，指出不同学科的边界是创新的活跃区域，学科之间的跨界是创新的主要区域。[1]1998 年，美国科学研究学会的相关报告[2]认为，学科跨界所推动的学科融合既有利于科技创新，也可以使产学研更好结合，促进创新与需求的对接。

对于企业来说，随着市场竞争的不断加剧和技术、知识等日新月异的进步，传统的封闭式模式既有可能使企业陷入"能力陷阱"，也有可能扩展为资源陷阱或知识陷阱。而跨越边界的活动有利于企业在动态的环境下感知差异化、新技术和新知识，丰富企业内部的知识形态，从而帮助企业快速识别并应对外部技术环境和市场环境的剧烈变化。如切萨布鲁夫（Chesbrough）所言，跨界活动正好有利于企业克服"非此地发明"和"非此地销售"等思维定式，因而也成为企业寻求突破的战略选择。[3]作为寻求突破的桥梁和催化剂，"互联网+"促成了许多创造性破坏所带来的颠覆性突破，表现为资源要素的重新组合、不同行业互相渗透、产业或行业边界模糊直至消失，等等。如互联网企业与传统企业通过跨界互相借力，开发出新产品、新服务和新市场，使彼此的生产力与生产效率都得到大幅提升，从而改变竞争格局。在更多领域，"互联网+"所带动的跨界现象，更广泛地促进了各类资源的载入、重组、聚合与使用，从而使整个社会的生产方式、生活方式以及人与人之间的关系都在更大范围内得以改变，推动经济活动跨入"共享协同"和"零边际成本"社会。

在跨界所引发的各种创造性破坏中，又诞生了融合多种技术和学科的新行业，如无人驾驶、语音识别、机器写作、精准医疗等正在成为创新创业的重要领域。窄带物联网（Narrow Band Internet of Things，NB-IoT），5G，人工智能，大数据，云计算，边缘计算等技术正在不断融入企业的经营活动中，推动众多细分应用领域如智能家居、智慧城市、工业物联网、智能制造、智

---

〔1〕 Klein J. T.，*Crossing，Boundaries：Knowledge，Disciplinarities and Interdisciplinarities*，University Press of Virginia，1996，pp. 15-25.

〔2〕 Sigma Xi，"Removing the Boundaries：Perspectives on Cross-Disciplinary Research Final Report on an Inquiry"，*Cross-Disciplinary Science*，1988，pp. 1-20.

〔3〕 Chesbrough H. W.，*Open Innovation：The New Imperative for Creating and Profiting from Technology*，Harvard Business School Press，2003.

能医疗、智能汽车和智能交通等的升级。

在这些跨界经营中，互联网技术平台是推动跨界合作的关键，其重要性在于从数据底层为各类行业性平台提供跨界的技术服务，推动商品/服务销售、游戏、娱乐、教育、金融、支付等行业的有效融合、互通互用，这类技术平台的建立者和运营者也成为不同行业借平台实现融合的最大受益者。通常，建立这类平台的企业，往往是某一行业的龙头企业，其通过与互联网企业的跨界合作来搭建服务平台，为企业自身或价值链（网）中的成员从制造型企业向提供技术、产品、数据和咨询的服务型企业转型提供动力。而这种转型过程中的多方参与和共建，也反映了数字经济时代建立新的价值网络和平台生态圈的重要性，参见本章典型案例。

2.3.2　数字化转型

替斯（Teece）在动态能力理论中指出，企业在识别到外部知识和机会后，必须具备抓住机会的关键能力，即将机会进行有效整合、利用并转化为企业的资源和能力，使其能够进行创新，以增强企业的竞争力。[1]数字化转型，正是能够帮助企业在数字经济时代获得关键能力、实现跨界经营发展的必要条件。通过对信息通讯产业的研究，日本学者植草益强调，包括互联网在内的信息通讯技术创新，降低了各产业以及行业间壁垒，从而增强了原本没有关联的企业之间的竞争或合作关系，这正是产业跨界融合的实质。[2]全面数字化，正是信息通讯技术发展所带来的创新成果，它使得不同产业之间以数字化的形式得以沟通，进而得以跨越不同产业之间的鸿沟，使整个经济活动乃至所依存的经济环境都发生了根本变化，并影响到社会经济生活的方方面面。2016 年，二十国峰会上通过的《二十国集团数字经济发展与合作倡议》中指出：数字经济是指以使用数字化的知识和信息作为关键生产要素、以现代信息网络作为重要载体、以信息通信技术的有效使用作为提升效率和优化经济结构的重要推动力的一系列经济活动，数字化与网络化、智能化的

---

〔1〕　Teece D., Pisano G., "The Dynamic Capabilities of Firms: An Introduction", *Industrial & Corporate Change*, 1994, 3（3）, pp. 537-556.

〔2〕　［日］植草益：《信息通讯业的产业融合》，中国工业经济编辑部编译，载《中国工业经济》2001 年第 2 期，第 24~27 页。

结合，在信息采集、存储、分析、使用和共享过程中改变着产业或行业的发展方式，使现代经济活动更加灵活、敏捷、智慧。

数字化是数字经济的前提，为不同行业或产业的企业跨界提供着可行的技术基础，其对不同行业的经济特性的融合，也将助推各个行业广泛应用信息技术来提升绩效。只有通过数字化转型，企业尤其是传统企业能够通过云计算、大数据、区块链、物联网、人工智能及移动网络技术等的数字化技术来实现创新和发展，因而，数字化转型成为企业战略规划中不可或缺的部分。2019 年思科与 IDC 等权威机构联合发表的亚太地区和中国市场全数字化转型白皮书显示：92%的组织表示制定了数字化转型的战略。陈春花认为真正的数字化是将数字技术置于每个产业中的每一环：材料环、供应环、关键部件环、制造环、物流环，最后到消费者这一环。[1]数字化能够帮助企业实现的智能制造，可以解决长期困扰企业的三个基本问题：差异性更大的定制化服务、更小的生产批量、不可预知的供应链变更所产生的牛鞭效应。对于企业或产业而言，数字化将催生无限可能的新产业组合诞生，由此产生全新的机会，使跨界颠覆成为普遍现象。在数字经济时代，最重要的不是满足顾客的需求，而是创造顾客的需求；不是比谁更优秀，而是比与谁合作能够为顾客创造更多的价值。

数字化转型是企业跨界的必然路径，也是跨界的重要结果。目前，企业的数字化转型被业界称为"数字化转型 2.0"，是基于边缘计算、云计算、移动终端为代表的物联网的新的技术渠道。数字化转型的最本质含义，是以数据的自动流动来化解复杂系统的不确定性，以便对外部的环境变化作出快速响应，目的在于提高资源配置的效率。数字化平台使得人们有更多的精力和时间从事创造性的工作，而不是更多的 80%在做重复性工作，更少的 20%在做创造性工作。[2]数字化首先可以帮助企业消除不同的业务系统数据之间的"筒仓壁垒"，实现互联互通互操作。例如，汽车召回，往往需要打开一个个系统，才能知道是谁生产的、库存有多少、谁设计的、价格多少，等等。而

---

〔1〕 陈春花：《企业家亟需数字化理解与反思》，载 https://finance. sina. com. cn/china/2019-09-04/doc-iicezzrq3477240. shtml? cre=tianyi&mod=pcpager_fintoutiao&loc=37&r=0&rfunc=88&tj=none&tr=4，最后访问日期：2020 年 9 月 22 日。

〔2〕 安筱鹏：《解构与重组，迈向数字化转型 2.0》，载 https://www. sohu. com/a/343147521_680938，最后访问日期：2020 年 11 月 3 日。

数字化通过对供应链管理的数据解读和分解之后，可以重新构建一个面向使用者、面向使用场景的召回 APP，使复杂的召回过程变得简单明了。在数字化的基础上，企业从单向应用、企业内部集成，转向产业链集成和产业生态的集成，跨界及破坏性创新也由此应运而生，既可降低创新的成本和风险，也能够提高研发生产服务的效率。

数字化转型，带来了经济活动中的许多新变化，主要表现在四个方面：①新的生产要素，即知识与信息所构成的数据资源成为经济活动中新的关键生产要素，成为能够为企业发展带来竞争力的无形资源；数据清洗、数据整合、数据筛选、数据转换和数据挖掘是企业运用数据资源的五项基础工作；[1] 作为生产要素，这些数据资源由市场来评价其绩效，由绩效来决定其报酬。②新的经济运行平台，如互联网、移动互联网等各种网络是数字经济运行的重要载体。这些网络不仅是数据资源的获取和交流平台，也是企业提供服务、与用户互动、建立广泛链接的生态圈平台。③新的技术应用服务方式，使艰深晦涩的技术以一种大众均可接受和理解的形式呈现出来，使数据的采集、存储、分析和共享等，能够充分融入企业和个人的参与以及互动过程之中，使云计算、大数据、人工智能、区块链以及其他新一代信息技术能够得以普遍应用，全面提升企业研发、生产、管理和服务的智能化水平和效率。④新的用户体验方式，无论是企业用户还是个人用户，数字化赋予企业对产品、对服务形态与体验的表达能力，可以有效改善企业业务流程、运营模式、服务和产品的提供方式，帮助用户通过高效、便利的方式从多渠道获取信息和体验，从而快速增强用户的依赖性和粘连度。《斯隆管理评论》（*Sloan Management Review*）发表的《2015 年全球数字化企业高管和研究项目》显示，约 80% 的企业认为，数字化转型不仅是关于技术的，关键在于为客户创造新的体验和价值，重构组织、流程、文化。

不难看出：数字化转型的本质是要求企业构建一系列的商业战略，选择合适的数字技术将业务流程、管理模式和生产方式等进行重构，通过融入更多的数字化要素开辟出更多新业态、新领域去满足不同体验消费的需求，以适应新的市场竞争，获取竞争优势。例如，世界著名的哈雷摩托车通过数字

---

[1] 如读者对此有兴趣，建议阅读相关内容的书籍或论文，此处不再赘述。

化转型，实现了所有生产线之间的互联互通，将生产管理精准到秒：1200 个零件 89 秒就可以完成装配，客户在线下单到产品交付的周期，由原来的 21 天缩短到 6 个小时。敦煌与华为合作进行智慧城市建设，内容包括对旅游景点的全网络覆盖、建设旅游大数据平台等，以便对游客的来源地和消费行为等通过大数据分析来实施精准营销。敦煌智慧城市上线一年来效果显著，来当地旅游的游客数 2017 年上升到 660 万，同比增长 32%。[1]相比注重优化业务流程再造的信息数字化和业务数字化，数字化转型更加注重以客户需求为导向，要求融合技术、政策、资本、战略、业务、人力等多元要素来驱动企业运营模式的转变。

2.3.3　跨界融合方式

综观各行各业，跨界正在成为企业数字化转型的发展趋势，成为互联网与各产业相互融合的重要途径。

在不同领域的跨界中，有的突出表现为业务过程转型，即为了将所拥有的资源和能力发挥到极致，对不同行业内的所有要素进行重组，通过改变业务过程实现跨界，进而促进企业发展。有的突出表现为产品与市场转型，即企业根据市场趋势变化来调整产品和市场方案，或引入新产品或进入新市场，以期整合企业的所有资源能力，力求尽快形成企业核心竞争力，以提高企业的行业地位。有的突出表现为管理模式转型，即企业管理者意识到现有的管理模式和管理方法，已经不能完全适应外部环境的变化。因此，通过组织变革、人员培训等方式，在企业管理中导入互联网思维，主动变革现有管理层和员工的理念，促使企业跟上互联网经济的发展步伐，步入发展的正确轨道。

对于一些企业来说，这三大转型特点往往同时存在。其中，观念和管理的变革是基础，业务过程转型是手段，产品和市场转型是结果，这些在海尔集团和兖矿的跨界转型中都有所体现。小米的跨界更多体现为在业务发展中，围绕产品和市场逐渐形成了一个生态圈，包括软件、创意周边（硬件）、内容和生活四大板块。如 MIUI 是小米公司基于 Android 系统深度优化、定制、开发的第三方手机操作系统。在这个跨界的生态圈中，用户购买了小米产品就

---

〔1〕《用数据说话，5 分钟快速了解华为大数据》，载 http://www.chinastor.com/dashuju/060SF14 2017.html，最后访问日期：2020 年 12 月 7 日。

容易产生依赖，在选择下一项电子产品时将继续选择小米。跨界，促进了小米产品范围不断扩大，产品与服务的生态圈建设，维持了其生命力的延续。小米的创新平台连接着全球范围内超过 1.32 亿台智能设备，活跃着 1000 多家企业开发者和 7000 多名个人开发者。广泛的跨界及其连接所建立的小米生态圈，仅用 9 年时间，就将小米带入了世界 500 强的行列。

无论从业务过程、产品或服务的提供方式，还是到组织变革的转型，围绕跨界的变革需要企业重新认识顾客价值，即顾客价值不仅仅局限于使用产品和服务的效用，还包括顾客如何获得产品和服务以及获得或使用产品和服务的心理感受，即顾客价值包括产品价值、流通价值与心理体验价值三个方面。其中，产品价值是核心，其与服务价值、交易价值、体验价值共同构成了企业的四维价值空间。[1]因而，价值生成逻辑也从"同质产品大规模生产—大范围渠道和营销手段吸引消费者"转变为"围绕产品的差异化提供服务—顾客体验提升—口碑效应吸引消费者"。[2]通过跨界，企业期望能够提升用户价值的各个维度，不同企业所提升的价值维度及其程度则各有差异。

在各类跨界中，互联网的巨大作用是从底层接通了原本属于不同产业/行业/企业的客户流量和各种数据，并对这些流量和数据进行分析、使用，以降低企业跨界过程中的不确定性，为不同产业/行业/企业创造用户价值。尤其是在移动互联网时代，对即时数据的生成、收集、分析与应用，使原本缺少联系的产业/行业/企业之间得以实现"数据连接"；互联网强大而多向的"连接"能力和全新的"连接内容"，赋能企业通过数字化和用户导向来改变资源利用的方式和价值创造的方式，如越来越多的企业通过相互协作共创用户价值。在跨界融合的过程中，产业/行业之间的界限也随之模糊，并不断衍生出新产业、新行业、新模式，从而改变经济结构，并在整体上形成不同产业联合的正反馈循环，促进提高工作效率和优化资源配置，从而实现更有效的报酬递增并推动经济进步。

正是在种种跨界融合的过程中，企业的商业模式、竞争优势、竞争力和

---

〔1〕 冯文娜：《互联网经济条件下的企业跨界：本质与微观基础》，载《山东大学学报（哲学社会科学版）》2019 年第 1 期，第 107~117 页。

〔2〕 赵振：《"互联网+"跨界经营：创造性破坏视角》，载《中国工业经济》2015 年第 10 期，第 146~160 页。

竞争方式等，被不断重塑。

2.3.4 跨界路径选择

如前所述，产业或产品的跨界是常见的企业跨界行为。通过跨界，企业延伸和突破了原有价值链，以新的业务方式、新的产品或服务、新的渠道来满足用户需求，从而形成新的市场格局。

那么，跨界的具体路径应该如何选择？很多企业的跨界实践提示了以下三大路径：

第一，跨界的产业及产品应具有较强的相互渗透性。渗透性，是指一个产业的要素或者产品可以作为另一个产业的要素的投入程度。例如，实体书店是一种符号产业，体现为社会生活中的具有文化内涵的"符号"。这种文化符号对餐饮业、服务业以及其他关联产业门类都具有较强的渗透力，通过跨界可以对其他产业和产品产生价值叠加，在丰富书店或图书的存在形式、满足人们不同消费需求的同时，也放大了经营者的产品差异化程度，提高了产业的经济价值。近年来兴起的各种书吧，正是将读书与休闲消费、文化讲座（教育）结合于同一空间和时间中，使文化产业与餐饮等服务业相互渗透进而融为一体。人们在品茶、喝咖啡、休闲交友等消费过程中，阅读、聆听或参与各种讲座等，这既增加了实体书店的业务内容，也扩展了实体书店的发展空间。这种跨界，看似没有"互联网+"，但却是实体书店因网络零售的兴起，生存空间受到严重挤压后的发展选择。其在经营过程中的线上线下营销、在线支付、用户互动平台等，都离不开互联网技术提供的支持。正是通过这种渗透式的跨界路径，许多传统企业在互联网带来的新业态的竞争压力下又焕发出新的生机。

第二，跨界的产业及产品关联度高。关联度是指在经济活动中，各产业之间存在的广泛的、复杂的和密切的技术经济联系。比如，与其他产业产品专注于满足消费者"使用价值"相比，博物馆等更加注重对消费者"精神需求""体验需求"的满足，这就为博物馆与其他产业之间形成良好的跨界提供了基础，故宫文创产品的开发就是这类跨界的典型。由故宫推出的"上新啦，故宫"和"绘真·妙笔千山"APP等，在数字经济时代给人们带来了关于故宫的崭新体验，为故宫创造了新的价值增长空间。这些对故宫或故宫文物的展现形式,实际上是故宫与影视、数字科技等跨界融合所诞生的新产品,它们使故宫相关的历史和文物在网络中"活起来",以更贴近现代人的方式发挥着弘扬传统文化的重要作用,很好地提升了故宫的文化价值,满足了人们对精神文化生活的高水平需求。

第三,跨界能够满足受众的多样性需求。随着社会环境、技术条件以及生活水平的不断变化,人们的需求也发生着改变,这在文化消费领域尤为明显。比如,不同个体的欣赏需求越来越多样化;即使同一个体,在不同的生活领域或不同的生命阶段中欣赏需求也不同。受众需求多样化,有利于企业跨界形成关联性强的、相互影响和相互作用的需求生态体系,增加产业或产品的触及范围,促进产业和产品的发展。例如,喜马拉雅、樊登读书会等各种音频 APP 的兴起,正是传统广播与互联网跨界结合的产物,其丰富多样的内容形式,满足了不同群体对欣赏阅读的需求,也培养出一批非科班出身的阅读、朗诵人才。

同时,受众的多样性需求所形成的跨界路径,也激发了互联网企业的跨界行为。视频网站爱奇艺[1]2019 年在线下开设了"嘻饮力"饮品店,将当时爱奇艺平台自制的非常火爆的综艺节目《中国新说唱》中的说唱元素加入店面的设计中,"就蔗样""选手也芒""根本梅在怕"等饮品的名称都带着浓浓的"嘻哈范"。在实体店内,"说唱"给了喜爱它的人们自由表达思想的一种方式,线下茶饮店赋予了他们社交表达的空间。这种跨界就是对用户多种需求的巧妙融合,既让用户感受到属于说唱的轻松随性、情绪感染等独特魅力,又为用户提供了更多元、更具张力的娱乐社交氛围。2019 年下半年,爱奇艺自制的热播剧《热血少年》与汉拿山烤肉、西堤牛排、味多美、湘江味道等餐饮企业联动推出了《热血少年》主题套餐,用户到店出示爱奇艺 VIP会员身份就可享受主题套餐优惠特权。截至 2019 年底,爱奇艺 VIP 会员消费权益已覆盖 200 多个城市的 4000 多家门店,享受到权益的 VIP 会员已经超过70 万。

通过线上线下互动,爱奇艺平台不仅成功经营起线下餐饮店,还将原创IP 的巨大流量导入到与之合作的其他线下餐饮店,为这些门店吸引了更多消

---

〔1〕《爱奇艺成立餐饮公司,视频网站如此"跨界"为哪般?》,载 http://finance.sina.com.cn/stock/relnews/us/2020-05-14/doc-iirczymk1584836.shtml,最后访问日期:2020 年 11 月 8 日。

费者，助其在激烈的市场竞争中获得了收益；爱奇艺平台的 IP 则借各路餐饮门店扩大了影响力，实现了资产增值。

近年来兴起的文化创意产业，正是因跨界而衍生出的新兴产业，集中展示了上述三大跨界路径，如互联网技术与博物馆、影视、音乐、文学和设计等的跨界融合，既催生出很多新产品，也使文创这一新行业的产品范围不断扩大，为人们提供了更贴近现代人需求的、丰富多样的文化产品。这也从另一个角度说明企业如果要实现成功的跨界，就需要深入理解用户需求、理解产业链和价值网络，通过跨界来巩固自身在价值网络中的核心地位。例如，谷歌为了推出谷歌地图，专门收购了从事在线地图和交通流量分析的企业，还收购了智能汽车相关的企业，为其进入无人驾驶领域进行技术储备。虽然互联网为横向跨界提供了可能，但国际大企业更倾向于垂直领域的跨界，以巩固其在产业链的核心地位，并不断扩张自己的核心技术所辐射的范围。

跨界不仅仅意味着跳出已经设定的边界，还需要用合作、共赢和创新的理念来打破独占、封闭和守成等旧观念，在合作中实现颠覆性创新，在跨界中发现资源并使资源得到最优配置，从而改变竞争格局。例如，生产电脑的苹果公司，以信息终端的全新理念颠覆性地改变了手机，使其成为一个融数据采集、传递、处理和存储等为一体的几乎无所不能的信息移动终端，击败了移动通讯领域的王牌企业诺基亚、摩托罗拉，彻底改变了手机市场的竞争格局。同时，苹果以 APP Store 模式，颠覆了应用软件的销售方式，有效促进了软件开发产业的发展，并为消费者带来更多价值。

在各个领域的跨界经营活动中，往往是平台型企业更多地实施跨界发展战略。基于网络效应，很多平台型企业很好地利用了产品或需求的渗透性和关联性来打通消费者的需求链，一些平台的跨界竞争由此形成。如图 2-1 所示，平台通过在某一行业（行业 1）逐渐形成的垄断地位而积累了巨大的消费者规模。在跨界中，平台可以将这部分存量消费者切入到其他行业，如行业 2 和行业 3。跨界使平台的双边竞争模型升级成了多边竞争模型，总体来看，有利于消费者福利的提高。

在跨界中，平台型企业由于信息聚集而容易产生更大范围的学习行为，从而形成多样化的知识结构和知识的长期积累。这些，都有利于促成内部资源和能力增长而形成彭罗斯租金（Penrosian Rent），并借助于互联网的"连

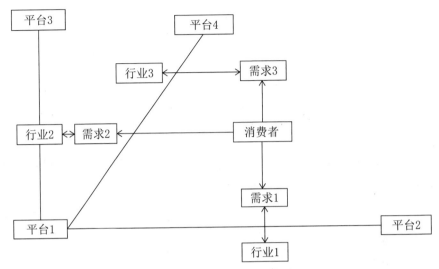

图 2-1 多边市场竞争模型

资料来源：吕正英、李想：《网络平台的竞争与跨界——一个理论视角的分析》，载《金融市场研究》2018 年第 10 期，第 90~93 页。

接"而将这一彭罗斯租金不断扩散和再积累，从而获得更大的发展空间，这也是各大平台型企业跨界的重要原因。例如，谷歌跨界医学领域，为治疗提供快速找出基因突变位点的深度学习模型 DeepVariant，并用图像识别精准定位出基因序列中的突变位点。通过跨界，谷歌多年积累的资源和核心能力得以有效扩散，惠及患者和医学科学的发展。[1]

借助互联网平台和线上线下数据闭环带动的价值流动，跨界使企业实现了超大规模的组织间协作。由此，不仅为企业带来了多样化的知识积累，还促成了新知识的形成并触发报酬递增，也成为企业间跨界合作的重要利益机制。

[1]《谷歌跨界医学新动作：基因突变定位模型又更！新！了!》，载 https://www.sohu.com/a/228913644_610300，最后访问日期：2020 年 12 月 1 日。

2.4 典型案例

2.4.1 海尔跨界物联网

海尔的工业互联网平台 COSMOPlat[1]

在新旧动能转换的大背景下，传统家电企业海尔正在跨界成为共创共赢的物联网生态企业，致力于为全球家庭定制美好生活解决方案，致力于赢得行业主导权和话语权。

基于 35 年家电制造业的实践经验，海尔携手中国宝武钢铁集团推出的钢铁行业工业互联网平台 COSMOPlat，可以实现需求实时响应、全程可视和资源无缝对接，为用户提供全方位、个性化服务，不断完善和促进海尔与宝钢生态圈的加速融合，以满足用户大规模定制需求。海尔还在智能制造、工业互联网、人工智能、大数据、品牌合作等方面深化合作，积极推动基于物联网的高精度、高效率、无人化的改革，为下属及关联企业赋能，打造共创共赢的物联网生态体系。通过跨界，海尔集团从单纯的家电制造企业变身为多元化的产业体系，智慧家庭、生物医疗、智能硬件、智慧教育等多个领域的"新物种"都在其跨界建设的平台上蓬勃发展，服务于自身和更多企业。

威海的房车生产商康派斯原本是家代工企业，2019 年找到海尔希望通过 COSMOPlat 寻求生产线的技术升级改造。让康派斯意外的是，COSMOPlat 不但帮助公司将产品的平均生产周期从原来的 35 天降低到 20 天，还将公司综合采购成本降低了 7.3%。同时，康派斯与 COSMOPlat 平台生态圈中的海尔智慧家庭解决方案的交互，为其诞生了"智慧房车"的解决方案。

最大的惊喜来自 COSMOPlat 的用户交互模块，使康派斯可以直接从用户获得订单。最终，在 COSMOPlat 的帮助下，康派斯转型成拥有自有品牌的企业，通过平台与全球用户的交互，开拓了韩国市场并在当地建厂，开始孵化横跨中、韩的东北亚房车生态智慧产业园。

---

〔1〕 改编自《海尔集团推出工业互联网平台 COSMOPlat，海尔模式引领物联网生态品牌》，载 https://www.sohu.com/a/349493031_210984，最后访问日期：2020 年 11 月 6 日。

COSMOPlat 推出后，先后被 ISO、IEEE、IEC 三大国际标准权威机构指定用来主导制定大规模定制国际标准，这也使得中国模式从美、德等工业大国中脱颖而出，与德国工业 4.0 同台竞争。如今，COSMOPlat 已成为全球最大的大规模定制解决方案平台，不但赋能 15 个行业物联网生态，在全国建立了 7 大中心，覆盖全国 12 大区域，还在 20 个国家复制推广。如今，COSMOPlat 已在国际上获得广泛认可。日本丰田认为，海尔以用户为中心，让用户全流程参与的大规模定制模式非常领先，这也是今后丰田的一个发展方向。

通过跨界搭建平台，海尔实现了与互联网的融合；线上线下的数据交互，使企业从传统生产要素驱动的生产制造型企业，转型为数据驱动的智能制造服务型企业。物联网之父凯文·阿什顿（Kevin Ashton）曾在访问海尔后表示，他研究过世界上很多企业，从没见过一个企业像海尔这样做好迎接物联网的准备，认为"海尔已真正做好物联网引爆的准备"。

"改革开放以来，中国所有的商业模式都是模仿西方的。第一次是福特制的流水线；第二次是丰田的精细管理。但是物联网时代到来了，我们应该创变出可以引领时代的模式。"张瑞敏如是说。

权威市场调查机构欧睿国际的数据显示：2018 年海尔排名全球大型家用电器品牌零售量第一，这是海尔第 10 次蝉联第一。为此，欧睿国际特别为海尔颁发了"连续 10 年大型家用电器（2009—2018 年）全球第一品牌"证书，这也是欧睿国际历史上颁出的第一张"10 连冠"证书。

2019 年 5 月，WPP 旗下的凯度（Kantar）发布《BrandZ 2019 年最具价值中国品牌 100 强》报告，海尔晋升第 15 位，与 BAT 共列前 20 强，成为全球首家也是唯一一家"物联网生态"的上榜品牌。

2.4.2 日本丰田汽车的跨界创新

双轮驱动：丰田汽车公司的转型[1]

随着 2010 年特斯拉进入汽车行业，以及谷歌公司跨界研发无人驾驶技

---

〔1〕 参见时杰：《丰田：从成本管控走向跨界融合创新》，载《现代国企研究》2019 年第 1 期，第 88~91 页；《丰田东京车展亮剑氢燃料电池，会动了电动车的奶酪吗？》，载 https://www.sohu.com/a/348943775_121861，最后访问日期：2020 年 12 月 8 日；《丰田 Lunar Cruiser 可能将氢燃料电池技术推向月球》，载 https://www.360kuai.com/pc/923089bcabaf129a8？cota＝3&kuai，最后访问日期：2020 年 12 月 8 日。

术，技术革新与跨界融合就成为丰田汽车公司不得不面对的严峻挑战。从产业发展来看，这种危机与挑战将是长期的、持续的，对整个汽车行业极具颠覆性。这也促成了丰田公司采用技术创新驱动与万物互联的双轮驱动模式，推动整个公司从成本管理向创新驱动转型。

第一个轮子：紧跟新技术的发展。在汽车动力来源的研发中，氢作为最易获得的可再生能源之一，在燃料电池中有着较高的技术地位，优点突出：首先是干净卫生，氢气燃烧后的产物是水，没有颗粒排放物，不会污染环境。其次是氢气燃烧值比汽油高，且氢是可再生能源，可以从很多物质中提取。作为燃料电池路线的积极研发者，丰田自 1992 年以来推出了数十款车型，储氢方式从金属储氢装置到高压储氢罐装置。截至 2017 年 5 月 12 日，丰田汽车已在全球范围内申请了 15 867 件与燃料电池相关的专利，居全球首位。相对于纯电动车型，氢燃料电池汽车不仅清洁环保，还具有加氢时间短、续航长、安全程度高等优点。据了解，加氢 3 分钟即可续航 600 公里。现在丰田重点发展的燃料电池动力总成，重量只有可比的电池动力总成的 1/5，体积小 20% 左右。

2019 年，丰田汽车和日本航空航天局（JAXA）宣布了氢燃料电池月球车计划，该计划将在 10 年后推出。燃料电池的氢和氧将月球车从地球带到月球，在月球上发现的水可以通过电解来产生氢，太阳能电池板可以提供补充电能。同时，燃料电池产生的水可用于冷却设备或饮用。丰田公司表示，该月球车将能够在月球上运行长达 6 周，每桶氢气的射程约为 1000 公里。

第二个轮子："汽车+互联网"，助力资源节约型和环境友好型的城市化进程。在 2018 年 11 月的上海进口博览会上，丰田公司以"触手可及的未来城市"为主题展示了"汽车+互联网"，针对日益突出的"环境""交通"和"老龄化"课题，设立了"城市生活""氢能循环社会技术"和"与自然共生"三个展区，展示其技术、工具和方案。展览以一家人在"未来的一天"生活场景为主题，提出新能源及自由移动的生活方案，展出了包括 e-Palette Concept、氢燃料电池乘用车 Mirai、氢燃料电池大巴 SORA 等产品，以及关于自动驾驶、智慧农业、沙漠绿化等相关技术。其中，e-Palette Concept 是综合应用了电动化、互联化、自动驾驶等先进技术的 MaaS 专用新一代电动汽车，适用于移动、物流、产品销售等各类服务场景，为人们的日常生活提供全新移动解决方案。同时，丰田公司还展示了咖啡店、小型医院、移动办公室等服务场景，为人们描绘未来的出行新生活。

在保住原有市场的条件下，丰田公司正在从成本管控型企业转变为跨界融合创新型企业。在这个过程中，丰田既充分利用了现有的汽车产业资源，又推动了企业从产品层次的"制造+销售"的规模经济，走向产业链层次的"制造+服务+互联"的范围经济。这种"汽车+互联网"的创新模式，或许可以为丰田公司找到了新的蓝海。其"双轮"驱动的发展战略，正在把日本的汽车产业带向更广阔的未来。

2.4.3 华为跨界海水稻种植

华为"农业沃土云平台" 赋能"海水稻"[1]

作为农业大国，尽管我国粮食产量居世界榜首，但是我国拥有 14 亿人口，也是粮食消耗大国，平均每天消耗粮食 100 万吨。受制于地理情况，我国可耕种的农田面积并不充裕。资料显示，中国现有耕地 20.235 亿亩，难以耕种的盐碱地则高达 15 亿亩。袁隆平院士团队正在推动盐碱地改造项目，希望从中改造出 1 亿亩良田来种植耐盐碱的"海水稻"。按改良后每亩产量 300 公斤计算，改造 1 亿亩盐碱地可以多提供 300 亿公斤粮食，能够多养活 8000 万人口，这为解决我国粮食安全问题提供了崭新的思路。

"盐碱地"土地呈碱性，pH 值接近 9，盐度高于 6‰。春季，地表水分蒸发快，盐分上升，水稻乃至杂草都难以生长。因此，在"海水稻"的培育过程中，除了需要培育耐盐碱的新品种外，人们还采用了以水稻生长为核心的"土壤四维改良法"对土壤进行调节。该方法对物联网系统、土壤定向调节剂、植物生长调节素及抗逆性水稻等四大技术要素进行了自由组合配套，从海水稻品种、营养搭配、水盐管理系统等方面出发，因地制宜，量身定做针

---

〔1〕 参见《智慧农业成网红 "海水稻" 推手》，载 http://www.xinhuanet.com/food/2018-08/21/c_1123300298.htm，最后访问日期：2020 年 12 月 8 日；《四维改良法：解密土壤生命密码》，载 http://paper.dzwww.com/dzrb/content/20171213/Articel22002MT.htm，最后访问日期：2020 年 12 月 8 日；《跟着华为去种地！我国智慧农业的黄金时代来了?》，载 https://baijiahao.baidu.com/s? id = 16743575459 25409970，最后访问日期：2020 年 12 月 8 日；《"农业沃土云平台"城阳上线 智慧农业让盐碱地变良田》，载 http://qd.ifeng.com/a/20181112/7020625_0.shtml，最后访问日期：2020 年 12 月 8 日。

对目标土壤的最优解决方案，让土壤和作物"活"起来，华为参与了其中最关键的核心技术——"要素物联网系统"。

"要素物联网"就是土壤数字化。该系统地上部分配有小型气象站、通信模块、高清摄像头；地下、地表则通过各种传感器（射频技术）对光照、温度、盐碱度等进行信息收集，然后传送到华为云端大数据中心，通过人工智能系统和专家诊断，提供靶向药品、定向施肥，大幅节约用水量、施肥量。作为全球领先的信息与通信技术（ICT）解决方案供应商，华为早在 2017 年就发布了智能农业白皮书，首次提出"互联网农场"的概念，通过提供 ICT 技术赋能土壤数字化，助力盐碱地改良，推动以物联网、大数据、移动互联等为支撑的智慧农业发展。

2018 年 8 月，华为与袁隆平院士领导的青岛海水稻研发中心建立了农业物联网全球联合创新中心，双方联手打造面向全球农业领域的"农业沃土云平台"（见图 2-2），加速推动以物联网、大数据、移动互联和云计算技术等为支撑的智慧农业 4.0 的发展。

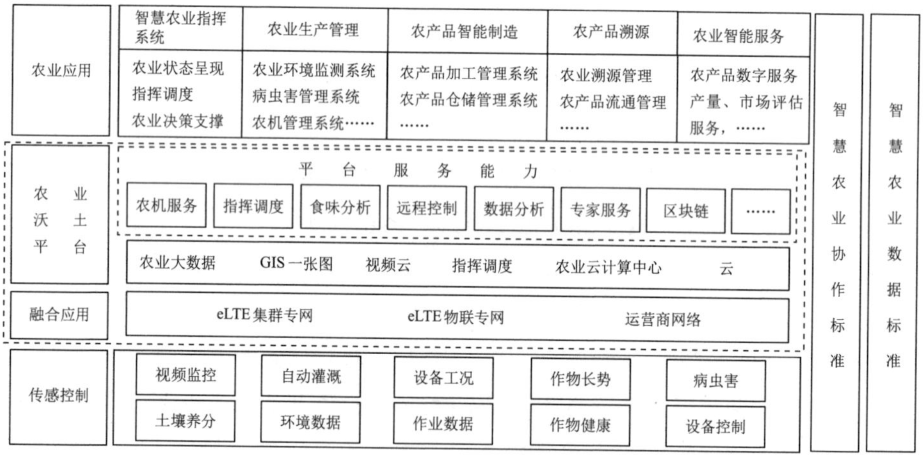

图 2-2 华为"农业沃土云平台"

资料来源：《从农业沃土平台看华为云掀起的智慧农业变革》，载 https://www.sohu.com/a/282760721_615309，最后访问日期：2020 年 12 月 8 日。

"农业沃土云平台"由 GIS 信息管理系统、大数据 AI 分析决策支持系统、土壤改良大数据管理系统、精准种植管理系统、精准作业管理系统、病虫害预警诊断管理系统、智慧农业视频云管理平台、沃土云计算中心和指挥调度服务中心等组成，能够实现农业生产环境的智能感知、智能预警、智能分析、智能决策和专家在线指导，为农业生产提供精准化种植、可视化管理与智能化决策，实现"从农田到餐桌"的全过程质量追溯体系。通过平台上集成的传感器、物联网、云计算和大数据的智能化农业综合服务，可以整合上游传感器供应链、下游农业管理应用商等强势资源，为盐碱地稻作改良事业、全产业生态圈及智慧农业的发展，提供平台化、标准化和共享化的服务。

"农业沃土云平台"的建立，使华为跨界农业，与更多上下游企事业单位及科研院所的协同合作、共同开发，合力推动中国农业向智慧化迈进。目前，华为的"农业沃土云平台"已在青岛城阳、山东济南、延安南泥湾、吉林查干湖、东营军民场以及海南三亚等多地建立数据云平台，构建起物理分散、逻辑集中、资源共享、按需服务的分布式数据中心。

2.4.4　浪潮集团跨界建筑业

建"中台"　破解建筑企业顽疾[1]

随着建筑企业数字化转型进入深水区，困扰企业的顽疾也愈发显现，业财不一体、数据不互联互通、管控不够精细等成为建筑企业数字化转型的难点。基于服务建筑企业数十年的实践，浪潮认为实施中台战略是当下解决创新的堵点，推动管理模式和应用创新的新思路，也是实现降本增效、高质量发展目标的新方向。

中台思想最早来源于美军作战阵型的演变，用强大的中台炮火群支持前台极小化的作战单元。通常在企业信息化架构中，后台应用面向企业的核心部门业务，管理企业的基础流程、核心数据，如财务会计、管理会计、供应链等，更多解决的是企业管理效率问题，要求稳定可靠，变化周期相对较慢。前台应用是企业最终用户直接使用或交互的系统，如电商、电子采购、客户关系管理等，要求快速变化，更好地响应用户的需求。前台应用需要后台应用作为业务支撑，当前台要适应变化越来越快的用户需求时，前台与后台变

---

〔1〕　参见王兴山：《云+数+AI，助力建企数字化转型》，载《施工企业管理》2019 年第 12 期，第 43～44 页。

化速率差异所导致的矛盾就逐渐凸显出来。

解决前台与后台变化速率不匹配的矛盾，需要搭建一个中间层作为缓冲和转换适配，中台思想因此被导入到企业信息化建设中形成了中台架构。近年来，一些知名大企业纷纷开始加强中台建设，通过构建更具创新灵活的中台组织机制和业务机制，支撑前台业务更敏捷、更快速地适应多变的商业环境。

中台的本质是解决共享和配速问题，是抽象的可被复用的服务，包括技术中台、数据中台、业务中台。其中，技术中台的作用是"支撑、集成、使能"，作为整个中台的技术支撑，集成了各种软硬件的能力接口，以低代码、高控制力的开发工具来支撑前台业务创新；数据中台的作用是"打通、整合、服务"，以关键业务要素为核心，打通多个系统的数据壁垒，整合建立业务关系的数据链集合，将其封装为可对外提供的数据服务。

业务中台的作用是"沉淀、标准、共享"，沉淀基于最佳业务实践的业务模型、业务构件、RPA 组件等资源，封装为面向未来业务流程的、可复用的标准化微服务组件。浪潮发布的业内首款面向企业能力的"数字化中台"——浪潮 iGIX 拥有领先一代的低代码技术，全面采用开放标准，支持全栈建模；以全新一代计算架构、全新一代交互体验、双引擎平台、深度智能化和开放集成五大特性，增强企业的数字能力、业务能力和生态能力。

共享服务加速中台落地，目前轰轰烈烈建设的共享服务中心，如财务共享、人力共享、采购共享、IT 共享等，就是在实践中台思想，其中财务共享是最典型的业务中台，浪潮云 ERP 财务共享正是基于中台理念重构的财务信息系统，是企业中台建设的最佳切入点。

2017 年底，浪潮正式推出"建筑云"，并提出"2116"云架构，即私有云、公有云两种云支撑模式，一个企业互联网开放云平台，一个企业大数据中心，以及项目管理云、财务共享云、电子采购云、人力云、协同云和大数据分析云六朵云应用。为建筑企业提供覆盖 IaaS、PaaS、DaaS、SaaS 的全栈云计算解决方案，支撑面向决策层、企业层、项目层各层级数字化建设，推动企业管理模式、业务模式创新。

现实中，众多跨界现象发生在各行各业，也引起了各界的普遍关注。更多事例及解读，请参看本章附录。

附 录 2-1

人民日报的跨界尝试

目前，消费者的阅读习惯正在被智能手机和网络改变，纸媒的生存空间受到严重挤压，加之广告收入的巨幅削减，使报纸的生存现状愈加艰难。有数据显示，2012—2017 年，中国互联网广告的收入以平均每年 60% 的速度增长，而报纸等传统媒体的广告收入增速只有百分之十几。2009 年 3 月至 2020 年 1 月，已有超过 100 家报纸停刊休刊。

在这样的大环境下，传统纸媒纷纷选择转型。国人印象中严肃与正统的人民日报，也一改往日"一本正经"的主流媒体形象，走起了"网红路线"，甚至开起了淘宝店，线上卖货。

与人民日报合作的都是清一色的国货品牌，如网易云音乐、大宝和晨光文具，还有承载着许多童年回忆的猫王收音机和咪咪等，由此开启了人民日报这一传统纸媒的商业化之路。

在改变传播方式、与国货老字号们的"跨界"合作中，人民日报还通过文化创意，与年轻人沟通、为国货发声，以提升国人的文化自信，体现了一个权威媒体应有的社会责任和担当。

参考文献：

《人民日报又跨界？新媒体时代纸媒的"报款"来袭》，载 https://www.sohu.com/a/340583537_120119065，最后访问日期：2020 年 11 月 6 日。

创造新的用户价值：解读小米跨界

随着企业成长进程的推进，用户价值的演变呈现为"洋葱"模式，用户价值在企业一次次提供互补性跨界产品的过程中越滚越大、层次越来越丰富。小米公司最初以小米手机为核心业务，为了支撑小米手机的销售建起了小米电商网络平台，有了平台，小米又开始涉足大数据和云服务，然后渗透到路由器和电视。有了这些基础，小米全速进入到智能家居领域，此后小米生态链不断完善、小米业务不断升维，小米提供的用户价值内涵也变得越来越丰富。

小米公司的每一次跨界都是在做大"硬件+链接+数据"的开放价值系统。小米从手机跨界到路由器、手环、空气净化器等新硬件是融合式技术创新的成果，这些新硬件为用户带来了新的产品价值。而小米构建的线上社区、商城以及线下小米之家则是融合式非技术创新的战略图谱，这些平台为小米无缝链接了用户，为用户带来了新的交易价值与心理体验价值。MIUI、云服务、大数据、金融是小米在开放价值系统中打造的数据层，这些数据揭示的价值关联可以帮助小米更好地为用户创造新价值，并推进新的跨界，循序推进其开放价值系统的完善。

参考文献：

冯文娜：《互联网经济条件下的企业跨界：本质与微观基础》，载《山东大学学报（哲学社会科学版）》2019 年第 1 期，第 107～117 页。

"场景+产品"构建跨界中的竞争壁垒

"互联网+"是一种"跨界经营"现象，其实质是实体产业价值链环节解构并与互联网价值链"跨链"重组的共生现象，是对两条原本独立的价值链条的若干个价值创造环节进行融合，强调企业借助互联网价值链中的价值创造要素，重新排列和整合自身价值创造过程，并由整合所带来的新产品、新服务和新商业模式，而在原产业中创造出全新的价值创造方式，对原有产业及市场基础进行创造性破坏而增强企业竞争力。

"场景"对于"互联网+"跨界经营而言有三层含义：①初级形态的场景以"向顾客提供产品信息和关联内容"来占领顾客生活时间，这与用户界面相似。企业凭借互联网"脱媒"作用将众多顾客在同一时间聚集。②中间形态的场景则依托移动互联网，将特定时间空间内发生的客户行为进行关联，占领顾客生活时间的关键点是"基于顾客生活片段所形成的推送内容"。本质上，这两种场景是由"数字+内容"所构成的。数字就是基于大数据技术对顾客需求的分析；内容就是按照需求分析的结果为顾客提供各类"链接"，这些链接将会为用户提供其可能感兴趣的内容。从这个意义上说，场景是由"链接"的关联内容构成的用户浏览环境，而这些顾客感兴趣的关联内容占领了顾客生活时间。③最高级形态下的场景通过"特定情感的注入"来占领顾客生活时间。这种意义下的场景与用户界面完全不同。其核心是在场景中突出企业-顾客社会互动，并在场景中注入情感，激发顾客的参与热情从而占领顾客生活时间。这种场景模式通过深入挖掘用户需求和"痛点"，以"极致体验"来引导消费、创造顾客的商业模式。

小米的"MIUI"实际上成为基于共同情感表达的互动场景，其中的主导情感（或痛点）是：用户能够自由表达对产品的偏好并部分地参与到设计工作中。通过"场景+手机"，小米公司使消费者获得 DIY 的乐趣，快速孵化出顾客社群。相似地，耐克（Nike）创造了跑步时用可穿戴设备记录数据并通过 APP 与好友分享的场景，形成运动主题的顾客社群。显然，单纯依托经销商模式，难以与大量顾客产生这样的情感共鸣；如果仅依托互联网的虚拟场景而缺乏顾客对实体产品的体验，场景中的情感将难以"落地"，消费者容易认为"这与我的生活无关"，企业也无法将他们聚集为顾客社群，从而无法基于情感差异形成壁垒。

正是因为各场景中的情感诉求不同，导致不同企业所拥有的顾客社群具有明显的边界。这种场景具有情感导向性，置身于场景中的顾客往往会被触发某种行为或情感宣泄。企业应通过构建场景，将企业与客户紧密结合，通过富有情感的互动吸引顾客参与。

相较于铺天盖地的广告模式，跨界企业凭借"场景+产品"的组合而形成"基于顾客情感诉求区隔"的隔绝机制，一方面通过构建场景来"占领顾客生活时间"，另一方面实现需求面范围经济而非供给面范围经济，使产品成为"接口"而具备多种使用价值并增进顾客生活便利性。最后，实体产品和虚拟场景的结合所创造的线上线下的相互协同，使产品使用、顾客生活、关联服务三者之间相互串联，"场景+产品"将成为顾客生活问题的解决方案并因顾客情感而产生"黏性"，有效缓解了实体经济和虚拟经济中新进入者的冲击，缓解了竞争威胁。

从更大范畴看，在"互联网+"所引发的变革中，经济增长的方式也从以往强调精细化分工、低成本大规模、关注劳动效率的斯密增长，转变成了关注冗余资源利用、创新主体多元化、通过协同逻辑实现价值创新的熊彼特增长。更长远地看，传统产业价值创造的各个环节将进一步与互联网融合，"互联网+"跨界经营最终成为构筑物联网和工业 4.0 的坚实基础，成为支撑知识社会进步的基石。

参考文献：

赵振：《"互联网+"跨界经营：创造性破坏视角》，载《中国工业经济》2015 年第 10 期，第 146～160 页。

上新了·故宫

《上新了·故宫》跨界电影、纪录片、小剧场等表现形式。

《上新了·故宫》参考了电影的拍摄手法，将故宫里的御猫拟人化，后期包装中添加了不少猫咪的音效，并为御猫专程配音，解说故宫历史，使得节目内容更具备感染力和亲切感。其音效则更贴合实景纪录片，而非传统的电视节目，故沉浸感较强。其中，还采用大量还原历史的小剧场包装节目，由明星嘉宾出演历史人物，为观众带来生动、别样的体验。小剧场的剧情阐述模式与历史的叙述性特征相贴合，用娱乐化的形式强调了节目的"知识点"，成为节目中备受观众期待的一部分内容。这种跨界，使节目具有了两大明显特征，吸引了不同层面的观众：

首先是便于传播的形象包装。《上新了·故宫》中的排版与色彩富有设计性，并与实景颜色相融合，提升了画面感，视觉效果优良。

比如，御猫出现时，字幕选择和御猫一样的黄色，搭配白色形成反差效果吸引视线；字体偏手写、可爱的风格；排版如插画，清新、明亮。其中的不少字幕包装，具备网络流行文化的特征，极易在社交平台传播。如御猫行走的画面搭配"本喵也去看看"的字幕，成为天然的表情包素材，被《上新了·故宫》官方微博用于发布招聘信息，既符合微博传播调性，也迎合了微博受众的喜好。

此外，在主打短视频社交的抖音，官方将素材进行"竖屏"再包装，适应了抖音用户手机观看视频的习惯，有利于节目在此平台进行发酵。这种改变，充分考虑到不同渠道与平台的适应性问题，针对不同传播范围和特定平台，对素材进行再包装，满足了特定平台的传播特征和话语方式。

其次是重视并突出节目的品牌性价值。《上新了·故宫》有较强的品牌意识，将品牌推广策略融入节目包装中，提高品牌认知度，实现艺术性、文化性与商业性的有机结合，打造立意高远、水平优质的品牌形象。从统一性而言，《上新了·故宫》的包装从头到尾调性一致，故宫经典的红黄两色元素，具备高辨识度，被用于 logo 设计、节目素材包装中，并在由节目衍生出的相关海报、新媒体图中也有所体现，可谓达成了"一以贯之"的效果。从主题性而言，《上新了·故宫》以创新传承故宫文化、沉浸体验故宫历史为主题，包装紧紧围绕这一文化主题，比如配乐上选择具有文化底蕴的传统音乐；对明星嘉宾以"故宫新品开发员"的头衔进行包装，深度贴合节目主题风格。从独特性而言，《上新了·故宫》将节目与众不同的亮点提取、放大，实现差异化竞争。比如，突出强调文创与历史的结合，前沿的文创设计元素贯穿节目始终，在展现故宫厚重历史的同时，让节目多了几分活泼感和现代感，从众多同类型文化电视节目中脱颖而出。节目的统一性、主题性和独特性，确保节目在系列化的框架中打出自己的亮点，有助于后续系列化品牌以及独创衍生品的开发。

多元化技术的学习与应用媒介融合的本质是一场技术变革，带来了多元技术的井喷式增长。电视节目包装作为一门"技术活"，应当积极依据节目实际内容和特征，合理运用新兴技术，升级节目包装理念，提高视听冲击力度，探索创新，刺激感知，带给观众全新体验。《上新了·故宫》节目中，"动画+实景"的融合式包装技巧极为引人注目。节目在实景拍摄的故宫园林中，加入古装动画人物、卡通猫咪等的活动，不仅让静态的景象变为动态，也实现了时空交融的效果，打破了电视包装的局限，实现视觉上的创新。此外，节目中还融入了人工智能机器人对话等包装方式，是对新兴技术理念的大胆尝试，为节目注入一股新鲜血液。

参考文献：

刘嘉：《电视节目包装中的跨界融合思维——以〈上新了·故宫〉为例》，载《中国广播电视学刊》2019 年第 10 期，第 111~113 页。

附 录 2-5

美国摩根大通银行的数字化转型

从发展战略上看，美国摩根大通银行（以下简称"摩根大通"）较早提出"Mobile First，Digital Everything"倡议进行数字化转型。

通常，互联网的零售金融产品在开拓市场过程中，往往采取低价策略。而摩根大通在平衡了相关收益与支出后，采取的策略是将业务模式从产品级利润转变为组合级利润。因此，摩根大通跟踪研究了"千禧一代"的"线上化""移动化"的消费行为模式变化，认为吸引现在还年轻的未来客户并建立持续的关系，短期内可能会承担更多损失，但长期将可以从其中的高端客户中获得收益。例如，摩根大通推出了 You Invest APP（券商平台），用户可在第一年内免费进行 100 次股票或 ETF 交易，摩根大通的私人银行客户可无限次免费交易，此前该类业务每笔在线交易收取约 25 美元的费用。摩根大通希望通过该产品吸引新的客户，然后向新客户出售其他利润更高的产品，尤其是包括"千禧一代"在内从没有投资经验的客户，以及在该行已经有账户但在其他机构进行金融投资的客户。

为推动相关业务数字化发展，摩根大通持续加大了科技人员的投入，科技人员的占比近 20%。目前，摩根大通共有约 50 000 名技术人才，包括 31 000 名开发者和 2500 名数字化工作者。摩根大通针对技术人员积极开展培训，新员工也会参与技术能力培训及测试等，同时会有相关管理者担任新员工的职业导师。

此外，摩根大通还投资了一家旧金山创业公司 Volley Labs，该公司利用人工智能为摩根大通提供网络安全和合规领域的培训。

在业务发展模式上，为顺应数字化发展趋势，摩根大通全方位优化了零售银行业务，并制定出差异化的经营策略。摩根大通传统的服务大企业的模式和经验都较难适应中小企业需求，繁琐的审批手续和较长的审批流程，也打击了中小企业融资的积极性。为此，摩根大通采取与互联网小贷公司 On Deck 合作的方式，On Deck 提供的先进技术改善了摩根大通的贷款申请、审核及贷后管理，大大简化了原本耗时数周的审核流程。摩根大通还并购了在线支付业务供应商 We Pay，该公司的技术广泛应用于小型企业，摩根大通希望将其支付服务整合到面向小型企业的服务软件中。

在服务个人客户方面，摩根大通针对客户的资产情况推出不同的移动APP。摩根大通将 Finn 定义为招揽"入门级"年轻客户的工具，专注于与他们建立早期银行关系，基本服务包括活期存款、定期存款、理财和 24 小时的客户服务，该 APP 更加强调线上的便利性，如其"移动资金"功能，能够让用户通过 Zelle 进行 P2P 转账、支付账单、转账到另一银行账户、线上预定邮寄支票等。Finn 采取的是独立运营的模式，摩根大通称其为"银行中的创业者团队"。

Chase Mobile 是摩根大通针对大众客户的移动 APP，用户可以通过该 APP进行存款、支付、存储账户账单、电子支票兑现、无卡 ATM 取款等，摩根大通将其视为用户端的数字化分行。未来，该 APP 将探索加入 You Invest（券商平台）接口，丰富移动端的产品和服务。截至 2018 年第二季度，已有约 4800 万活跃移动用户，增长率达 12%。

在新技术应用方面，摩根大通也一直在积极探索。摩根大通开发的银行间信息网络（INN），利用区块链技术来减少银行在支付领域耗费的合规及数据问询等方面的成本。该网络吸引了 75 家国际大型银行，覆盖了包括拉丁美洲、亚洲、欧洲、中东和非洲等在内的主要市场的跨境支付业务。此外，摩根大通也在持续探索利用人脸识别技术等，提升客户的满意程度。

参考文献：

陈卫东、赵雪：《零售银行数字化发展的国际经验及启示》，载《中国银行业》2018 年第 11 期，第 26~28 页。（限于篇幅，有调整。）

附录 2-6

腾讯贝壳携手跨界 VR 重塑居住服务行业

突如其来的新冠肺炎疫情，在不同程度上重塑了各行各业的商业模式和运营理念，为企业之间携手跨界来服务用户提供了契机。

疫情期间，由于各地社区多实行封闭式管理，线下看房难以为继，这使房屋租赁中介的经营活动受到了极大冲击。贝壳借机推出的"VR看房""VR带看"功能，将线下的服务完美迁移至线上，利用三维空间的高精度还原和虚拟体验感，助力用户、开发商和经纪人在疫情期间买房、卖房、不歇业。数据显示，疫情期间，贝壳·如视VR带看发起量实现爆发式增长，2020年第一季度共完成带看1800万次，通话时长达50.7万小时，为房产服务的复工复产提供了显著助力。

腾讯TRTC技术是贝壳·如视实现各类沉浸式服务的重要支撑。基于与腾讯云、腾讯实验室的深度合作，贝壳·如视推出了VR看房和AI讲房功能，为消费者线上还原真实空间，并对房源进行场景化智能解读。同时，贝壳·如视还打造了轻量化VR采集方案"如视Lite"、AI家装设计"未来家"等多款自研产品，全面升维用户体验。2020年9月，贝壳·如视与腾讯云携手推出沉浸式媒体解决方案"腾讯临境TM"，开启贝壳VR技术的跨产业赋能。

2019年，贝壳提出以数字化重塑居住产业互联网的新居住战略。自此，贝壳在前沿技术领域的研发投入不断加码，推出VR售楼部、线上贷签、楼盘字典Live等多个产品，持续深耕居住服务行业的数字化升级。VR能够录制、回放服务者带看过程，数据上传之后可以对服务水平进行分析，对于连接47.7万经纪人的贝壳平台来说，VR也能够成为平台把控风险、提高监管质量的高效手段。

数据显示，2020年第二季度，VR带看助力经纪人带看效率提升高达16.6%。截至2020年9月，VR带看比重超过整体带看量的40%，表明越来越多的用户开始喜欢并习惯这种省时省力的看房新方式。

2020年11月，如视VR带看拓展到自如平台，实现对行业更大范围的赋能。随着贝壳·如视的VR技术开始对平台以外产业进行输出，如视还将推动更多产业展开线上化变革，在酒旅、餐饮、家装、展会等行业领域都可落地应用场景，开启沉浸式服务体验新时代。

参考文献：

《贝壳·如视惠新宸出席腾讯云开发者大会 展望沉浸式服务新时代》，载 https://smart.huanqiu.com/article/41CArw418J7，最后访问日期：2020 年 12 月 23 日。

第3章 ◀ CHAPTER 3

平台模式*

如今，平台（Platform）是一个被频繁使用的词。

2020 年，进入福布斯 500 强榜单的 7 家互联网公司都是平台型企业，如美国的亚马逊、Facebook，中国的京东集团、阿里巴巴集团、腾讯控股有限公司和小米集团等。[1]这些根植于互联网的平台型企业都诞生于 20 世纪 90 年代以后，在不算太长的时间里，其价值、规模和市场渗透都呈现出指数级增长，远远超过传统经济体系中依赖规模成长的企业。在 2020 年 11 月 11 日当天，天猫平台销售额为 1859 亿元，约占 10 月份全国社会消费品零售总额的 5.3%；Facebook 在 2020 年第三季度，全球每日活跃用户达 18.2 亿人，约占世界总人口的 1/4。[2]

3.1 平台与市场

平台到底是什么？

一个有趣的现象：在日常生活中，当人们去商场购物时，不会说"去 XX 平台购物"；而当人们在天猫购物时，却会很自然地说"在天猫平台下单"，而不说"在天猫市场下单"。

---

* 感谢车明遇、龚洛、孔哲远、文廷宇、吴政桦等对本章的贡献。

〔1〕《2020 财富世界 500 强发布：7 家互联网公司中国占 4 家》，载 https：//www.chinaz.com/2020/0810/1169295.shtml，最后访问日期：2020 年 12 月 2 日。

〔2〕 截至 2020 年 12 月 2 日，全球 230 个国家人口总数约为 7 585 204 179 人（>75 亿）。数据来自 https：//web.phb123.com/city/renkou/rk.html，最后访问日期：2020 年 12 月 2 日。

可见，在人们常识性的认知中，"平台"一词更多地与互联网这一虚拟空间相关，而"市场"一词更多地与实实在在的物理空间中的购物（消费）场所联系在一起。

3.1.1　市　场

市场是与交换相联系的范畴，通常泛指各类商品或服务的交易活动场所，有较明确的地理边界和交易时间限定，如农贸市场、房地产市场、期货交易市场、证券交易市场等；市场中买卖双方交易的商品既包括实物，也包括非实物类商品。相对而言，蔬果、日用品等实物商品交易市场，在物理空间中大量存在并被广泛使用且为人们所熟知，如各类小商品市场等；而证券市场、外汇市场等金融产品市场则数量较少，且因专业性较强而不为普罗大众所熟知。

现实中，众多的实物商品交易市场一般形成于人们经常接触、交往和聚集的区域，如航运码头、交通要道和车站等附近，并按交易的商品种类又被细分为如服装市场、蔬菜市场、钢材市场和煤炭市场等；在市场周边，总有银行、仓储、运输、餐饮和住宿等企业聚集，为交易各方提供各种辅助服务。依托市场，各类商品通过交换满足不同人们（企业）的不同需求，商品的价值与使用价值经过市场的转换而得以实现。本章聚焦的市场，主要指面向个人消费的商品零售市场。

随着人类社会的发展，市场形态得以不断丰富和完善；市场中众多的买者和卖者的力量相互结合、供需双方力量的相互作用，共同推动着物理空间中的市场从以"地摊"为代表的自由散漫、无组织的初级形态，向以购物中心、商业综合体等实体店铺为代表的组织严谨、管理明晰、交易规则明确的高级形态发展。在此过程中市场逐步实现了向组织化、高级化的发展，也形成了不同形态的市场形式，如商业综合体、超市、百货店、便利店、集贸市场、大宗商品批发市场，等等。对这些场所，人们视其为"市场"而不是"平台"。这些市场，往往由某个企业组建并吸引众多企业（或个人）参与交易，典型如创建于1982年的义乌小商品批发市场。[1]在互联网出现之前，平

---

〔1〕 义乌小商品批发市场由浙江中国小商品城集团股份有限公司组建，由中国义乌国际商贸城、篁园市场两个市场族群组成，市场拥有43个行业、1900个大类、170万种商品。其中，饰品、袜子、玩具

台概念也偶有使用，但其与具体交易活动的关联并不多，如招商引资平台等，其目的是为双方或多方提供相互交流、促成合作的渠道。还有一些城市的创业孵化器平台，主要服务于创业期的组织，为其提供发展过程中不可或缺的必要资源条件，降低创业门槛，如为初创公司提供办公场地、设备甚至是提供咨询意见和资金等，更像一个新创企业的聚集园区。

上述传统市场，属于典型的单边市场。在经典的霍特林（Hotelling）模型中，从需求形态上看，两个生产同质产品的企业位于线性城市的两端，消费者分布在线性城市中。此时，竞争中的企业仅需要满足消费者的单一需求，也被称为单边市场竞争模型。针对这种单边市场，人们运用一些经典的经济学模型，如古诺（Cournot）模型和斯塔克尔伯格（Stackelberg）模型等，对生产型企业的价格、产量和利润之间的关系等进行分析讨论，从而得出了很多经典结论，如竞争会使得企业的均衡价格趋近各自的边际成本等。

但是，基于互联网的市场——平台及平台型企业的出现，则促成了双边市场或多边市场的形成。[1]

3.1.2 平 台

随着互联网商业应用的快速发展，平台一词的使用频率快速增长，见图3-1。在当当、京东等网站，含有"平台"一词的图书中，90%以上都是围绕互联网展开内容；"平台经济""多边平台"等词，也随着"平台"一词而传播并成为常用语。

平台，泛指依托互联网而形成的组织形式，如 2012 年 10 月 21 日上线的义乌购（www.yiwugo.com），就是义乌小商品批发市场的官方平台。如何理解平台？徐晋、张祥建认为平台是一个真实或虚拟的空间，它可以引导或促进两个或更多客户之间的交易，其核心是连结、架桥或媒合。[2]这实际上也是

产销量占全国市场 1/3。物美价廉、应有尽有、特色鲜明，在国际上具有极强的竞争力。商品辐射 210 多个国家和地区，行销东南亚、中东、欧美等地，年出口量已达总成交额的 60% 以上。2012 年 10 月 21 日上线义乌购（www.yiwugo.com）官方平台。

〔1〕 确切地说，与互联网平台相比，传统市场具有的双边或多边市场的特征很弱并以显现出来，其更突出的是单边市场特征。

〔2〕 徐晋、张祥建：《平台经济学初探》，载《中国工业经济》2006 年第 5 期，第 40~47 页。

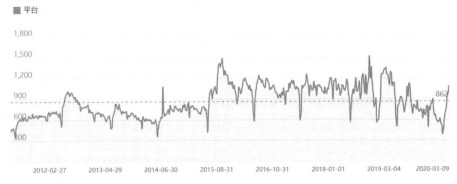

图 3-1　百度上"平台"一词的搜索频率

市场的特性。我们认为，从本质上讲，平台可以视为市场在互联网时代的主要表现形式；和物理空间中的市场一样，平台也是媒介交易的双方或多方，其存在的目的也是引导或促成双方或多方客户之间的交易。如同市场的建设者一样，平台的搭建者——平台型企业也是为各方提供信息交流、达成交易所需要的开放的、可参与的基础设施和治理规则，并通过平台双方或多方主体都有所收益而吸引更多的交易主体在平台上聚集，以促进参与其中的各方主体都能够实现其利益或价值诉求。互联网平台，不仅仅扩大了实物商品的交易，也使金融商品及知识、技能等无形产品因为供需双方能够更好的连接而增加了交易量。目前，"网络平台"或"网络市场"的用法并存，但"平台"一词更为人熟知并广泛使用，因而"平台"也往往被默认为是建立在互联网基础上的各种交易市场。一个成功的平台，往往更容易聚集各方；其搭建者不仅仅提供简单的渠道或中介服务，还致力于打造一个具有高成长潜能的"生态圈"，有效满足各方主体的需求和利益。

在网络平台的虚拟空间中，也存在着多类商品交易，人们又将这类平台称为"多市场平台"，平台的创办者通过设计良好的中间人机制（即多边平台机制）来降低有意愿进行交易的买卖双方之间的交易成本；因而，多边平台往往是基于减小市场参与者与其他人无法直接交易的阻力而产生的。[1]在这种语境下，平台与市场的含义既有重叠又有不同：平台更像一个巨大的空间，

---

〔1〕［美］戴维·埃文斯、理查德·施马兰奇：《连接——多边平台经济学》，张昕译，中信出版集团股份有限公司 2018 年版，第 36 页。

这个巨大空间被区分为若干小空间，这些小空间被不同类别的商品交易占据，每个小空间被称为"XX市场"，这里的"市场"概念是指交易行为发生的场所，与传统的市场概念相同。

无论被称为平台还是市场，其共同的功能都是促进交易达成。所不同的是，"市场"一词更多地与交易行为相联系，而"平台"一词更多地与空间的虚拟性有关。如图3-2所示，互联网中的平台与实体中的市场各有其特点。

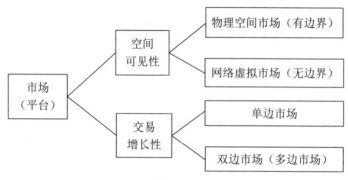

图3-2　市场/平台的特性

为便于理解，本书所说的"平台"，均指基于互联网的平台。从功能上看，平台和市场一样，都是为企业或个人提供交易的场所。平台的构建者（平台型企业）主要负责协调信息流、物质流以及资金流，为平台的运行建立好配套设施并提供相关服务，如菜鸟物流、支付宝等，均服务于淘宝网、天猫的交易。

虽然互联网平台与传统市场一样都属于中间组织范畴，但由于互联网的开放性、点对点、点对多的直接性和共享性等特征，参与者也从传统市场中的"被组织者"转变为互联网平台中的"自组织者"，平台通过释放组织权力、为交易赋能等来吸引各方参与者；通过"多对多"的组织间关系构成的多边平台，来实现多种资源的整合并将其转化为平台优势。

与物理空间中的市场（平台）相比较，互联网平台呈现出明显的不同特征，如平台上的各种用户在达到一定基数后，其所具有的"多对多"的能力在资源汇集、整合、协同能力和数据的积累、分析和共享等方面，都明显优于物理空间中的市场。

3.2 平台特性解读

3.2.1 平台的类型及功能

从所服务的对象来看，平台通常可划分为两大类型：一类是满足个人日常需求的消费类平台，另一类是满足企业生产需求的产业类平台。

无论哪类平台，往往是由某个企业搭建，也是该企业的存在形式。平台的角色像中间人，不购买也不销售，而是通过信息的生产（或提供）、浏览、互动等，为平台上的企业（或个人）提供免费的基础服务和付费的增值服务，并以增值服务费和各类广告收入作为平台的主要营业收入。近年来，平台型企业发展迅猛，典型如天猫、京东、拼多多等电商平台，新浪微博、微信等社交媒体平台，网易的战网网络游戏平台，支付宝等第三方支付平台，等等。这类平台更多地面向广大个人消费群体，它的典型功能是促成平台上的各类产品的使用并达成相关交易；一些提供内容的平台，如爱奇艺、喜马拉雅等，既接受成熟的内容产品，也依靠自身和用户不断开发新的内容产品。

另一类平台更多地面向企业用户，为企业生产发展提供服务，如创立于2009 年的阿里云，为二百多个国家和地区的企业、开发者和政府机构提供全球领先的云计算及人工智能科技服务；以在线公共服务的方式，提供安全、可靠的计算和数据处理服务，致力于让计算和人工智能成为普惠科技，以有效降低数据服务于企业的门槛。还有服务于煤炭大宗交易的中能电商，是国内首家跨境业务的煤炭电商平台，通过提供数据信息服务、在线交易服务、支付结算服务、仓储物流服务和供应链金融服务等，优化交易环节，降低交易成本，完善交易信用；重点发挥垂直产业电商的产业整合能力和风险控制能力，使平台发挥信息流、货物流和资金流"三流合一"的一站式交易功能。

还有一类面向企业的平台，是利用平台所链接的网络关系来提供底层技术和基础，为众多企业实现其产品或生产方案提供服务，而不提供具体的产品或生产方案。如很多品牌商在富士康这一制造业平台上实现自己的产品制造，而富士康也通过模块化与柔性制造技术，将制造业模块化推进到了一个更高的境界，也将自己成功打造为一个平台型公司。通过这一平台，富士康可以帮助客户进行前端采购；当越来越多的环节集中到富士康手中，使用该平台的各个品牌商之间的竞争就演变为对各自的品牌的理解和对生产模块的高效利用。

平台对于所连接的资源是维护和吸引，而不能控制和锁定；平台公司是平台规则的制定者与平台秩序的维护者，既是平台价值的整合者，也是多边群体的连接者，更是平台生态圈的整合者。平台通过激发各群体之间和群体成员之间的正向网络效应，推动各群体之间进行价值交换，从而不断地推动平台的成长和持续盈利。

随着各种互联网平台在各行各业的渗透，平台经济理论成为近年来产业经济学和产业组织理论关注的热点问题之一；平台经济实质上是全球化、信息化、网络化三大趋势的集大成者。[1]

3.2.2 平台的结构

如前所述，本书所说的平台，是指为企业或个人提供交易洽谈的线上市场，如图3-3所示，平台上存在着买方、卖方和平台运营企业，各方借助平台获取价值。其中，平台的经营者主要负责召集和培育平台上的客户，负责协调信息流、物质流以及资金流，负责平台整体的营运和营销，主要功能是撮合平台上买卖双方的"交易"，而不介入平台上客户具体的经营活动。目前，

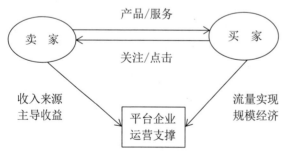

图3-3 平台经济模式的微观结构和价值模块

资料来源：陈红玲、张祥建、刘潇：《平台经济前沿研究综述与未来展望》，载《云南财经大学学报》2019年第5期，第3~11页。

––––––––––

〔1〕 李允尧、刘海运、黄少坚：《平台经济理论研究动态》，载《经济学动态》2013年第7期，第123~129页。

以撮合交易为主的平台在我国发展较快，主要包括三大类：消费和生活服务类如美团、淘宝，技术交易和服务类如技 E 网，第三方金融服务类如支付宝。其中，B2C、B2B、C2C 的各类电商平台，已成为商品交易的新业态，发展迅速。

3.2.3 双边市场

（1）双边市场的定义。依托于互联网的各类平台，是典型的双边市场（Two-sided Markets）[1]；也被称为"双边网络"（Two-sided Networks），即由交易平台所连接的是两个互相提供网络收益的独立用户群体所组成的经济网络。[2]罗切特（Rochet）和提罗（Tirole）从使用外部性这一角度对双边市场进行了定义：当平台企业向需求双方索取的价格总水平 $P = P_a + P_b$ 不变时（P_a 是用户 a 的价格，P_b 为用户 b 的价格），平台任何一方的价格变化都会影响到平台总需求量和交易量，进而直接影响平台总收入，这样的市场即被称为"双边市场"，我国学者形象地把双边市场描述为"哑铃"型结构。[3]雷吉博（Régibeau）提出平台必须满足三个条件：一是基于平台的交易范式；二是广泛存在交叉网络外部性；三是存在价格结构非中性。[4]显然，依托于互联网的各类电商平台、社交网络、订票网站等都是典型的双边市场，它们联系着大量消费者、广告商和内容提供商等，存在着交叉网络外部性且满足价格结构非中性等双边市场基本特征。[5]

从经济学意义上来说，双边市场是交易平台中所有买方与卖方力量的集合，平台的交易量取决于市场两边的联合需求；其中一组参与者在平台中的交易收益取决于该平台另一组参与者的数量，一边参与者数量的增加会带来另一边参与者效用的提高，反之亦然。[6]

---

〔1〕 在一些文献中还提及多边市场。笔者认为，多边市场实际上是基于双边市场特性的延伸，本书将二者作同一理解。

〔2〕 朱振中、吕廷杰：《双边市场经济学研究的进展》，载《经济问题探索》2005 年第 7 期，第 125~129 页。

〔3〕 Rochet J. C. , Tirole J. , "Platform Competition in Two-sided Markets", *Journal of the European Economic Association*, 2003, 1 (4), pp. 990-1029.

〔4〕 Régibeau P. , "A comment on Evans, Hagiu and Schmalensee", *CESifo Economic Studies*, 2005, 51 (2-3), pp. 225-232.

〔5〕 陈林、张家才：《数字时代中的相关市场理论：从单边市场到双边市场》，载《财经研究》2020 年第 3 期，第 109~123 页。

〔6〕 Armstrong M. , *Competition in Two-Sided Markets*, University College London, 2004, p. 57.

双边市场以"平台"为核心,通过实现两种或多种类型顾客之间的博弈而获取利润。因此,互联网平台企业的竞争,更多表现为商业模式和创新思维的竞争,而不像传统行业中的竞争往往围绕价格、产量等展开,这也是近年来商业模式相关研究兴盛的重要原因,很多商业模式的创新也都围绕如何在"鼠标经济"时代吸引和留住瞬间就可以转移的用户而展开。互联网与数字化,不仅改变了构成商业模式的关键要素,也改变了要素之间的逻辑结构。由此,改善产品和服务的体验变得越来越重要,产品功能和消费者体验等非价格因素逐渐成为主要竞争要素。

(2)双边市场的特点。埃文斯(Evans)提出双边市场应有三个必备条件,即两组不同用户、两组用户间存在交叉网络外部性、存在一个可以将网络外部性内部化的平台,这也进一步揭示出平台、交易双方三者之间的关系。学者们一般将双边市场分为四类,即交易中介(如电商平台、出行平台等)、媒体(如抖音)、支付工具(如支付宝)和软件平台(如方正FIX)。

作为一种商业模式,双边市场具有三大特点:

首先是客户的多种类和身份转换。多种类是指双边市场的客户与客户之间存在需求上的不同,这种需求上的不一致使得客户与客户之间相互区别,进而形成一个又一个不同的客户群。与一般的、生产多种商品的大型公司不同,双边市场中,客户的多种类还体现在各自在商业活动中身份的双重性——平台上的一些客户既是买家也同样是卖家,如知识技能共享平台上的知识或技能的提供者,可能同时也是在同一平台上购买知识或技能服务的买家。

其次是客户群之间的相互需要。双边市场中客户群的需求是相互的,假如A客户(群)需要某物,那么在平台上必然也必须有人期望将某物销售给A。如果平台上缺乏满足A客户(群)需要的另一客户(群),那么A客户(群)就会坚决地离开这个平台。但是同样地,如果平台的一个客户群能够一直满足另一个客户群的需求,那么这两个客户群就可能都被牢牢地吸引在平台上,永远不会离开平台。

最后是平台运营商以提供增值服务和保证平台良好运行为主要盈利手段。平台的存在是以能够引导客户的需求得以满足为前提。因此,媒介成员之间的各种交易是平台运营商的首要任务,如淘宝网提供交易平台和工具(信息平台、阿里旺旺、支付宝等),以"引导"供需双方直接进行与交易相关的信息沟通，而不是消费者与淘宝网的运营商进行具体商品和服务的交易洽谈。平台所获得的利润来自为撮合交易提供增值服务，如物流配送网络、支付方式、信息存储及分析等。

平台的这些特性，促进了互联网平台型企业（以下简称"平台"或"平台企业"）的快速成长，其成长速度明显快于传统市场中的企业，如我国消费互联网领域的阿里巴巴、百度、腾讯、喜马拉雅、携程和滴滴出行等平台，均已成长为行业领导者，覆盖了电商、搜索、社交、视听、出行和旅游等行业，其规模和发展速度都居于全球领先行列。

3.2.4　平台生态圈

"平台生态圈"与平台、平台经济都是同样的流行词，其可以视为生态学中"生物圈"概念的衍生词，也可以认为是"商业生态系统"的派生词。1977 年，哈曼（Harman）和弗里曼（Freeman）率先提出组织生态和企业种群等概念，从生态观的视角对以往的企业适应观进行了理论补充。1993 年，穆尔（Moore）借用自然生态系统的概念描述当今市场中的企业活动，在《哈佛商业评论》（*Harvard Business Review*）上提出了"商业生态系统"（Business Ecosystem）一词，认为企业不再是孤军奋战的经营实体，而是商业生态系统的成员。[1]埃文斯和施马兰奇（Schmalensee）指出，互联网平台很少有能力自给自足，它不可能在自己的势力范围内提供一切创造价值的必要条件。[2]因此，作为中间人，平台必须注意自身所处的经营环境；在一般情况下，平台周围的事物都会影响到平台参与者在进行交易互动时的难易程度，这显然也强调了平台所处的环境——商业生态系统对于平台和平台成员的重要性。

对于平台来说，自身既没有鸡又没有蛋，但又必须借鸡生蛋，同时又要借蛋孵鸡。因此，在商业生态系统的理念下，平台企业自然不能一味追求战胜竞争对手，而应与竞争对手乃至整个商业生态系统共同演化，"平台生态圈"一词就体现了平台及平台上的各方通过共同演化实现鸡蛋相生、相互融

---

〔1〕 James F. Moore, "The Evolution of Wal-wart: Savy Expansion and Leadership", *Harvard Business Review*, (1993) May-June, pp. 82-83.

〔2〕 [美] 戴维·埃文斯、理查德·施马兰奇：《连接——多边平台经济学》，张昕译，中信出版集团股份有限公司 2018 年版，第 115 页。

合的特点。正如穆尔指出，商业生态系统是一种整体系统发展模式，它超越了企业和行业的边界，通过系统内部成员企业的共同合作来满足各种新的市场需求，并使系统内部成员企业均能获利。如同自然界中的生态圈，商业生态圈也是由大、中、小、微小等众多的、生态功能各异的组织构成，这些成员不断共生、互生和自我生长，使平台呈现出此前没有的功能，或提供平台生长所需要的新功能。正是这种不断生长和创新，才保持了商业生态系统的活力，平台生态圈也成为众多的商业生态系统的主要形式。

在平台生态圈建设中，用户也是重要的建设者。互联网本身所具有的开放性、低成本连接等特点，使得用户在不同平台间可以轻松地自由转换，而一旦用户参与到平台生态圈的建设过程中，就容易成为该生态系统的组成部分，进而也成为平台的忠实用户，这一点在哔哩哔哩、喜马拉雅等提供内容服务的平台上表现得尤其突出。这些平台的内容生产与用户关系密切，在平台的发展过程中，也牢牢地留住了相互需要的用户。因此，各类平台间的竞争也转向平台生态圈的竞争。构建平台生态圈的目的，通常是通过平台成员之间的协作和互利来建立系统性的竞争壁垒，以彼此间的联动性、共赢性和整体发展的持续性，形成平台与外界竞争的合力和合作效应。如以个人为主要服务对象的蚂蚁金服平台，以生产制造企业为主要服务对象的海尔物联网平台，以研发服务为主的华为5G平台汽车生态圈，等等。

平台在发展过程中，往往以价值网络中的核心企业为中心建立起更高效的上下游辅助服务，以此增强平台的黏性和竞争壁垒，并最终形成平台生态圈。平台生态圈的特征主要表现在三个方面：一是构成生态圈的成员复杂而非单一，往往包含核心企业、产业链或价值网络上的上下游成员或周边成员甚至用户；二是具有开放性而非封闭性，具有自由性而非强制性，生态圈成员之间应具备信息共享通道，各成员与外部环境之间亦有信息或能量交换通道；三是成员之间相互竞争又相互依存，并购与裂变都有可能发生，消亡与新生并存。正是在相互之间或与外界的交流中，生态圈和成员自身都不断适应环境和竞争的变化，从而获得持续的生存和发展，并促使整个生态圈不断进化。在平台生态圈中，各个角色的功能不同，但均对所在生态圈的整体特性建设有所贡献，并通过平台发挥作用来撬动其他参与者，使平台生态圈能够创造价值，成员亦从中分享利益。目前，依托互联网基础设施和强大的数据分析处理能力，很多平台生态圈正在将数据转化为新的生产要素，以释放数据（信息）的潜在价值，激活更多潜在的生产力，为平台参与者或第三方服务。

在与其他主体共建平台生态圈的同时，平台生态圈中的核心企业，也以生态学的思维构建平台自身的"内部生态圈"；移动端 APP 已经成为互联网企业建设"内部生态圈"的主要模式，如腾讯依托微信 APP 发展出小程序、公众号、微信支付、微商等应用服务来吸引不同的用户和企业，形成多层次、生态化的综合模式；百度 APP 通过加速人工智能、语音、图像等技术应用与信息流结合，推出"搜+推"的双引擎模式；支付宝 APP 利用支付属性嵌入本地周边各类服务，实现电商、零售、金融、生活服务等线上线下的高度融合。这些，都构成了现实中不同层次、不同核心的平台生态圈，助推众多参与者与平台共同成长。

比如，在淘宝网上，品牌商可以通过代理运营服务商帮助其在淘宝网上开店以完成与消费者的交易，由 IT 服务商整合线上线下信息系统，由物流服务商负责货物运输和配送，由支付宝收回货款。淘宝作为交易平台，聚合了众多买方、卖方以及其他电子商务服务商，形成了充满活力的商业生态圈。许多淘宝平台的参与者正是依托平台在"干中学"形成的内生优势，成长为成功的创业者，如 2014 年 9 月 19 日在美国华尔街纽约证券交易所，八张陌生的面孔代表马云敲响了阿里巴巴集团上市的铜钟。他们分别是依托淘宝网成长起来的两位网店店主、快递员、用户代表、电商服务商、淘宝模特、云客服和一位来自美国的农场主。清华大学刘鹰教授等人的研究表明：企业与市场交换价值的"传统就业"，正在转变为以互联网平台与市场连接、实现个人市场价值的"平台型就业"。这种"平台+小企业（个人）"的商业组织形式，能够较好地适应消费者大量的"小、多、快"的需求。通过阿里云平台提供的云计算服务，只有 50 人的原创动漫游戏公司——米哈游的游戏产品，在登录应用商店当天就飙升到收费榜第一名，目前公司收入已达千万级。这充分反映了互联网平台的开放性和共享能力输出，对撬动微经济增长的杠杆作用。这种"平台+小企业（个人）"的形式，通过互联网平台赋能小企业，使更多适应平台特性的小企业不断涌现，为平台提供了进一步的成长空间，实现了平台参与者与平台共赢。这些，都体现了平台生态圈的价值：赋能、协同、共享、共创繁荣。[1]

就资源配置而言，平台生态圈中的焦点企业的市场规范或技术标准，往往贯穿于整个生态圈，成为圈内的"交易秩序"以提升平台成员间的可协调性，使原本基于"市场价格机制的资源配置"转变为"企业间内部市场的资源配置"，[2]从而降低了生态圈中企业间的关系风险，使企业间因"连接"而产生李嘉图租金，进而取得"超出正常水平"的部分报酬。而平台的网络效应和外部经济性所带来的低成本，使得依托于平台的企业的互补性资源和知识都能够得以更新和整合，平台的用户群体也成为各成员可大范围利用的互补性资产。由此，通过扩大规模而获得规模经济已不再是企业的选择，更多企业借助互联网平台实现跨界融合来寻求发展，进而带动其所在经营领域的帕累托改进。

现实中的各类互联网平台，因其能够显著降低沟通成本、有利于促成大规模协作，正在成为不同行业、企业相互跨界、实现融合的平台，进而激活更多企业、释放活力。目前，依靠产品或技术的传统竞争模式已被打破，跨界融合、合作共赢的平台生态圈竞争模式正在形成。如阿里将自身的数据、技术、产业等优势延伸到工业领域，面向产业供应链打造"飞龙工业互联网平台"，为研发、生产、销售、服务等关键环节提供全方位服务，形成了跨行业的"技术+产品+服务"的全产业链数字化生态竞争模式。

3.2.5　网络效应

经济学家利博维茨（Liebowitz）和马戈里斯（Margolis）认为网络效应即网络所具有的能够将参与者的影响内部化并影响参与者的特性。[3]从所浏览的文献看，人们对网络效应的描述集中在平台中同边或不同边的用户数量、平台提供的互补性产品或服务的需求对平台用户数量和平台规模增长的影响，并认为这些影响是互联网平台的重要特征。卡茨（Katz）和夏皮罗（Shapiro）

---

〔1〕《新经济、新动能：阿里研究院解读政府工作报告》，载 http://finance.sina.com.cn/roll/2016-03-09/doc-ifxqafrm7347400.shtml，最后访问日期：2020 年 10 月 30 日。

〔2〕罗珉：《价值星系：理论解释与价值创造机制的构建》，载《中国工业经济》2006 年第 1 期，第 80~89 页。

〔3〕Liebowitz S. J., Margolis S. E., "Network Externality: An Uncommon Tragedy", *Journal of Economic Perspectives*, 1994, 8 (2), pp. 133–150.

明确指出，随着使用同一产品或服务的用户数量的增加，同边的每个用户从消费此产品或服务中所获得的效用将提高；随之，用户总人数也会增加。[1]这实际上是"马太效应"在平台模式中的表现，即消费者的效用随着消费同种商品的用户基数的增加而提高。

为避免理解上的混乱，我们将这种网络效应称为"同边网络效应"，以便于与"跨边网络效应"相对应。[2]依据梅特卡夫定律（Metcalfe's Law），可以有效解释同边网络效应的影响力，即网络的价值与网络用户数量的平方成正比，N 个联结可创造出 N*N 的效益。这种效应产生于同种产品的使用中，如共享软件、电信服务的价值，几乎只与产品用户数量以及产品使用频度相关，是一种由消费者需求之间的相互依赖而产生的边际收益递增的经济现象。由于同边网络效应的存在，用户数量大的平台企业能够吸引更多的用户加入平台；随着平台成员数量的增加，网络已有用户的效用将不断增加并吸引其他用户更多地加入该平台，从而导致具有"马太效应"的网络外部性出现。因此，现实中的平台企业总是以各种营销策略来扩大用户群体。金炳哲（Byung-Cheol Kim）和郑锡杰（Jeongsik）等在研究具有双边市场特征的团购企业的竞争策略时发现：行业领先者的团购平台的客户基数越大，所显示的同边效应和网络外部性越强时，为其提供团购产品/服务的企业，往往也愿意为该平台提供更多折扣的产品和更多的营销服务，平台由此能够培养更大的客户群体，进而提升平台的竞争优势。[3]

在网络平台上，既存在着同边网络效应，也存在着交叉网络效应或跨边网络效应，即网络平台上不同边的用户数量也会对平台产生影响，不同边成员数量的多寡，也会带来成员外部性，这也是网络平台这一双边市场与传统单边市场的最重要区别之一，其特征是"网络平台一边用户数量的增加会提高平台另一边用户的效用"。在双边市场中，不同类型的用户之间的交叉影响在很大程度上影响着市场的吸引力。因为越多的卖方会吸引越多的买方，买

〔1〕　Katz M. L., Shapiro C., "Net-work Externalities, Competition, and Compatibility", *The American Economic Review*, (1985) 75, pp. 424-440.

〔2〕　在一些文献中，用"网络外部性"来统称同边、跨边网络效应，以及由互补产品产生的外部性。

〔3〕　Byung-Cheol Kim & Jeongsik Jay Lee & Hyunwoo Park, "Two-Sided Platform Competition in the Online Daily Deals Promotion Market", *Working Papers*, (2012) 12-04, NET Institute.

方有更多的选择后可能会增加购买，这又吸引更多的卖方参与。这实际上体现了平台一边对另一边存在着的典型的正外部性，即不同类型用户的相互作用使得平台和客户都能获得价值，这也是平台企业获得利益、维持发展的重要来源。

与网络效应相关的成员外部性之所以存在，是因为最终用户一般对成本都具有交易敏感性，越多的卖方，越有利于消费者降低购买成本。如在京东、天猫等购物平台，买家和卖家的效用随着对方交易数量的增加而增加，平台也因此而更有价值，这种需求的相互强依存性也被形象地称为"鸡蛋相生"。

但是，平台规模越大如卖方越多，该平台的用户效用就越大、用户就越容易留存吗？王先甲、余子鹤在相关研究中，将一边用户对另一边用户规模的偏好用网络外部性系数来表示：外部性系数越高，表明卖者（买者）对买者（卖者）规模的重视程度越高。[1]研究表明：大平台规模大，卖者规模大，买者更愿意参与大平台。但是，当大平台规模达到一定的峰值，买者的机会成本也有所增加，买者在大平台上获得的效用反而减少，导致大平台上买者的参与人数减少。如采用竞价排名模式的百度推广，随着平台规模越大，竞价成本也越高。对于买者来说，一旦平台推送的产品仅仅是按卖者竞价来推送并长期不符合自己的购买需求；同时，卖者的大量资本都投入到竞价推广中，可能导致其缺乏资金来提升产品质量，甚至出现以次充好的事件，在这种情况下，买者就会退出这个平台。此时，即使卖者特别重视买者人数，不惜投入重金竞价排名，大平台也难以挽回流失的买者。当买者不依赖平台规模时，不同平台所表现出的差异化往往就会更吸引买者，所以差异化的小平台在某些方面可能优于大平台，吸引更多买者加入。因而，平台规模并非越大越好，大平台和小平台的利润差都会受网络外部性系数的影响。在考虑社会福利最大化的情况下，卖者和买者的网络外部性系数都会影响社会福利，而买者的网络外部性系数与社会福利正相关。

另外，在网络平台上还存在着因互补产品而产生的影响，表现为某边用户的效用，会随着平台所提供的互补产品的数量或质量的增加而提高，通常表现为平台产品或服务的多样性如果增加，用户效用就会有所提高，如天猫

---

[1] 王先甲、余子鹤：《网络外部性条件下差异化双边平台买者参与问题》，载《运筹与管理》2018年第4期，第1~9页。

平台为交易所提供的支付宝、阿里旺旺等服务。消费者在选择购物平台时，往往会综合考虑平台所提供的服务或产品的互补性及未来发展趋势，这种影响也被视为"网络外部性"。在因互补而产生的网络效应的作用下，平台的服务接受者数量会增加，会给平台运营者带来更多的效用，平台的价值也会随着互补性产品或服务的数量和质量提高而增大。

应该说，在互联网出现之前，社会经济生活中就存在着各种各样看不见的网络，传统市场中的卖方与买方所构成的网络中也存在着上述网络效应。只是因为其网络规模及信息交互都难以和互联网平台相比，因而这些网络效应在传统市场中难以被人觉察，难以产生明显的价值，也难以对企业和个人的市场行为产生深刻影响。与物理空间的实体市场相比，横空出世的互联网所具有的开放性和共享性，使互联网平台能够成本更低、更容易地促进多方广泛参与和释放网络效应；同时，各种网络效应的相互叠加，也更容易形成网络平台"赢者通吃"的现象。

当平台用户达到一定基数后，平台的加速成长态势也随之凸显并形成需求方规模经济，这就破解了传统产业边际收益递减的规律，平台和用户都可以借此实现自身价值并获得利润。其中，已经占据了较大市场份额的平台，往往有较大的市场影响力来左右消费者的偏好，使新平台进入将更加困难。另外，由于用户可以从大平台获得更多的效用，因而也更愿意继续使用该平台，因为退出意味着前期所投入的精力会成为沉没成本。如某人一旦注销自己的新浪微博账号，就失去了与该平台的粉丝、好友等的联系，这种因为相互需要而留在平台的锁定效应，实际上也是网络效应的延伸。

正是基于互联网无限的连接和延展特性，平台所产生的各种网络效应促进了用户与企业、企业与其他相关方的协同与合作，进而形成生态圈，如淘宝、拼多多等商品交易平台，随着用户不断加入、聚集，平台规模也不断扩大，不断聚合众多买方、卖方以及提供物流配送等相关业务的服务商，形成了充满活力的商业生态圈。

当然，网络效应也存在着负效应，比如，除夕夜同一时间使用网络发送信息的人数增多到超过了网络承载力时，就会造成网络拥塞，导致信息迟滞甚至丢失。这种"随着加入网络的人数增多而引起的消费者效用的降低"就是网络负效应。网络生态圈的建设，有利于减少这种负效应所带来的消费者效用降低。

在市场竞争中，突破网络规模临界点的企业最终将赢者通吃，2019 年网络零售 B2C 市场（包括开放平台式与自营销售式，不含品牌电商），以 GMV 统计，天猫独占 50.1%。[1] 这种随之而来可能产生的市场垄断现象已经引起人们的担忧。2017 年发布的《中国超级电商平台竞争与垄断研究报告》指出："我国互联网行业多个细分领域的超级网络平台垄断局面迅速形成并不断强化。一些超级网络平台作为新一代信息基础设施，集私权力和公权力于一体，所拥有的权力与承担的责任已超出企业原有边界。"[2] 如一些电商平台"杀熟"或要求商户"二选一"等不规范竞争行为有所增加，甚至涉嫌垄断。

目前，针对市场资源加速向大型网络平台集中的趋势可能会对公平竞争和消费者福利带来的风险和隐患，市场监管部门再三强调：平台不是反垄断法外之地。2021 年 4 月 10 日，国家市场监督管理总局依法对阿里巴巴集团处以行政处罚，并处以 182.28 亿元人民币的罚款。2020 年 12 月 14 日，市场监管总局发布了《对阿里巴巴投资收购银泰商业股权、阅文集团收购新丽传媒股权、丰巢网络收购中邮智递股权等三起未依法申报违法实施经营者集中案作出行政处罚决定》，对上述三家公司分别处以 50 万元人民币罚款的行政处罚，已达处罚上限，其目的在于警示企业应遵守经营者集中申报制度、规范企业/行业行为。[3] 投资并购是企业发展壮大的重要手段，但如达到经营者集中申报制度中规定的申报标准时，应该及时向反垄断执法机构进行申报，经审查通过以后方可实施。虽然有申报的例外，但随着平台型企业改变市场结构和竞争状况的影响力的日益增强，对其市场行为的重点监管和规范势在必行，相关内容请参见本章附录。

---

〔1〕《2019 年中国网络零售市场现状及未来发展趋势分析：阿里、京东、拼多多电商三巨头形成》，载 https://www.chyxx.com/industry/202007/884305.html，最后访问日期：2020 年 12 月 12 日。

〔2〕《中国超级电商平台竞争与垄断研究报告》，载 https://xw.qq.com/cmsid/20170920A0342K00，最后访问日期：2020 年 12 月 12 日。

〔3〕《阿里、阅文等收购案涉嫌垄断被罚 市场监管总局：平台不是反垄断法外之地》，载 http://www.nbd.com.cn/articles/2020-12-14/1571173.html，最后访问日期：2020 年 12 月 15 日。

3.3　平台竞争策略

对于平台来说，由"用户量"所构成的用户资源，是衡量平台企业是否强大的重要标志，也是平台的利润源泉。因此，各个网络平台都会充分利用平台的网络效应，通过各种竞争来拓展平台的盈利空间，实现企业自身价值的最大化。例如，对于软件企业而言，在同边网络效应下，自身产品的网络用户规模是关键竞争要素，企业软件产品的兼容选择和标准竞争的策略，都有利于增加网络用户；在因互补品所产生的网络效应作用下，互补品的种类和数量是关键竞争要素，捆绑策略和一体化策略则成为主要竞争策略；而在跨边网络效应（交叉网络效应）的作用下，价格结构是关键的竞争要素，定价策略往往会成为主要竞争策略[1]，等等，以下是平台企业经常采用的几种竞争策略：

3.3.1　纵向一体化策略

一体化战略是企业将独立的若干相关业务，整合成为一个整体的战略，基本形式有纵向一体化和横向一体化：纵向一体化，即向产业链的上下游发展，具体表现为将产业链的前向或后向延长，分为前向一体化战略和后向一体化战略两种模式；横向一体化，即通过联合或兼并获得同行竞争企业的所有权或控制权。

杰弗里（Jeffrey）和尼尔（Neil）认为，在互补品驱动的网络效应的影响下，企业总存在较强的纵向一体化动机，并且随着网络效应强度的增加而加强。[2]现实中，企业一旦发现纵向一体化有利于综合利用资源来提高利润，就会选择实施。例如，建立销售组织来销售本公司的产品或服务，苹果手机正是通过开设手机销售门店来实施前向一体化，苹果手机的边际利润也因门店对手机用户的服务质量提高而增加。对于数码产品而言，企业纵向兼并有

---

〔1〕　傅瑜：《网络规模、多元化与双边市场战略——网络效应下平台竞争策略研究综述》，载《科技管理研究》2013 年第 6 期，第 192~196 页。

〔2〕　Jeffrey C. , Neil G. , "System Competition, Vertical Merger, and Foreclosure", *Journal of Economics & Management Strategy*, 2000, 9（1）, pp. 25‐51.

助于提高消费者福利。因为纵向一体化后，不同的技术标准得以统一，系统产品各组件间的不兼容性得以消除，产品质量和用户使用体验也会高于兼并前；而且，企业相互之间的协同成本也有所降低，上下游的双重加价会随之消除。这些，都有利于企业提高效率，降低产品价格，增加消费者福利。

纵向一体化在跨越企业边界的同时，往往也会跨越行业或产业的边界，将不同行业或产业的业务内容整合在企业的主营业务中，以提高生产和销售效率。如电商平台上的经营者，可能通过后向一体化延伸到农产品生产、加工领域，以保证产品质量，同时降低生产成本，以获得更多的订单；也可能通过前向一体化，实现对商品销售和物流配送环节的控制，如天猫、京东都开辟了自营销售和自建物流业务。自营销售即向生产端延伸以减少中间环节，可显著消除价格的双重边际效应，从而降低零售价惠及消费者，企业也可以获得更高收益。同时，天猫、京东等也将线下物流，尤其是"最后一公里"的配送业务融入主营业务，这种向终端的延伸，可以在配送和收件环节减少商品破损、包裹丢失、代客签收等现象，提高用户满意度进而留住更多用户。如阿里集团组建的菜鸟联盟，在 2017 年协助天猫超市实现了当日送、次日达，并开拓出"预约送"的新模式。其当日达和次日达的区域已经覆盖全国1000 多个区县，从根本上增强了天猫的物流配送能力，也优化了天猫的用户体验。京东则一开始就自建物流，截至 2020 年 6 月 30 日，京东物流在全国运营着 750 多个仓库，包含云仓面积在内，其运营管理的仓储总面积约 1800 万平方米，库存周转天数降至 34.8 天，创近 5 年来新低；京东物流运营的 28 座"亚洲一号"以及超过 70 座不同层级的无人仓，形成了目前亚洲规模最大的智能仓群。[1]京东物流大件和中小件网络已实现行政区县几乎 100% 覆盖，90%的区县可以实现 24 小时达，自营配送服务覆盖了全国 99%的人口，超过90%的自营订单可以在 24 小时内送达。[2]快速配送，能够有效改善网购体验，因而各大电商平台目前都选择自建或参股物流企业，以吸引更多用户入驻平台并购买。

---

〔1〕《京东运营超 750 个仓库 库存周转天数降至 34.8 天创近 5 年新低》，载 https://xw. qq. com/cmsid/TEC2020081701503200，最后访问日期：2020 年 12 月 24 日。
〔2〕《京东发起"真百亿补贴"除了京东，谁能做到区县 24 小时送达?》，载 https://xw. qq. com/cmsid/20201020a08tcd00? f=newdc，最后访问日期：2020 年 12 月 24 日。

网络平台的用户，往往不会只在一个平台上注册，这种用户多属现象的存在，也会促使一些企业围绕平台的互补功能来实施纵向一体化策略。如为电商平台提供物流配送的快递企业，会向产业链上游延伸，开发建设自有农产品电商平台，顺丰优选就是一个典型事例。与电商平台相比，快递物流企业拥有如仓储配送中心、运输设备等专业性很强的固定资产，有在全国范围内建立的物流配送网络，拥有多年积累的丰富的物流和消费数据，比电商更清楚某个地区的消费能力和消费结构，同时也清楚电商平台中各个品类的销量。这种既了解产品又了解消费者的优势，能够使其更好地打破"最后一公里"和"最初一公里"的物流瓶颈，尤其是农产品销售和边远地区，物流企业比电商平台更具有渠道优势。同时，生鲜农产品冷链业务是难题也是蓝海，为快递企业提供了较大的利润空间，使其可以低成本地采用后向一体化战略，为消费者提供鲜度有保障的配送，从而吸引用户。因此，顺丰自 2009 年 7 月就开始试水电商业务，推出"顺丰 E 商圈"；2012 年，"顺丰优选"上线；2014 年 5 月，顺丰线下门店"嘿客"正式在全国启动；2017 年 11 月，无人货架"丰 e 足食"正式上线……这些与物流配送主业形成互补的业务，构成了顺丰上下游延伸的纵向一体化策略。虽然其发展并非一帆风顺，但顺丰财报数据显示：2018 年，顺丰冷链及医药物流业务整体营收达 42.4 亿元，同比增长 84.8%；同城业务实现不含税营业收入 10.0 亿元，同比增长 172.2%；2018 年全年销售额同比增长 30% 以上；整体经营利润大幅改善，利润率提升超过 40%。其门店的单店日均订单增长 50% 以上，利润大幅提升，其中华南已有较大比例门店实现盈利，对北京地区的投入也正在加大。[1]

3.3.2　差异化策略

由于用户多属现象的存在，竞争平台之间的差异化程度对于用户的归属行为也有着显著的影响。在差异化显著的一边容易形成单归属，而当用户认为平台无差异性，则该边用户就容易形成多属。[2] 单归属对平台来说不仅意

---

〔1〕《顺丰优选"大撤退"？独家知情人曝 2018 经营数据》，载 https://finance.ifeng.com/c/7lQwPd55gq8，最后访问日期：2020 年 11 月 3 日。

〔2〕 Armstrong M., Wright J., "Two-sided Markets with Multihoming and Exclusive Dealing", available at http://www.diw.de/documents/dokumentenarchiv/17/42281/2004-480-VO1, last visited on 2020-10-3.

味着用户忠诚度的提高，也意味着用户规模的稳定和扩大，因而差异化是平台企业竞争的重要策略。通过差异化，平台可以在细分领域树立独有的特征和效用，从而避免激烈的竞争：

首先是服务差异化。由于平台企业存在价格、交叉补贴等特有的运营形式，如果各个平台所提供的服务无差异，则会导致形成伯川德竞争格局（Bertrand competition），即生产同质产品的寡头厂商，可能并不总是以产量作为决策变量进行竞争，也可以将价格作为决策变量进行竞争，即定价更低的一方可以赢得整个市场；而定价较高者，则因难以有收益而导致亏损。由此，竞争均衡的结果将是价格等于边际成本，如果继续降价，则意味着亏损。这种"赢家通吃"的市场竞争格局会导致寡头之间竞相降价，这并不利于平台的发展。因此，平台企业必须通过服务差异化来获得利润，避免因同质化而导致的恶性价格战中被赢家通吃。

平台所提供的服务可以细分为匹配服务和增值服务，差异化的服务能增加平台用户数量以及平台利润，这也体现了网络平台的竞争特性。[1]唐东平等认为，匹配服务的质量是交叉网络外部性的增强系数，将匹配服务的质量系数乘以交叉网络外部性系数，即匹配服务的质量系数越大，对交叉网络外部性的增强作用越大。例如，名为 Line 的一家美国公司，实施了"连接所有事物"这一服务差异化策略，推出新闻频道、天气预报、星座占卜、公共交通等功能，由此链接和锁定了更多用户。

其次是客户差异化。不同的客户需求不同，异质客户更有可能为平台带来利润，也为服务差异化提供了目标客户群。卡约（Caillaud）和朱利安（Jullien）在假设平台的用户均为同质的情况下，由竞争模型推导出平台在均衡状态下的利润为零；当在该模型中引入异质客户，则推导出利润可能为正。[2]对于平台来说，在竞争中吸引和留住不同于竞争平台的异质客户，并为这些客户提供适合其需求的产品和服务，是实现差异化的重要策略。

异质客户取决于平台对用户的了解，精准的用户画像可以帮助平台发现

---

〔1〕 唐东平、王秋菊、丁禹宁：《差异化服务条件下双边市场平台定价策略》，载《工业工程》2013年第6期，第77~83页。

〔2〕 Caillaud B.，Jullien B. M.，"Chicken and Egg: Competition among Intermediation Service Providers"，*Rand Journal of Economics*，2003，34（2），pp. 309-328.

并锁定异质客户。"交互设计之父"库珀（Cooper）最早提出用户画像的概念，他认为用户画像是真实用户的虚拟表示，是基于一系列真实数据（Marketing data，Usability data）的目标用户模型。[1]用户画像有助于有效描绘客户特征、表达用户诉求，使客户的特质得以明确体现，使平台可以精准地为这些客户提供产品和服务，进而获得利润以避免陷入同质化竞争中的恶性价格战。基于网络平台积累的数据所绘制的用户画像，既有传统的人口统计学特征，更具有用户的社交关系和行为模式等特征，能够帮助平台更准确地建立差异化的客户群体，提高产品和服务的个性化和针对性。比如，针对旅游者，拉维（Ravi）等通过对用户兴趣、用户评价等数据进行挖掘与分析，用提取到的用户特征构建出用户画像模型，结合用户地理位置等数据，实现了为不同的用户推荐个性化出游方案的目的；尼拉希（Nilashi）采用协同过滤（Collaborative filtering）技术，根据相似用户的数据来预测哪些信息将可以满足用户的需求，从而为潜在客户推荐适合的旅游线路；单晓红等研究者以携程网北京地区酒店的在线评论为例，从酒店信息、用户信息和用户评价信息三个维度构建了用户画像模型，运用本体技术刻画出酒店的用户画像，为企业进行精准营销和更完善的个性化服务提供帮助。[2]根据构建用户画像模型所依据的用户数据的不同，国内外将用户画像研究流派划分为行为流派、社交媒体流派、兴趣流派以及基于本体的流派。[3]这种划分，有助于平台发现和锁定异质客户，以便提供各种针对性、精准化的产品和服务，迎合小众化需求，以便增强平台在小众用户中的普及率，从而在更精细的客户差异化中寻找到细分市场。

基于用户画像的差异化策略更具有针对性，有利于弱化市场竞争强度，进而影响竞争的均衡价格，即形成高于边际成本的合理价格，使平台和商户都有所收益，可较好地避免因价格战而降低产品质量和消费福利。目前，基于用户基本数据、兴趣数据、行为数据为基础的用户画像模型，正在向多维度、综合性方面发展。

---

〔1〕　Cooper A., Robert Reimann R., Cronin D., *About Face 3：The Essentials of Interaction Design*，Wiley Publishing Inc.，2007，pp. 19~22.

〔2〕　转引自徐芳、应洁茹：《国内外用户画像研究综述》，载《图书馆学研究》2020 年第 12 期，第 7~16 页。

〔3〕　徐芳、应洁茹：《国内外用户画像研究综述》，载《图书馆学研究》2020 年第 12 期，第 7~16 页。

3.3.3 价格策略

由于网络平台所具有的双边市场特性，平台对各方的价格结构也比价格高低水平更为重要，它会直接影响企业交易量、平台发展规模，进而影响平台交易量和企业利润。[1]因此，很多平台都通过对价格结构的设计来吸引两边的参与者，以提升其竞争力。如苹果打造的 APP Store 平台，利用双边市场特性和网络效应创立了软硬件互补盈利的价格结构模式，从而吸引了大量用户，也首创了手机生产商跨界经营应用软件的平台商业模式。这一模式，也被其他智能手机生产商纷纷仿效，并成为智能手机搭载软件的标配，很好地顺应了移动互联网从 3G 向 4G、5G 的发展变革。由网络信息技术的发展所推动的双边市场和网络效应的凸显，使得企业提供产品和服务的商业模式不断创新，也使消费者可以充分享受到互联网带来的商业模式创新所产生的隐性红利。

埃文斯和施马兰奇指出，一个平台的启动有两大关键：一是发现交易的阻力，且该阻力足够大，以至于可以创造足够大的价值馅饼，可以支撑平台在所有客户群体分享馅饼后，还能够为平台自身留下充足的资金；二是设计合理的价值分配方式，达到既能吸引补贴方，同时又能满足赚钱方的盈利需求。这些，都涉及不同价格策略的应用。[2]

由于跨边网络效应、需求价格弹性以及用户多属等因素的存在，平台企业往往实施特殊的、倾斜性的定价结构来实现均衡，包括免费定价、掠夺式定价和价格补贴等，如在一定时期内对一边高收费，对另外一边低收费甚至是负价格，即给予价格补贴。对此，市场双边的需求弹性是平台制定价格策略需要考虑的重要因素。当买方市场中的买方数量增加时，平台所收取的费用会上升，而卖方的成本会降低，有吸引力的卖方可以通过买方的增加来获得更高的间接收益，[3]但双边用户通过平台所获得的网络效应可能并不一致。

---

〔1〕 如果企业的交易总量只取决于总价格水平，而与价格结构无关，即价格结构是中性的，那么该市场仍是单边市场。

〔2〕 ［美］戴维·埃文斯、理查德·施马兰奇：《连接——多边平台经济学》，张昕译，中信出版集团股份有限公司 2018 年版，第 59~63 页。

〔3〕 Hoberg G., Phillips G., "Text-based Network Industries and Endogenous Product Differentiation", *Journal of Political Economy*, 2016, 124 (5), pp. 1423-1465.

　　正是基于对网络效应及"赢家通吃"的理解，很多平台在创建初期都会想尽一切办法聚集客户，如利用网络效应对双边用户采取分而治之的价格策略。通常的做法是对一方先给予"价格补贴"或"免费"，即平台会对需求价格弹性较高、从平台获得网络效应较小的一边的用户（往往是消费者），给予低价或免费甚至是补贴价格策略，以扩大该边用户的规模；而对需求价格弹性较低、从平台获得网络效应较大的一边的用户收取高价，以此来实现平台的利润最大化。如当计算机操作系统市场为垄断结构时，平台主要向应用软件提供商收费，对消费者免费，消费者的异质性需求使提供不同软件的企业都能够得以生存并获利，因此企业愿意支付较高的费用；在媒体行业，平台则向广告商收费，对读者给予低价甚至补贴。这样一来，平台就可以首先获取市场某一方的大量客户，在其接受免费或享受补贴服务时，鼓励这些受益者更多使用或加入平台，并奖励其带来更多的客户，卡约和朱利安将这一策略称为"各个击破"[1]。通过这样的价格策略，平台可以较快培养起一边或双边的客户，推动平台快速壮大。平台聚集的双边客户越多，就可以为用户提供更多的选择，并使用户对平台产生"路径依赖"，从而增强平台对客户的黏性。

　　总体来看，在大部分的双边（或多边）市场中，平台的价格策略都表现出严重倾向于市场的某一边，该边的边际效用也远低于市场的另一边。在平台具有垄断势力的情形下，当市场一边的规模能够为市场另外一边创造重要的外部性时，平台的价格策略往往倾向于向该边提供较低的价格，以吸引该边用户的聚集和参与，另一边则成为平台利润的主要来源，但平台的优惠未必总是给予买方。由于价格的非中性和网络效应，互联网平台型企业在制定价格策略时，都会对市场中的两边进行分析，通过调整平台两边的价格结构，以求实现企业利润最大化。[2]比如，当既定市场中卖方的规模是买方需求价格弹性的影响因素时，如果卖方数量增加，平台对买方收取的费用就会上升，而对卖方收取的费用反而会下降，这又促使买方数量或购买量的增加。卖方

　　〔1〕　Caillaud B. , Jullien B. M. , "Chicken and Egg: Competition among Intermediation Service Providers", *Rand Journal of Economics*, 2003, 34（2）, pp. 309-328.
　　〔2〕　Lapo Filistrucchi, "A SSNIP Test for Two-Sided Markets: The Case of Media", *NET Institute Working Paper*, 2008.

则通过买方一边规模的增加而获取更高的间接收益，如推出品牌产品的新发限量版，通过制造有限供给或供不应求进行饥饿营销，促使一些消费者排队购买，这既增进了卖方销售，也增进了平台收益。在获得较大的市场份额或发展成为一个成熟平台后，初创平台为了实现利润最大化，有时可能还会采用"免费"等策略来收获消费者的注意力，吸引平台另一边的用户并从中获利，尤其在供大于求的市场中。

在各类电商平台越来越多的今天，消费者（买方）或商户往往将多属行为作为占优策略而与多个平台建立起关联行为，买方多属现象尤其普遍，平台之间的相互竞争也促成了买方的主动权地位和多属现象。这种平台用户的"单属"或"多属"现象，也会影响到平台企业的价格结构。如某一平台没有实施排他性措施，则该平台双边的用户都可能采用多属占优策略而加入多个平台，享受更大的网络规模所带来的效用，这种加入多平台的用户行为就会对该平台的价格策略产生影响。比如，当 A 平台一边用户是"单属"，而另一边用户是"多属"时，单属用户往往会成为 A 平台的"竞争性瓶颈"或核心用户资源。为留存这部分用户，A 平台会对这些单属用户给予相对较低的价格，而对多属用户者给予相对较高的价格。现实中，平台企业在竞争中，往往首先提高该平台单属用户的效用，并使之高于竞争对手以争取更多用户注册，然后再通过交叉网络效应来赢得平台两边的用户，从而获得市场优势。

在双边市场环境下，由于跨边网络效应的存在，买方的主动权也会因"马太效应"而有所丧失。当平台用户规模大到一定程度时，会对用户或小的竞争对手形成类似于黑洞效应的裹挟，即平台在不断吸引新的用户加入的同时，也会在竞争过程中吞并同类型规模较小的平台，这实际上减少了用户的可选择性。当平台通过免费、补贴或低价等策略留存了大量用户，这些用户也习惯了该平台提供的便利而形成路径依赖，进而被"锁定"在平台中，这时如要"逃逸"该平台则需要付出"顾客转换成本"。这种顾客转换成本体现在两个方面：①产品使用的转换成本。如软件等虚拟产品均具有较为复杂的工具界面，当其已被顾客熟练使用时，顾客不愿花费较多精力学习和适应具有近似功能的其他企业的产品，这一意义上的转换成本，与使用较为复杂的实物商品如数码产品等类似。②关系丧失的转换成本，即放弃已经熟悉的平台，将导致社会关系或信息丧失。譬如，对于微信用户来说，其大量社会关系均可通过微信进行沟通，如果转而使用其他社交软件，先前的通讯录就可能难以使用。再譬如，已经习惯在某一平台购物，如转换平台，则自己所关注的商品信息将丧失，一切都需要重新"搜索"。这种转换成本，是互联网平台的重要特点，是平台竞争壁垒的核心体现，也是平台型企业不遗余力迅速扩张市场规模的关键原因，相关内容请参见本章典型案例。

如上所述，我们就不难理解为什么各类网络平台在扩张中，尤其在平台初创期大多会不惜血本地烧钱实施"免费"或"补贴"策略，这种"不惜血本"实际上是期待更高的回报。根据梅特卡夫定律，互联网企业先期为了迅速扩张规模而耗费的大量资源，均会以大量顾客的汇聚作为回报，并将其他同类产品限制在"收益递增"所要求的顾客数量阈值之外，滴滴出行就是一个典型。经过多轮融资后，滴滴出行 2020 年的估值已接近 3900 亿元人民币。

3.3.4　捆绑销售策略

捆绑销售策略一直存在于商品交易中，并非互联网带来的独特现象。傅瑜曾在其研究文献中对平台的捆绑策略进行了综述，此处引用其研究成果。[1] 在双边平台市场中，捆绑销售有助于平台更好地平衡双边用户利益，对社会福利也不一定会造成损失。捆绑销售可以使平台在买方和卖方之间的平衡中发挥更大的作用，而不损害社会福利。[2] 因而，捆绑销售被认为是提高企业利润的有效竞争策略，可以满足优势客户的多样性需求，同时能获取其他平台优势客户。[3] 其理由有三个方面：一是捆绑销售具有杠杆原理，[4]因为捆绑销售可以延伸产品的垄断力，扩大捆绑包中另一产品的市场份额，即使当两类产品的市场需求相互独立时，这一杠杆效应仍然存在。故人们认

---

〔1〕　傅瑜：《网络规模、多元化与双边市场战略——网络效应下平台竞争策略研究综述》，载《科技管理研究》2013 年第 6 期，第 192~196 页。

〔2〕　Rochet J. C., Tirole J., "Platform Competition in Two-sided Markets", *Journal of the European Economic Association*, 2003, 1（4）, pp. 990-1029; McIntyre D. P., Srinivasan A., "Networks, Platforms, and Strategy: Emerging Views and Next Steps", *Strategic Management Journal*, 2017, 38（1）, pp. 141-160.

〔3〕　Eisenmann T., Parker G., Van Alstyne M. W., "Strategies for Two-sided Markets", *Harvard Business Review*, 2006, 84（10）, p. 92.

〔4〕　Whinstom D., "Tying, Foreclosure and Exelusion", *American Economics Review*, 1990, 80（4）, pp. 837-859.

为捆绑有利于延伸垄断，形成价格歧视，进而阻止竞争对手进入。[1]二是捆绑销售是实现价格歧视的有效手段，从而创造附加价值或引入新产品。[2]由于为捆绑销售的利益所吸引，企业往往会对消费者的挑剔作出较积极的反应，如提高产品质量等。这种因消费者的挑剔而产生的对厂商的监督，和潜在的不购买惩罚一样都有利于所有消费者。尤其当信息不完全时，如果消费者异质且数量少，捆绑销售就能提高消费者福利。[3]三是捆绑销售有利于企业间扩大产品差异、缓解伯川德价格竞争。[4]通过捆绑策略，企业的产品或价格呈现出多样性，使得生产同质产品的寡头在激烈的价格竞争中仍能获利，因而也减弱了寡头之间的竞争，商家因此获得的市场份额将远大于对手降价所带来的损失。

捆绑销售分为完全捆绑与混合捆绑两个基本形式。完全捆绑销售是消费者只能以某一价格购买两种产品，而不可单独购买其中的某一产品；混合捆绑则是消费者可单独购买捆绑产品中的某一项，但通常会觉得单项购买的价格不如捆绑购买的价格划算；虽然某产品捆绑后的价格低于该产品独立销售时的价格，但因该策略会迫使独立销售该竞争性产品的对手降价，最终捆绑销售企业的总利润将提高。[5]

在电子商务平台中，由于服务质量的不确定性难以避免，如快递速度等，企业会根据主体产品（如手机）的质量、产品成本的敏感性，选择捆绑策略应对消费者异质性问题。当产品恒为低质量或用户对质量不敏感时，采用捆绑策略尤其有效。[6]特别是平台跨边网络效应的正外部性，使得拥有用户数量越多的平台的用户退出概率越小，这些平台常常采用捆绑销售策略来获得

---

〔1〕 刘瑞波、王成：《捆绑销售的理论解析、策略选择与研究展望》，载《山东财经大学学报》2020年第2期，第91~98页

〔2〕 Meafee R. P., et al., "Multiproduct Monopoly, Commodity Bundling, and Correlation of Values", *Quarterly Journal of Economics*, 1989, 1 (2), pp. 371-383.

〔3〕 Dana, JD Spier, K. E., "Bundling and Quality Assurance", *The Rand Journal of Economics*, 2018, 49 (1), pp. 128-154.

〔4〕 Chen Y. M., "Equilibrium Product Bundling", *Journal of Business*, 1997, 70 (1), pp. 85-103.

〔5〕 Choi JAY PIL, "Mergers with Bundling in Complementary Markets", *Journal of Industrial Economics*, 2008, 56, pp. 553-577. Gandal N., et al., "Bundling in the PC Office Software Market", *GEPR*, *Working Paper*, 2005.

〔6〕 Zhang Z., Luo X., Kwong C. K., et al., "Impacts of Service Uncertainty in Bundling Strategies on Heterogeneous Consumers", *Electronic Commerce Research and Applications*, 2018, 28, pp. 230-243.

更大的收益。[1]

在实践中，一个平台的运营往往综合运用多种策略，埃文斯、施马兰奇将一个平台的启动称为"点燃引擎"，并将如何"点燃引擎"细分为三大策略：一是迂回策略，即同时推动双边的参与人数朝着关键规模（能够引起连锁爆炸反应的最低目标客户群体数量）增长，代表平台如 YouTube、阿里巴巴。二是两步走策略，即首先劝说一组客户加入，一旦加入平台的该边的客户人数足够多，平台就会劝说其他边的参与者加入平台，代表平台如 Open Table[2]。三是承诺策略，即通过让客户群体相信将会有满意的其他目标客户群体，从而吸引客户进驻，以塑造"让客户群体相信可以获利"的预期作为实现手段，代表平台如微软。[3]

近年来，平台模式作为典型的商业模式，正在改变企业的组织形式；平台化建设也成为数字经济时代改造传统企业的重要途径，但这种改造并非搭建起互联网平台就万事大吉，还必须重视与之配套的理念和管理措施改革，相关内容请参见本章附录彭剑锋教授对美的的平台化建设的论述。

现在，当我们越来越多地在电脑端、移动端使用各种平台时，难免担心个人信息安全问题，如私人信息被过度采集和被泄露，尤其是在移动端 APP 的使用中。2019 年，全国信息安全标准化技术委员会在其官网发布了《网络安全实践指南——移动互联网应用基本业务功能必要信息规范》，旨在规范 APP 运营商对用户信息的采集和使用行为，保护使用者的个人信息安全。相关内容，请参见本章附录。

---

〔1〕 Noe T., Parker G., "Winner Take All: Competition, Strategy, and the Structure of Returns in the Internet Economy", *Journal of Economics & Management Strategy*, 2005, 14（1）, pp. 141-164.

〔2〕 OpenTable，即网上订餐平台，通过网上预约服务帮助餐馆填补座位。餐馆用该系统将用餐者预订过程建立数据库客人识别、有针对性的电子邮件营销。为用餐者提供了一种快速、有效的方法发现美食，预订都是免费、即时的。OpenTable 网站直接将餐馆连接到成千上万的电脑订票系统，搜索结果反映了座位实际的、即时的可用性。

〔3〕 [美] 戴维·埃文斯、理查德·施马兰奇：《连接——多边平台经济学》，张昕译，中信出版集团股份有限公司 2018 年版，第 70~90 页。

3.4 典型案例：滴滴出行的价格补贴策略[1]

滴滴出行创立于 2012 年，是一站式移动出行和本地生活服务平台，在亚太、拉美和俄罗斯为超过 5.5 亿用户提供出租车、快车、专车、豪华车、公交、代驾、企业用车、共享单车、共享电单车、汽车服务、外卖和支付等的多元化服务。滴滴平台上，有数千万车主、司机及骑手通过灵活的工作来获得收入，年运送乘客超过 100 亿人次。[2]

作为国内领先的出行服务平台，滴滴依据平台的网络效应，制定和实施了一系列价格策略来进行市场推广。2014 年 1 月，平台与微信达成战略合作，开启微信支付打车费"补贴"营销活动；同年 1 月 10 日，滴滴打车推出乘客免 10 元、司机奖 10 元的政策；同年 1 月 20 日，快滴推出同样的补贴政策；2015 年，滴滴花费 40 亿美元通过价格策略来"培育市场"。

滴滴出行的运营总监黄宇，曾对滴滴的价格策略进行过详细分析，本书综合其演讲稿的相关资料，希望为读者理解互联网平台的网络效应、价格策略制定及其实施措施等，提供帮助。

3.4.1 认识价格补贴

（1）明确价格补贴的目的。价格补贴有三大目的：一是培养用户使用习惯、教育市场。在出租车市场中，最早没有人使用手机打车。所以，当时的滴滴、快车等打车软件的补贴大战，其实更多的是进行市场教育和用户习惯培养，让人们习惯于用 APP 打车。二是提高老用户活跃度并留存。很多用户对出行有一定的预算，有了平台给予的补贴，打车的次数就可能会更多一些，也会因此留在平台上。三是口碑营销，获取新用户。利用口碑通过净推荐值（Net Promoter Score，NPS）传播，获取更多新用户。对于老用户来说，如果体验好，会慢慢习惯这种出行方式，也容易很快转化成口碑营销，使平台用户获得快速增长。因此，通过老用户的活跃度和留存以及口碑营销来拉动新

---

〔1〕 参见黄宇：《滴滴运营总监：滴滴是如何把补贴、红包、优惠券玩到极致的?》，载 https://www.sohu.com/a/124502285_473285，最后访问日期：2020 年 11 月 2 日。

〔2〕 参见滴滴出行官网，载 https://www.didiglobal.com/，最后访问日期：2020 年 12 月 4 日。

用户，是滴滴平台扩大市场份额的重要措施。

（2）价格补贴的三大精髓。

第一，用户体验好。补贴精髓是让拿到补贴或者享受服务的用户体验好，感受到用或不用该平台会产生本质性区别。2014 年"双十一"时，滴滴和快滴尚未合并，双方的市场竞争激烈。当时，滴滴的策略不是补贴用户，而是补贴司机。因为出租车是非常有限的社会资源，在社会资源有限的情况下必须抓住瓶颈点，才可能在竞争中取胜。所以，滴滴没有补贴用户，而是补贴司机，快滴则是补贴用户。由于很多用户知道快滴有补贴，就都使用快滴叫车，但当他发现打不到车的时候，就会使用滴滴。所以快滴的应答率是 20%，而滴滴的应答率是 70% 以上，让用户得到非常好的体验，补贴司机的效果也非常明显。所以，一定要让用户享受到补贴的好体验非常重要，否则这些用户就可能成为负面口碑。

第二，让更多人知道。如通过公共活动做推广，让更多人知道，吸引更多用户，才能将滴滴出行的订单使用率拉升到一定的水平。

第三，补贴金额的高低。当补贴的金额高到一定的程度时，补贴的效率会非常低。比如补贴 11 元钱，已经足够吸引很多用户；这时，如果补贴从 11 元提高到 15 元钱，则增加的部分可能是无效的。所以，补贴对不同人群不一样，比如大城市补贴 5~8 元钱会刺激用户打车；对于小城市的用户而言，根据其消费能力，补贴金额应有所减少。

3.4.2　价格补贴的实施

（1）细分司机任务。

第一阶段：多维度的阶梯奖励。比如 3 单 10 元、6 单 20 元，这种奖励司机容易理解，缺点是司机容易完成任务，很容易拿到这个奖励。这对于司机的行为养成很有好处，使他们习惯用滴滴抢 3 单或者 6 单。但是当初级阶段持续一段时间以后，这种补贴形式的效率会下降。

第二阶段：个性化任务。有的司机一天可以接 20 单或 30 单，有的司机则只接一两单，因而他们对平台的贡献率不同。针对司机对平台的贡献率差异，可以设一些个性化任务。比如对于一天接三四单的司机，可给他定五或六单的任务。这种补贴最大的好处就是定制每个人的任务，对每个司机的行为都产生激励效果；不利之处是对他的激励效果是他之前行为的平均值，没有提升。

第三阶段：订单加价。一个出租车司机在路边接一个订单没有任何成本，而接一个 APP 的订单可能有很多额外成本，比如乘客离自己远，可能是一两百米或更远，既花时间又花电话费，这就是额外成本。滴滴就针对这一额外成本进行补贴，对每个订单的加价金额不同。这种补贴有两层含义：一是补贴差额；二是奖励司机的行为，间接效果是改善用户的打车体验。

（2）如何优化、降低补贴？在用户端，主要从三个方面入手：

首先是优惠券的变革。滴滴最开始的时候，补贴红包就是余额，这是一个刚性成本，余额不能回收。红包上线以后很快成了券，每个券三四块钱，不用就过期。好处是成本可控，但金额普遍高，所以后来增加满减券和折扣券。现在平台使用各类券，都可以很好地优化成本。

其次是区分什么订单可以不补贴或者少补贴。很多刚需的时间可以减少补贴，比如在"十一"黄金周的时候，滴滴的订单非常高。"十一"当天滴滴快车的呼叫量超过 3000 万。所以，在节假日及春节等长假期间，基于对用车的刚性需求可以减少补贴。而后是价格优势，比如快车相对于出租车，可能在中、短程订单有优势，因为用户没有其他的选择余地，因而可以减少中、短程订单的补贴。

最后是用户标签化，精准补贴。根据数据对用户进行分类：一是用户属性，如新用户、老用户、沉默用户等；二是城市起步价，如最低起步价是五六元的城市；三是价格敏感性，根据用户的订单行为和使用券的比例，分成价格敏感和不敏感用户，并设定标签。有些用户的打车率非常低，所以不好判断敏感或者不敏感，可将其放在未知用户类别。

在司机端，为了把补贴降下来，滴滴也想了很多办法，简述如下：

一是长路程。比如用户从昌平进城，如果接一个订单可以赚三四十元，这个订单对司机来说就比较有吸引力，完全可以减少额外补贴。

二是对价格的敏感度。有些司机开好车，对于价格不敏感，如补 10 元钱他可能完全没有感知，但是也有人很敏感。所以，可以根据司机之前的抢单行为和抢单金额的高低来进行计算、贴好标签。针对价格不太敏感的司机，可以减少对他的补贴。

三是是否顺路。如果用户的行程和司机的路程非常接近，比如起点就是司机所住的小区，非常顺路，这种就不需要补贴。

四是供小于求，比如中关村到回龙观有很多人往返，属于用户多但车少，明显是供小于求，载客并不难，因此也可以减少对司机的补贴。

3.4.3　开发补贴的替代品——滴米

在出租车业务中，滴滴很难赚到钱，取消了补贴后，如何让司机还留在平台上？这是平台面临的挑战和长期的问题。"滴米"积分奖励系统的开发，正是对这一问题的回应。

2014 年 10 月上线的"滴米"系统，是通过对大数据的分析和把握而推导出的一种新的车辆调度方式，在司机端以虚拟积分的形式呈现出来；它通过"滴米"的多寡、距离乘客的远近等因素，决定将乘客订单分配给某一位抢单的出租车司机。滴滴司机抢单不仅看下手快慢，而且还要看离叫车地点的距离远近；奖励的里程在匹配算法上是为缩短司机与乘客距离，从而获得抢单优势。司机抢单时滴滴会减去 100 米，如果司机没有累计的米数，那么他的米数会变为−100。对于司机来说，行驶里程多、道路状况好的优质单会扣除"滴米"；而对于行驶里程较少、道路状况拥堵的"劣质单"，司机则会得到"滴米"奖励。司机一般都喜欢长距离订单，这样的订单收入高；一般都不喜欢起步价订单，但不这样的订单也应该满足。"滴米"就是为了平衡这两类订单而产生的，让收益能够平衡、让用户体验能够改善，进而使双方都愿意留在平台上。

经过几年的发展，滴滴已稳居出行类平台榜首。2020 年 6 月 30 日，滴滴出行位列"2020 年 BrandZ 最具价值全球品牌 100 强"排行榜第 64 位。同年 7 月 10 日，滴滴出行位列"2020 胡润中国 10 强电商"第 5 位。

附 录 3-1

悬在互联网巨头之上的达摩克利斯之剑——反垄断指南

2020 年 11 月 10 日，国家市场监督管理总局发布《关于平台经济领域的反垄断指南（征求意见稿）》，要加大对互联网巨头涉嫌垄断的调查和监管。消息一出，港股互联网巨头股价集体大跌，当天美团跌超 10%，京东跌超 8%，阿里跌超 5%，第二天美团、阿里、京东均跌超 9%，腾讯跌超 7%。2021 年 4 月 10 日，国家市场监督管理总局依法对阿里巴巴集团处以 182.28 亿元人民币的行政罚款。

"反垄断的剑，终于要落下了。"一位关注二级市场的投资人说。

（1）绕不开的巨头。

细数现在最火的互联网创业赛道，哪里都有巨头身影。

比如社区团购，美团有美团优选，滴滴有橙心优选，拼多多有多多买菜，阿里投资了十荟团，同时推出了盒马优选，腾讯投资了兴盛优选和食享会，这都是目前市场上最有实力的玩家。

最近如日中天的新能源造车赛道，中国造车新势力"四小龙"蔚来、小鹏、理想、威马，它们背后的巨头公司是腾讯、阿里、美团、字节跳动和百度。其中，腾讯是蔚来第二大股东，阿里是小鹏第二大股东，百度是威马最大机构股东。

前几年大火的共享单车创业，现在只剩下美团、滴滴、阿里三家，它们的产品分别是美团单车、青桔单车、哈啰单车。至于网约车，滴滴已经一家独大好几年了。

在巨头的推动下，一些创业赛道的市场份额在加速集中，中小企业越来越少，超大型企业却越来越多。从多方混战到诸侯割据，再到寡头垄断，巨头的手把控了创业这艘大船的航向。

绕开巨头去创业，在今天的中国互联网变成了一件几乎不可能的事情。

（2）巨头两板斧："二选一"+并购。

"二选一"的打法，在国内早已屡见不鲜。

从早年惊动工业和信息化部的"3Q 大战"，到现在每年双十一，大家都习以为常的电商平台"二选一"，玩法没变，但玩家却越来越多，故事的主角从阿里、京东，扩展到拼多多、唯品会等电商玩家，甚至是美团、饿了么这样的本地生活玩家。

《关于平台经济领域的反垄断指南（征求意见稿）》对互联网平台"二选一"的行为作出明确界定，被外界评价为"弥补了《反垄断法》在执法上的空白，更利于制止平台经济领域出现垄断行为"。

除了"二选一"，并购也是巨头们的惯用伎俩。

回顾以往的互联网行业巨头合并，是一份很长的名单。这些年，阿里收购优酷土豆、高德和新浪微博等股份，百度收购了91无线，58同城与赶集网合并，美团与大众点评合并，等等。这些并购案，不仅改变了企业自身的发展轨迹，也影响了原有市场的竞争格局。

巨头们用钱敲开了中小创业公司的大门，甚至拿到了话语权或主导权。对此，外界争议已久，互联网公司成长的尽头，便是更多的市场份额直至取得相对垄断的地位。

表 3-1　阿里主要不规范竞争或垄断事件梳理

发展阶段	主要事件
谋求生存 （沉默期）	2003 年 12 月淘宝巨奖事件；2007 年 3 月环球唱片诉雅虎；2007 年 8 月恶意删除软件；2007 年 11 月"易搜"侵权。
巩固地位 （成长期）	2008 年 9 月淘宝屏蔽百度爬虫；2008 年 9 月百度屏蔽三鹿负面信息；2008 年 10 月停止百度投放；2009 年 3 月桔子酒店状告阿里；2009 年 4 月完美诉阿里。
追逐利益 （爆发期）	2011 年 10 月淘宝"十月围城"；2012 年 12 月封杀返利网站；2013 年 6 月胁迫商家"二选一"；2013 年 8 月淘宝屏蔽微信；2013 年 12 月虚假宣传；2014 年 2 月屏蔽微信；2014 年 2 月打车软件大战；2014 年 5 月外贸补贴。
掌控资源 （升级期）	2015 年 1 月挑战工商局；2015 年 2 月屏蔽微信；2015 年 8 月逼迫商家独家合作；2015 年 9 月广告快进被告；2015 年 11 月虚假宣传；2015 年 12 月淘宝屏蔽微信、QQ 信息；2016 年 1 月窥探线下数据；2016 年 10 月拒收人民币；2017 年 2 月虚假宣传；2017 年 5 月数据垄断；2017 年 6 月数据垄断；2017 年 6 月封杀顺丰、"二选一"升级、禁用其他软件；2017 年 7 月爆阿里阻碍电子面单推行。

资料来源：《中国超级电商平台竞争与垄断研究报告》，载 https://www.sohu.com/a/193272664_118680，最后访问日期：2020 年 12 月 12 日。

当前的互联网巨头，业务边界越来越广，蔓延到国民经济的各条线上。随着头部企业的用户数量越来越多，一定程度上会对竞争产生阻碍作用，并可能导致整个社会的竞争效率下降。互联网行业不仅是技术密集型行业，同时也是资本密集型行业，表面上看似激烈竞争的企业背后会存在一系列的资本联系，资本市场的影响力也日益增强；同时，数据作为互联网巨头的核心资产，不仅具有强大的竞争力，在数据安全方面也存在着很大隐患。

（3）达摩克利斯之剑终将落下。

平台经济就像是硬币的两面，在为用户带来便利的同时，也带来了垄断的风险。所以，监管是迟早会到来的事情，国外早有先例。

近年来，谷歌、苹果、Facebook、亚马逊四大科技巨头在全球范围内深陷反垄断调查。据南都个人信息保护研究中心统计，这些反垄断调查中，谷歌面临 27 起、亚马逊和苹果面临 22 起、Facebook 面临 13 起。以欧盟的反垄断执法机构为例，从 2010 年开始调查谷歌各类滥用市场支配地位的行为，2017 年才开出第一张罚单，随后在 2018 年、2019 年又接连对谷歌的其他违法行为进行处罚。连续 3 年对谷歌进行反垄断处罚，累计金额超过 600 亿元。

7 年的执法跨度也意味着对于互联网行业的反垄断执法需要一个摸索并逐渐加深认知的过程。例如，如何开展定性分析、如何举证、如何设计整改方案等。

今天，中国也将要迎来反垄断的新时代。

2020 年，实施 11 年的《反垄断法》进入首次"大修"。2020 年 11 月 10 日，国家市场监管总局发布了《关于平台经济领域的反垄断指南（意见征求稿）》，主要目的是预防和制止互联网平台经济领域的垄断行为。

《关于平台经济领域的反垄断指南（征求意见稿）》对互联网平台概念作出定义，"指通过网络信息技术使相互依赖的多边主体在特定载体提供的规则和撮合下交互，以此共同创造价值的商业组织形态"，并明确表示，互联网平台包括一切线上平台，如电商、社交平台、游戏等。

《关于平台经济领域的反垄断指南（征求意见稿）》对相关问题的界定，在一定程度上解决了《反垄断法》在处理互联网经济涉及垄断纠纷时的执法难题。

无论什么企业，都不能拥有垄断的权力。未来，反垄断将成为常态。

2020 年 12 月 22 日，国家市场监管总局联合商务部召开了社区团购秩序行政指导会，对互联网平台企业提出"九条新规"：

一是不得通过低价倾销、价格串通、哄抬价格、价格欺诈等方式滥用自主定价权。

二是不得违法达成、实施固定价格、限制商品生产或销售数量、分割市场等任何形式的垄断协议。

三是不得实施没有正当理由的掠夺性定价、拒绝交易、搭售等滥用市场支配地位行为。

四是不得违法实施经营者集中，排除、限制竞争。

五是不得实施商业混淆、虚假宣传、商业诋毁等不正当竞争行为，危害公平竞争市场环境。

六是不得利用数据优势"杀熟"，损害消费者合法权益。

七是不得利用技术手段损害竞争秩序，妨碍其他市场主体正常经营。

八是不得非法收集、使用消费者个人信息，给消费者带来安全隐患。

九是不得销售假冒伪劣商品，危害安全放心的消费环境。

参考文献：

1. 《悬在互联网巨头之上的达摩克利斯之剑——反垄断指南》，载微信公众号"RUC 电子商务创新创业案例"，最后访问日期：2020 年 12 月 1 日。

2. 陆涵之、王海：《平台经济反垄断指南即将出台，"二选一"困境能解决吗？》，载 https://36kr.com/p/962250935193097，最后访问日期：2020 年 12 月 1 日。

3. 李坤阳：《公司与行研丨科技股集体"哑火"，反垄断刺痛了谁的神经？》，载 https://36kr.com/p/962092303896323，最后访问日期：2020 年 12 月 1 日。

4. 钱玉娟、冯庆艳、陈永伟：《反垄断下的双十一，巨头们真的赚了吗？反垄断指南影响有多大？》，载 https://36kr.com/p/964970973634055，最后访问日期：2020 年 12 月 1 日。

5. 钟微：《互联网"反垄断"：十年争议，今朝枪响》，载 https://36kr.com/p/966311886401282，最后访问日期：2020 年 12 月 1 日。

6. 黎明：《中国互联网反垄断简史》，载 https://36kr.com/p/967378083343618，最后访问日期：2020 年 12 月 1 日。

7. 王文杰：《12 天内中央两提"反垄断"，释放了什么信号？》，载 https://finance.ifeng.com/c/828fF9SOLa7，最后访问日期：2020 年 12 月 12 日。

8. 《总局出台社区团购 9 条规范》，载 https://www.sohu.com/a/439885047_650513，最后访问日期：2020 年 12 月 25 日。

9. 张维迎：《重新审视反垄断政策的经济学基础》，载 https://opinion.caixin.com/2017-11-30/101178184.html，最后访问日期：2021 年 8 月 3 日。

附录 3-2

APP 必要信息规范

我们可能都遇到过这类情况：在手机下载某个 APP 时，会被要求访问通讯录或地理位置，如果不同意就安装不了。2018 年底，中国消费者协会发布的《100 款 APP 个人信息收集与隐私政策测评报告》显示，10 类 100 款 APP 中，多达 91 款 APP 列出的权限存在涉嫌"越界"过度收集用户个人信息的问题。

针对当前移动互联网应用中存在的超范围收集、强制授权、过度索权等个人信息收集安全问题，全国信息安全标准化技术委员会在其官网发布了《网络安全实践指南——移动互联网应用基本业务功能必要信息规范》（以下简称《规范》），为移动互联网应用收集个人信息提供实践指引。

《规范》指出，依据《网络安全法》的相关要求，以及个人信息最少够用原则，针对 APP 的基本业务功能，明确界定了保障其正常运行所需收集的个人信息，给出了每类业务功能相关的必要信息范围，其中包括地图导航、网络约车、即时通讯社交、社区社交、网络支付、新闻资讯、网上购物、短视频、快递配送、餐饮外卖、交通票务、婚恋相亲、求职招聘、金融借贷、房产交易、汽车交易。

《规范》明确划定了地图导航类应用和短视频类应用可获取的必要信息仅一项，大大缩小了获取范围。比如，地图导航类应用其基本业务功能必要信息仅为位置信息，包括精准定位信息和行踪轨迹；短视频类应用只能获取用户关注的账号信息，但自媒体用户则需要提供姓名、证件和证件号码等用于实名认证的信息。

针对目前较多 APP 读取用户通讯录的情形，《规范》也给出了明确的范围限制。比如金融借贷类应用，《规范》要求，应允许用户手动输入两位紧急联系人信息，而不应强制读取用户的通讯录；即时通讯社交应用，应该允许用户手动添加好友，而不应强制读取用户的手机通讯录。

《规范》还指出，浏览、搜索、点击等操作记录通常是非必要信息，收集时应告知用户并征得其同意；保存和使用个人上网记录时，对个人信息进行去标识化处理；使用个人上网记录用于分析用户画像进行个性化展示和推荐时，告知用户使用目的，并提供用户退出定向推送模式选项。

《规范》的发布，划定了边界范围，为 APP 的开发者和提供者规范个人信息收集行为提供了标准和参考。

《规范》还指出，此套标准适用于主管监管部门、第三方评估机构等对于个人信息收集行为的监督、管理和评估。

让 APP 根据其业务功能按照最小够用原则采集个人信息，可以有效限制 APP 对个人信息的过度获取，从源头上控制因超范围采集个人信息导致的滥用、泄露和非法交易等行为。

同时，还应该加强对信息倒卖和过度挖掘等行为的执法，提高违法成本，形成法律震慑效应。

用户首先应该选择正规的下载渠道，其次应该认真阅读 APP 在安装时要求的访问权限，及时关闭不必要的授权。

华东政法大学数据法律研究中心主任高富平教授认为，对个人数据保护的正当性不是个人提供或创制了个人数据，而是因为这些数据与个人有联系。当今社会，个人数据保护已经成为共识，在保护个人权利前提下利用数据成为数据驱动型经济最基本的制度需求。一个良好的数据经济基本秩序除了要防止个人数据的滥用行为，也应当确认和保护数据生产者的权利：数据持有者对数据的财产化利用必须尊重个人权利，同时也应该鼓励数据持有者开放自己的数据供其他主体使用，由此实现数据的高效社会化利用。

参考文献：

1. 陈露缘：《APP 必要信息规范来了！这些个人信息不可"任性"收集》，载 http://www.xinhuanet.com/fortune/2019-06/15/c_1124627534.htm，最后访问日期：2020 年 12 月 14 日。

2. 张瑰：《谁动了我的个人信息？APP 超范围收集用户数据令人担忧》，载

http://www.xinhuanet.com/fortune/2019-05/30/c_1124559794.htm，最后访问日期：2020 年 12 月 14 日。

附 录 3-3

谨慎"刷脸"

现实中，被"刷脸"的情况越来越多。

"刷脸"即人脸识别，是基于人的脸部特征信息进行身份识别的一种生物识别技术。按照《网络安全法》的规定，人脸识别信息属于"直接可识别"到个人身份的信息，是被依法纳入隐私范畴的个人敏感信息。个人信息采集、使用和处分需要遵守"合法性、正当性和必要性"基本原则。按照《民法典》和《消费者权益保护法》的规定，用户应充分知情，并保障自己的选择权和退出权。同时，用户应享有删除权、更正权、控制权和注销权，这些基本权利是个人信息合理使用的前提。最后，信息采集者应保障信息安全可控，既包括技术上的安全，也包括制度上的安全保障，还包括法律责任上的落实。

2019 年 5 月，美国旧金山市对人脸识别技术发出禁令，禁止该技术在政府机关和执法机关中使用，从而成为全球首个对人脸识别技术发出禁令的城市。不仅是旧金山，越来越多的国家和城市都对人脸识别采取了反对态度。欧盟委员会的高级官员透露，他们正在计划一项关于人脸识别数据使用的立法。

我国"刷脸"第一案：因为被动物园要求采用"刷脸"方式入园，游园年卡办理者郭某在协商不成的情况下，决定以服务合同违约为由，将提供服务的杭州野生动物世界告上法庭。2020 年 11 月 20 日，这一涉及公民生物识别信息采集的服务合同纠纷案，在浙江省杭州市富阳区人民法院一审宣判。

最终，法院判决杭州野生动物世界赔偿郭某合同利益损失及交通费共计1038 元，删除其办理指纹年卡时提交的包括照片在内的面部特征信息；驳回郭某提出的其他诉讼请求。

法条链接：

《网络安全法》

第 41 条 网络运营者收集、使用个人信息，应当遵循合法、正当、必要的原则，公开收集、使用规则，明示收集、使用信息的目的、方式和范围，并经被收集者同意。

网络运营者不得收集与其提供的服务无关的个人信息，不得违反法律、行政法规的规定和双方的约定收集、使用个人信息，并应当依照法律、行政法规的规定和与用户的约定，处理其保存的个人信息。

《民法典》

第 1035 条 处理个人信息的，应当遵循合法、正当、必要原则，不得过度处理，并符合下列条件：

（一）征得该自然人或者其监护人同意，但是法律、行政法规另有规定的除外；

（二）公开处理信息的规则；

（三）明示处理信息的目的、方式和范围；

（四）不违反法律、行政法规的规定和双方的约定。

个人信息的处理包括个人信息的收集、存储、使用、加工、传输、提供、公开等。

参考文献：

吴帅帅：《"人脸识别第一案"判了！》，载 http://www.xinhuanet.com/local/2020-11/22/c_1126771968.htm，最后访问日期：2020 年 12 月 14 日。

附 录 3-4

捆绑销售与垄断之辩：从手机软件销售说起

2016 年 1 月 8 日，小米指控 360 篡改手机，导致小米手机用户偷跑流量，而将 360 旗下的软件在其商城全部下架。

一时间，舆论对于反垄断、捆绑销售等概念的讨论甚是激烈。

其中，多数人认为，捆绑销售是一种极其不正当的竞争行为，应该予以制止。而在北京大学国家发展研究院教授薛兆丰看来，这些想法却可能是一场误会。

捆绑销售与不正当竞争不应该属于同一范畴的概念。捆绑销售也叫搭售，长期以来一直被世界各国普遍视为"不正当竞争"行为的一种，也同样是各国反垄断法锐意打击的对象。

在美国，界定一个行为是否是捆绑销售主要依据四个指标：一是有两种商品或服务牵涉在内；二是顾客能否购买其中一种，取决于他是否购买了另一种；三是卖家对其中的捆绑商品拥有市场垄断地位，以致在被捆绑商品的市场能施以限制贸易的影响；四是被捆绑商品在跨州市场上受到的影响并非微不足道。这四个要素同时满足将被视为捆绑销售。

之所以形成上述规定，是因为立法者认为，商人运用捆绑销售策略，可以把他们在捆绑商品市场的垄断力，扩展到被捆绑商品的市场上去。

"真是这样吗？'法与经济学'之父戴雷科特（Aaron Director）和他 20 世纪 40 年代在芝加哥大学的学生们，包括后来成为联邦上诉法院法官的博克（Robert H. Bork）和伊斯特布鲁克（Frank H. Easterbrook）等，早就有力驳斥了这种谬见。"薛兆丰说。

如果用一个纯市场化的角度，也就是抛弃各种法律管制的角度来看这个问题就完全不一样了。在市场中，商品之所以有价值，最主要的原因是能给用户带来利益，所以用户才会为之付出代价交换这个商品。这个逻辑告诉我们，如果用户付出的代价越低，客户量就会越大；反之，客户量就会减少。

从这个角度来看，如果一个商品在市场中具有所谓的垄断地位，那么背后的意义就是这个商品给予用户的享受也是在这个市场中独一无二的，说明这个商品在同类产品中能给用户带来最大的享受。那么，如果商人给这个商品捆绑了多余的商品，就必然增加顾客购买捆绑商品的代价，结果是直接减少了捆绑商品的需求量。这种行为造成的用户减少反而是在破坏他的垄断地位，社会为什么要反对呢？

"也就是说，捆绑销售对于本来就占有垄断地位的商人来说是有害无益的，而为了捆绑销售就去反垄断去打击不正当竞争是场误会。"薛兆丰说。

2003 年，欧盟就以微软公司在 Windows 系统中搭售播放器的行为强令禁止其捆绑销售，并罚款 14.4 亿美元。但这个事件后来的发展是，微软在欧洲将 Windows 系统拆分为两个版本：一个是带播放器系统的软件，另一个是不带播放器系统的软件，两个软件售价一致。从现实的销售结果来看，不带播放器软件的系统截至 2013 年仅卖出了 1700 份。

"这样的结果在现在看来，着实可笑。"薛兆丰说，包括这次小米与360公司之争都是犯了这样的逻辑错误。销售商品本身就应该在市场环境下充分地自由竞争，应该回归到商品价值的本身。而无论是商人还是用户心里都清楚这一点，他人无端干涉才是对市场的破坏。

既然如此，许多人就会问，为什么捆绑销售的例子还随处可见？薛兆丰对这个问题的回答是："捆绑销售行为其实并非为了撬动垄断，而是为了其他多种有助于促进经济效益的目的。"

通常商人捆绑销售的理由主要有四种：一是逃避价格管制；二是进行价格歧视；三是进行有效量度；四是提高经济效益。而这些理由中唯独没有要扩大市场垄断份额。

薛兆丰认为："对于捆绑销售的行为不应该予以监管与谴责的原因还在于，商人进行捆绑销售的行为并非总是成功的，更不能永远成功。早期的电台播音服务，是捆绑收音机来销售的，那是为了收费。然而，当收听率调查和商业广告都引入市场后，播音和收音机之间的捆绑便自动解开了。就是说，捆绑销售有助提高经济效益和降低交易费用，各种方案始终应该交给商人来尝试，而不是交给监管者来判断。那些以为捆绑可以帮助商人撬动或扩展其市场垄断力的假设，则是反垄断历史中一场古老的误会。"

参考文献：

薛兆丰：《"捆绑销售"不应交给监管者来判断》，载《民主与法制时报》2016 年第 18 期。

 附 录 3-5

破除完全事业部制的藩篱：从美的的实践看企业平台化建设

（1）组织模式变革之一：完全事业部制的建立。

美的创始人何享健从做电风扇起家，曾经取得了电风扇全亚洲第一的战绩。但是，由于电风扇的毛利率和准入门槛都极低，所以事实上并不赚钱。但在做电风扇的过程中，何享健敏锐地觉察到了空调和小家电的发展趋势。空调的核心部件是微电机，它是一个新的产业链。并且，相对于电风扇来讲，空调有着相对较高的技术要求，且对机械化、自动化及对员工素质和组装水平等的要求都更高一筹。因此，在原有的生产电风扇的组织体系下，在技术支持和人力资源不足的情况下，新的产业链难以发育，组织模式变革迫在眉睫。

借鉴 GE（美国通用电气公司）的完全事业部制，美的将新业务完全独立出来，建立了空调事业部，执行新的高工资、高待遇。后来，美的又成立了小家电事业部，这就是美的从 1997 年开始的组织变革。这些事业部采用新的组织结构和新的机制，并独立核算，形成独立的利润中心。

实行完全事业部制以后，美的的电风扇业务开始萎缩直至消亡，但空调业务异军突起，做到了八九百亿的规模。随后，小家电、小机电也纷纷崛起，美的实现了全面发展。这时，新的问题却产生了。尽管美的各个事业部是高度统一的，但大多各自为政，各有各的理念和方法，甚至工资待遇也存在着巨大的差异。这样一来，各事业部之间就产生了严重的冲突。所以，当美的在真正面向国际化、真正开始高技术产业创新、产品创新的时候才发现，所有的资源都为事业部所有，公司没有平台，总部无法调动资源，更无法集中资源，这使公司总部在无意之中变成了空壳，这也是很多企业在推行事业部制后，又对其多有诟病的原因。

（2）组织模式变革之二：平台化、生态化发展趋势。

2012 年接手美的后，方洪波开始把事业部的一些权力收回总部，这就是美的著名的"789 工程"，即新建 7 个集团总部平台、8 个职能部门、9 个事业部，事业部下面是各个作战单元。这七个平台，收回了事业部的很多权力和利益，给公司带来了很大的震动。客观地说，在既往的组织运行模式下，各事业部有很多的既得利益。但改革后，总部收回了采购权，变成统一的国际化采购。同时，物流权、电商、售后服务、创新金融中心等权力一律收回，过去由各事业部领导的亲友把持的"肥差"都收归了集团。

在何享健的鼎力支持下，方洪波克服了种种阻力和困难，包括很多人撂挑子、美的业绩出现大幅下滑。同时，因为总部具备了及时、有效配置资源的能力，所以美的的技术创新能力、全球竞争力都有了大幅度的提高，两年后美的的业绩已经开始逆势上扬。

美的改革成功的奥秘恰恰是因为提高了总部的平台化管理能力，也为很多企业指明了组织变革的未来方向：企业要实现对市场的快速响应，一方面要放权，另一方面还要适当地收回必要的权力。权力下放以后，一线能够继续跟随的原因，正在于总部平台能为其提供资源支持。

随着互联网时代的到来，企业的组织变革，既要把事业部时代放下去的权力再收回来，同时又要学会放权、提高资源集中配置的能力，并且要为一线赋能。

由此可见，搭建组织平台的难点在于：哪些权力要放在平台上，哪些权力要放下去？企业所建立的平台到底是成本中心还是利润中心？中心内部的交易如何实现？原有的业务流程全部要推倒重来，那么，新的游戏规则和业务流程如何制定？所有这一切的调整都会触及利益的分配，也一定会遭遇到某些人群的抵抗。所以，选择的过程会极为痛苦。

正因为如此，美的的改革具有非常典型的意义：平台+自主经营体+项目制的模式，这是当前企业转型过程中，组织变革的一个重要趋势。

（3）平台化组织≠平台化管理。

Google 或是腾讯、华为和美的都是平台+自主经营体+项目制。阿里提出了S2B2C，就是指平台（S）服务于 B 端（企业）和 C 端（消费者）。所以，未来的组织一定要建立起自己的总部管理平台，这是指平台化。同时要有各个事业群（自主的业务单元，BU），然后是各个项目形成一体化的运作模式，这即是平台化的组织。

平台化并不仅仅指平台化的组织，它还包括平台化的管理系统，或者叫平台化的经营。比如滴滴打车，它就是平台化的管理，因为所有的车都是司机个人的，他是带着车加盟到这个平台中来，接受平台化的管理。从组织模式上，平台化组织和平台化管理，是两个完全不同的概念，应该加以区分。

参考文献：

彭剑锋：《未来企业只有两条路可走，平台化或被平台化》，载 https://m.sohu.com/a/302761571_343325，最后访问日期：2020 年 12 月 25 日。

附录3-6

互联网平台崛起与广告渠道的大转移

中国互联网广告发展报告显示，2019年我国互联网广告总收入约4367亿人民币，相较于上一年增长率为18.2%，已占整体广告市场规模的50.34%。

从广告依托的平台类型来看，2019年来自电商平台的广告占总量的35.9%，稳居第一，比2018年增长3%；搜索类平台广告以14.9%的份额仍居第二位，但比2018年的21%有所下降；视频类平台收入同比增长43%，取代新闻资讯类平台，成为第三大互联网广告投放平台。

具体而言，中国互联网广告收入TOP10由高到低分别为阿里巴巴、字节跳动、百度、腾讯、京东、美团点评、新浪、小米、奇虎360和58同城，这些企业集中了中国互联网广告份额的94.85%，较2018年同期数据增加了2.18%，头部效应进一步突显。

其中，"信息-购买"闭环型广告平台持续走强，如2019年电商平台广告占总量的35.9%，稳居第一，较2018年增长3%。电商平台建构的"信息-购买"行为闭环奠定了该平台广告持续保持强势增长的基础：一方面，电商平台多年来培养起规模庞大的强购买意愿用户；另一方面，电商平台的客服咨询、支付方式、快递与售后服务等全链条强力支持从广告信息触达到完成购买的全过程，构建起电商广告持续增长的坚实基础。

参考文献：

侯亚丽：《2019中国互联网广告收入4367亿TOP10公布》，载 https://lmtw.com/mzw/content/detail/id/181548，最后访问日期：2020年10月13日。

附录3-7

平台企业竞争与企业绩效

学者们对平台竞争的绩效进行了研究，发现平台企业的竞争行为将改变利益相关方的收益格局，并影响平台企业绩效。

第一，平台掌控地位与企业绩效。平台企业竞争有助于提升利润水平，并使企业在竞争中处于较强的掌控地位。阿姆斯特朗（Armstrong）研究发现，当平台两边均为单属时，竞争相对激烈的一边成为平台争取的重点，而从竞争相对不激烈的一边获取利润；在平台一边单属另一边多属的情况下，单属的一边以竞争性瓶颈的形式成为平台竞争的重点，而多属一边则成为平台的获利方。

第二，市场势力与平台企业绩效。罗切特（Rochet）和提罗尔（Tirole）通过对支付卡产业的分析得出，在双边市场中市场势力不仅同市场份额相联系，而且同消费者的忠诚度和单属的范围有关。黄浩刻画了匹配能力和市场规模对于电子市场效率的影响，揭示了电子市场效率的形成机制。

第三，差异化竞争与平台企业绩效。平台可以实施差异化策略来避免直接的价格竞争，包含横向差异化和纵向差异化。在平台产品差异化的竞争中，均衡的结果是提供低质量服务的平台采用单属，而提供高质量服务的平台则采用多属。

第四，进入壁垒与平台企业绩效。平台产业的进入壁垒包括平台的规模经济、价格结构和转移成本。由于平台具有明显的网络外部性，因此规模经济成为平台重要的进入壁垒。在平台产业中，由于平台一边的消费者不愿意失去在原有网络下的网络外部性的收益，因此转移成本也构成了平台产业的进入壁垒。新平台对在位者来说是一个相当强的竞争威胁，"分而治之"的能力大大降低了利润，使在位者不得不选择与新进入的平台兼容。

参考文献：

陈红玲、张祥建、刘潇：《平台经济前沿研究综述与未来展望》，载《云南财经大学学报》2019 年第 5 期。

第**4**章 ◀ CHAPTER 4

线上线下交互*

设想一下，如果没有线上线下闭环的数据交互，当我们拿起手机，如何完成购物、信息查询和各种社交活动？各种商业模式又将如何实现？如何持续？

相比起每年的新词、热词，现在讨论"O2O"会被视为"Out"。但是，当我们讨论与互联网相关的任何一种商业模式，都绕不过"O2O"——线上线下交互。我们已习惯于在"线上线下"之间多次切换于不同场景，完全没有不适感；有手机、有电脑、有网络的地方，就有线上线下交互的行为存在，由数据贯通的线上和线下、虚拟和现实就这样自然地介入到社会经济与人们生活的方方面面。

的确，线上线下交互已成常态，O2O 也早已超越了最初的 Online to Offline 的含义。

4.1 O2O 模式的进化

4.1.1 O2O 模式的兴起

2010 年，TrialPay 的创始人亚历克斯·兰佩尔（Alex Rampell）针对自己公司的业务运营提出了 O2O 概念，即 Online to Offline，其含义为线上购买、线下消费，主要是企业在互联网上传播商品或服务的推广信息，消费者在网上获得优惠信息并在线上购买优惠券后去实体店消费、享受优惠。

---

* 本章由葛建华、章亚如联合撰写，葛建华修改、定稿。特此感谢章亚如的贡献。

　　当年，亚历克斯·兰佩尔所实践并提出的这一 O2O 概念，可以称之为早期的 O2O。虽然它还只是从线上获取信息到线下消费的单向线性模式，但因其能够促进门店销售而很快为我国零售企业所借鉴。早期的 O2O 并没有像现在这样形成数据闭环，而是线上和线下各自以两个渠道独立存在，线上主要承担促销信息发布、宣传等功能，线下承担实际销售功能，这种线上线下相互分离的状况，也与互联网技术的发展进程有关。

　　在谷歌搜索"O2O"频度的调查中，美国 O2O 的频度于 2009 年 8 月开始出现，2010 年 12 月达到高峰，随后搜索频度不断降低。从我们以"Online to Offline"为关键词检索到的国外文献来看，国外"O2O"一词更多地包含在"全渠道零售"（Omni-channel retailing）、"在线零售"、"消费者在线购物行为"等研究主题中，而直接采用"O2O""Online to Offline"的则为少数。这是因为国外零售业尤其在美国，城乡商业网点覆盖面较广，营销水平发展比较均衡，互联网一开始普及时就自然融入商业经营的变革中，O2O 或单纯的线上到线下、线下到线上的概念只是渠道和营销手段的变化。

　　国内关于 O2O 的研究，更多是以"线上线下"的业务方式为研究主题；从 2012 年开始，O2O 概念的风靡一直呈波动上升的趋势，2013 年后半年进入高峰期且上升势头不减，2015 年达到高峰，此后逐渐下降，见图 4-1。

图 4-1　中国 2012—2020 年 O2O 的百度搜索频度

在我国，线上销售最初并不被看好，从事线上销售的企业与实体店的零售商泾渭分明。2003 年"非典"疫情所导致的"少出门、不接触"生活方式，使很多人开始尝试网络购物（即"网购"），商业嗅觉敏锐的阿里巴巴适时地在当年 5 月 10 日上线了淘宝网。2004 年 1 月，京东商城在线开业，这家成立于 1998 年的企业，在线下运行了 6 年默默无闻，却以线上的京东商城而广为人知。从此，网购逐渐成为一种购物方式，吸引了越来越多的人加入。2007 年我国网购人数仅为 4641 万人，2020 年则为 9.89 亿人，超过总人口数的一半，互联网普及率达 70.4%。网购人数的迅速增加，加速了在线商品销售额的增长，2020 年的网购交易额比 2008 年增长了将近 10 倍，其占社会消费品零售总额的比重也逐年上升，详见表 4-1。

表 4-1 2003—2019 年度我国网络购物总额变化

单位：亿元

年份（年）	社会商品零售总额（A）	网络购物总额（B）	占比（%）B/A
2003	52 516.3		
2004	59 501.0		
2005	68 352.6		
2006	79 145.2		
2007	93 571.6	561.0	
2008	114 830.1	1 299.6	1.13%
2009	133 048.2	2 483.5	1.86%
2010	158 008.0	5 231.0	3.31%
2011	187 205.8	7 566.0	4.04%
2012	214 432.7	12 594.0	5.87%
2013	242 842.8	18 500.0	7.61%
2014	262 394.0	27 898.0	10.63%
2015	300 930.8	38 800.0	12.89%
2016	332 316.3	41 944.0	12.62%
2017	366 262.0	54 806.0	14.96%
2018	380 987.0	90 065.0	23.63%

续表

年份（年）	社会商品零售总额（A）	网络购物总额（B）	占比（%）B/A
2019	411 649.0	106 324.0	25.82%
2020	391 981.0	117 601.0	30.00%

资料来源：社会商品零售总额数据，来源于国家统计局历年年报；网络购物总额数据，来源于中国互联网络信息中心（CNNIC）历年发布的《中国互联网络发展状况统计报告》。

网购人数和网络销售总额的增加，对我国以门店为唯一销售渠道的传统零售业带来了巨大冲击，其销售额和市场份额都在逐年下降。盈利和生存压力驱动着传统零售企业选择尽快与互联网结合，用在线解决方案来减缓顾客流失带来的威胁，O2O 模式也随之成为互联网时代传统商业转型的选择。很快，O2O 模式又从零售业向餐饮、旅游等服务行业扩展，渐渐像空气或水一样弥漫在各个层面，成为企业经营活动中普遍采用的基础模式；O2O 一词也由热词迅速转变为常态——O2O 不再被看作是否采用，而是都要采用；如何建立 O2O 商业模式更好地融合线上线下，成了人们关注的重点。

4.1.2　理解 O2O

以线上线下互动为特征，O2O 这一沟通实体与虚拟空间、跨越线上线下渠道的全渠道商业模式，使买卖双方的价值诉求都能够得到更好的满足，已经成为各行各业通过与互联网结合创新商业模式创新的共同路径。对于经营者而言，O2O 模式所带来的线上线下闭环融合，使得店面与仓库之间的界限变得模糊，经营者可以在任何地方获得准确的信息，以更快、更便捷的配送服务方便顾客购买，这也意味着更少的降价处理、更快的库存周转；对于消费者而言，由 O2O 模式所带来的线上线下闭环融合，首先是消费更便利，其次也拥有了更多选择权、更多主动性和更多个性化。

随着实践中 O2O 模式的开展，相关研究也越来越细致、深入。徐国虎等认为 O2O 是连接线上用户和线下商家，融合实体经济和线上资源的多边平台商业模式。[1] 不同于传统的 B2B、B2C、C2C 纯粹的线上销售，陈滢指出 O2O

---

[1] 徐国虎、孙凌、许芳：《基于大数据的线上线下电商用户数据挖掘研究》，载《中南民族大学学报（自然科学版）》2013 年第 2 期，第 100~105 页。

是通过线上营销、线上购买带动线下经营和消费，将线上消费者转换为线下客户。[1]张玉泉认为O2O模式实现了互联网落地，让消费者既可以享受线上优惠价格，又可以享受线下服务，更可以实现不同商家的联盟，互相导入客流量。[2]张茜等认为O2O模式不单是线上线下的整合，更是前端服务和企业后台信息管理系统、客户关系管理系统、库存管理系统的全方位整合。[3]王凤生（WANG Feng-Sheng）和赖谷新（LAI Gu-Hsin）认为O2O模式能够帮助实体店利用已有的线下服务经验、本地化的产品和服务，使得消费者更愿意相信实体店的线上渠道，从而帮助实体店通过线上渠道拓宽客户，为客户提供更便利完善的服务；还可以通过定制服务来提高客户黏性，很好地实现线上线下的引流互动。[4]

综上所述，我们认为，O2O模式是通过线上线下交互实现联动整合的一个既不是纯线上也不是纯线下的新生命体，是互联网技术好互联网思维所催生的一种新型商业模式，其目的是为消费者提供更好、更便捷的消费体验，本质上是如何更好地将商品或服务送到客户手上，更好地满足客户的个性化需求。它与传统商业模式的最大区别是在有效降低消费者购物的信息搜寻成本和交通成本的同时，特别满足了消费者的便利性和个性化需求，提高了消费者对购物/消费全过程的参与程度，为商业快速提升商品和服务的供给能力提供了解决方案，因而成为互联网与实体经济融合的典型且基础的模式。有关商业模式定义、构成要素等的讨论，请参见本章附录。

目前，O2O模式早已不同于亚历克斯·兰佩尔当初提出的从线上到线下（Online to Offline），其在实践中已经不断扩展为：Offline to Online模式（线下营销到线上交易，如苏宁易购），Offline to Online to Offline模式（线下营销到线上交易再到线下消费体验，如肯德基外卖），Online to Offline to Online模式（线上交易或营销到线下消费体验再到线上分享，如京东商城）等，成为互联网

〔1〕 陈滢：《浅析O2O模式的特性及推进其未来发展的建议》，载《中国商贸》2014年第15期，第111~112页。

〔2〕 张玉泉：《O2O线上线下协同发展新模式研究》，载《计算机光盘软件与应用》2014年第15期，第47~48页。

〔3〕 张茜、赵亮：《基于客户体验的O2O商务模式系统动力学建模与仿真研究》，载《科技管理研究》2014年第12期，第200~204页。

〔4〕 WANG Feng-Sheng, LAI Gu-Hsin, "Empirical Study to Design Field APPLications for O2O Business Model in Tourism with Mobile Computing and Cloud Service Supports"，《産研論集》，2014, 46, pp. 193-199.

与实体经济融合的必由之路。无论具体呈现形式如何多变，O2O 模式都涉及线上线下的互动发展引流、价格体系再造、精准营销、提升运营效率、优化客户体验等方面。这种多样性也体现了 O2O 模式旺盛的生命力、适应力和创造力。

目前，智能手机+移动互联网+物流配送，各种 APP、小程序所提供的入口，将偏远的山村、繁华都市的门店与各地的消费者联系起来；不断进化的各类 O2O 模式，让人们的消费体验变得更有趣、更快捷、更高效。例如，星巴克咖啡将线上线下交互的沟通场景、会员和货品三大要素作为数字化的基础，包括全渠道的服务履约、更精细的会员运营、更贴心的消费体验、更深入的用户互动等。在数据能力的配合下，星巴克从用户思维出发的 O2O 模式，助力其实现了不同店铺的联通，使成本得以最大化压缩，效能得以提升。不仅如此，O2O 模式还承载了星巴克数字支付、社交礼品、移动点单等经营数字化升级的具体措施。2020 年 5 月，星巴克小程序在微信正式上线，全国各地用户通过小程序可一键调用手机号码进行注册，成为星巴克"星享俱乐部"会员并享受会员权益。在星巴克中国的各家门店，出示在小程序上注册成功的"星享俱乐部"会员码，就可以完成扫码识别会员身份。如果不能亲临门店，消费者也可通过小程序，以距离、是否营业以及特色饮品等为关键词，查找距离自己最近的星巴克门店。点击"外送点单"后就可以直接在小程序内下单并跟踪商品进程，小程序首页还有服务通知，实时告知消费者订单详情。[1]

在 2012 年 12 月 12 日的央视中国经济年度人物评选现场，马云曾与王健林进行了一场"电子商务能否取代传统实体零售"的辩论。马云认为电子商务一定可以取代传统零售百货，而王健林则认为电子商务虽然发展迅速，但传统零售渠道也不会因此而死。由此，二人约下赌局，"到 2022 年，10 年后，如果电商在中国零售市场份额占到 50%，我给马云一个亿。如果没到，他还我一个亿"，王健林当时在现场说。时至今日，这一"赌局"已经无所谓输赢，而如何做好线上线下闭环，则成为传统零售企业和新兴的电子商务企业各自商业模式的核心。如阿里巴巴将盒马鲜生开到了线下的社区，截至 2020 年 6 月 30 日，自营盒马鲜生门店数量为 214 家；万达则在 2014 年 8 月与腾

---

〔1〕 周小白：《星巴克小程序上线 专星送范围内均可配送》，载 http://www.techweb.com.cn/it/2020-05-25/2791419.shtml，最后访问日期：2020 年 11 月 25 日。

讯、百度合作共同搭建起电商平台——上海飞凡电子商务有限公司，总投资50亿元，万达持股70%，腾讯、百度各持股15%。虽然历经坎坷，"飞凡"至今依然承载着王健林的数字化之梦——电子商务和传统商业融合，将会产生巨大的价值。[1]

4.1.3　相关文献概况

从 O2O 文献的来源看，国内外主要数据库都收录了大量的相关成果，其中包括学术期刊、商业期刊等（详见表4-2），各类商业资讯网站也快速更新、实时传递着 O2O 的最新动态；一些咨询公司也以行业报告的形式对 O2O 实践进行剖析，许多学者、电商从业人士和新闻媒体，也都以微信公众号等自媒体形式分享 O2O 资讯。2017 年后，主题为 O2O 的研究文献数量明显减少（见图4-1），O2O 已经自然地融入各种商业模式中，成为必选项目而不是议论的话题。

如前所述，O2O 模式在我国发展传播的主要推手是零售业和互联网的结合，互联网的普及以及互联网所具有的虚拟、交互、个性化、无边界等特点，都赋予了 O2O 更强的实践性，表现为各行各业都在谈论并深浅不一地实践着 O2O，为相关理论研究积累了大量资料。例如，理论界对互联网金融的研究，

表4-2　O2O 文献来源

类　　别	具体示例
数据库	中国知网、万方数据库、Emerald、JSTOR、EBSCO、OCLC First Search、Journey of Management 等（含 CISSCI、EI、核心期刊以及一般期刊，如 *Online Information Review*，*The Electronic Library*，*Journal of Consumer Marketing* 以及《阿里商业评论》《天下网商》《互联网周刊》等）
商业资讯网站	品途网、亿欧网、欧外网、O2O 产业联盟、稻穗儿、派特网、虎嗅网、赢商网、36氪、亿邦动力网、互联网分析沙龙、中国电商行业、联商资讯、中国微营销网等
行业报告	艾瑞咨询、麦肯锡公司、贝恩咨询、埃森哲咨询、慧博投资咨询等
微信订阅号	普及社、O2O 杂志网、O2O 前线、O2O 观察、餐饮 O2O、O2O 产业联盟、O2O 商业模式等

---

[1] 刘倩：《王健林与马云的赌局，如今真的成了笑话》，载 https://www.thepaper.cn/newsDetail_forward_7803305，最后访问日期：2020 年 11 月 20 日。

就是在支付宝等先行实践中积累得足够多的事例和数据基础上逐渐展开，所产生的理论成果反过来对互联网金融的监管和发展提供参考，这也代表了"互联网+"领域相关研究的典型特点：形式多样的实践先于理论研究，并呈现出产研互动、"实践—认识—再实践—再认识"之不断完善、螺旋式上升的发展曲线。研究者包括高校教师、企业人士和公共媒体等，研究成果有学术论文、行业研究报告、系列视频节目等多种形式。

2013 年前后，通过以淘宝网为代表的在线购物平台，O2O 模式在中国得到迅速认同和传播，在零售业以外的更多行业展开，如餐饮业、旅游业、金融、教育业、汽车行业、家政服务等十几个传统行业，都是 O2O 的积极践行者。这些行业有着共同的标签：商业服务业、创业门槛低、注重客户体验、竞争相对充分。当注重线上线下无缝连接的 O2O 模式与进入门槛相对较低的商业服务业相结合时，便吸引了这些行业的无数企业纷纷触网尝试。

其中，零售业的 O2O 实践一直是热点。这一方面是由于零售业是与消费者结合最紧密的行业，经过多年的发展已具备了实体店、资金和消费群体等优势，行业成熟度和信誉度都较高，为 O2O 的开展提供了较好的土壤；另一方面，依赖于实体店的传统零售业受在线购物的冲击最为明显，行业整体的业绩不断下滑迫使零售企业尽快触网转型，其发展动态顺理成章地成为学者、各大媒体网站、自媒体人关注的焦点。

从文献内容看，国内外学者对零售业的线上、线下研究比较均衡，研究内容不仅关注到了线上、线下及起因、发展等宏观方面，也对客户体验、物流配送、运营管理等微观层面进行了一定的探索；研究主要以行业扫描为主，案例研究次之，实证研究最少。而实证研究主要集中在消费者在线购物行为、顾客体验、线上线下战略、大数据挖掘、客户关系管理等模块，研究方法以扎根理论、分类建模、仿真研究等为主，研究工具主要采用了 MATLAB、SPSS、SmartPLS、最小二乘法等。

4.1.4　O2O 模式的架构

在众多企业的不断探索和发展中，O2O 模式的架构已经突破了早期单向的 Online to Offline 或者 Offline to Online 的局限性，各类企业的业务活动和经营管理内容都通过线上线下交互并形成了各具特色的组合方式；线上不再局限于促销信息、客服、业务展示、数据监控、订单审核等辅助功能，线下也不仅仅是企业的门店，还是企业运营环节的主要场所、消费者生活场景等；线上线下的角色互换、角色分工更加丰富多彩；闭环与互动，成为各种O2O模式的典型特征。

在架构创新方面，郭馨梅等总结了零售业主要存在的五种组织架构：①"电商+店商+零售服务商"组织架构，以苏宁、国美为代表，立足线下全力开拓线上；②"实体店（为主）+网上商城（为辅）"组织架构，这种架构是国外零售业的主要模式，实体店继续发挥其经营优势，如沃尔玛等；③"电商+百货店"组织架构，曾经是国内大型零售商进行O2O转型的主要方式；④"实体店+网上商城+微信+微店"组织架构，多是实力雄厚的实体店自建多渠道，随着移动互联网的广泛渗透而在移动端建设线上线下交易平台；⑤电商落地的组织架构："网上商城+社区便利店"，即靠网络电商起家的企业，通过这种架构与社区便利店结合，在线下发力，形成自己的落地优势，如京东小店、阿里巴巴的盒马鲜生等。[1]在大企业不断发力O2O的时候，小企业也从自身实力出发，不断开发出新型的O2O组织架构：①大型厂商发挥资源优势，优先建立专业平台，不断发展成为平台商与供应商的结合体；②一些实力不足又必须转型的中小型厂商企业，则加盟大企业或者成熟平台商，借船驶入互联网；③专业卖场继续发挥专业优势，建立专业的O2O平台，不断吸引同行业的加入，形成专业性平台。[2]在线下实体店进行O2O转型时，企业往往需要评估增加O2O组织架构的可行性，这时应该考虑哪些因素？李普聪等学者总结归纳了五大主要影响因素：任务技术适配度、感知有用性、可观察性、兼容性及感知风险等。[3]从价值链的角度看，惠云云认为O2O商业模式的关键价值活动表现为客流引导、线上营销、线上支付、用户体验以及提供产品或服务等环节，这些环节构成了O2O价值链的闭环，从而完成企

〔1〕 郭馨梅、张健丽：《我国零售业线上线下融合发展的主要模式及对策分析》，载《北京工商大学学报（社会科学版）》2014年第5期，第44~48页。
〔2〕 储益翔：《O2O模式下的家具行业运营模式研究》，合肥工业大学2013年硕士学位论文。
〔3〕 李普聪、钟元生：《移动O2O商务线下商家采纳行为研究》，载《当代财经》2014年第9期，第75~78页。

业与消费者之间的价值传递和转换。[1]

如此广泛盛行的 O2O 商业模式，应该如何并从哪些方面进行评价？张彩云对外卖行业的 O2O 商业模式的运行机制，如行为主体、价值创造机制和盈利模式等进行了分析，构建了涵盖顾客价值、运营能力、财务能力和学习与成长能力四个一级要素的外卖 O2O 商业模式评价体系，并采用层次分析法对外卖 O2O 商业模式评价体系各要素权重进行划分，对定性和定量指标采用模糊综合评价法进行评估。[2]

4.2 O2O 模式与商业服务业的融合

在广泛采用 O2O 模式的商业服务业中，人们关注的领域涉及各个方面，如图 4-2 所示，其与商业服务业的融合，改变着商品、服务的提供方式，改变着消费行为。

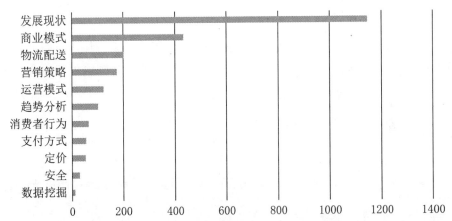

图 4-2 1999—2020 年国内外线上、线下零售行业 O2O 模式研究内容分类（单位：篇）

---

〔1〕 惠云云：《基于价值链的 O2O 电子商务商业模式评价研究》，南京邮电大学 2016 年硕士学位论文。

〔2〕 张彩云：《外卖 O2O 商业模式评价研究》，哈尔滨工业大学 2016 年硕士学位论文。

4.2.1 O2O 对消费者行为的影响

在数字经济时代，现实世界中人性的不确定性与虚拟世界中数字科技的确定性相互融合，产生了供给与需求可以便利而频繁互动的商业环境，且互动成本极低。这些便利因素，使消费者的购物习惯和路径很快发生了变化：购物接触点由单一的实体店演变为网络平台、跨网络平台等，信息获取以及支付方式等也更加多样化。由此，促使了消费者的价值主张朝着追求个性化、更多把握购物主动权的方向转变。

国外学者的早期研究曾试图构造网络时代购物者的行为模式，以识别和预测消费者在线购物的意图和决定因素，后来的研究逐渐转向购物网站承诺、购物满意度以及网上重复购买忠诚度等内容。托比亚斯·科尔曼（Tobias Koll-mann）等利用信息、渠道和渠道转换倾向三个指标，将消费者分为纯线上、线下消费者，协同线上、线下消费者等八种类型[1]；丹尼尔·斯卡皮（Daniele Scarpi）等从购物导向出发，研究了娱乐导向消费与目的导向消费的消费者行为有何不同[2]。

从影响消费者选择线上或是线下进行购物的因素来看，托比亚斯·科尔曼等认为线上消费者看重的是购物的便利性，线下消费者则追求服务和风险规避[3]，而张（CMK Cheung）等学者早先对消费者购物行为的影响因素进行了详细的总结，认为除了消费者主观原因之外，产品特征、商家和中间商、市场环境、媒体媒介等都会对消费者购物决策产生影响[4]。胡海清、许垒以"刺激-反应"模型为理论基础，通过淘宝网交易数据验证模型，发现消费者的采购成本对购买行为有着正向影响，信息丰富度是影响消费者行为的显著因

〔1〕 Wen Gong, Rodney L. Stump, Lynda M. Maddox, "Factors Influencing Consumers' Online Shopping in China", *Journal of Asia Business Studies*, 2013, Vol. 7, Iss: 3, pp. 214-230.

〔2〕 Daniele Scarpi, Gabriele Pizzi, "MarcoVisentin Shopping for Fun or Shopping to Buy: Is It Different Online and Offline?", *Journal of Retailing and Consumer Services*, (2014) 21, pp. 258-267.

〔3〕 Tobias Kollmann, Andreas Kuckertz, InaKayser, "Cannibalization or Synergy? Consumers' Channel Selection in Online-offline Multichannel Systems", *Journal of Retailing and Consumer Services*, 19 (2012), pp. 186-194.

〔4〕 CMK Cheung, GWW Chan, M Limayem, "A Critical Review of Online Consumer Behavior: Empirical Research", *Journal of Electronic Commerce in Organizations*, 2005, Vol. 3, No. 4, pp. 1-19.

素，而不同电子商务的不同模式对消费者的影响并不大。[1]刘铁探讨了结合社会化（Social）、本地化（Local）和移动化（Mobile）的新型市场营销模式——SOLOMO 模式下，其他消费者的评价能够对购买者决策产生积极或消极的影响，同时还发现移动端线上消费者关注便利、线上线下结合等因素，而电脑端的线上消费者更多地考虑价格、购物所需时间和线上体验等。[2]雅克·布莱（Jacques Boulay）等对小朋友的消费行为进行了独特的分析，他选取了 6~12 岁的 62 名小朋友为研究对象，发现传统的线下销售渠道更受小朋友的喜爱，因为购物过程中的体验及其有趣与否，对孩子们更有吸引力；研究还发现，跨渠道消费尚不存在于小朋友的消费世界里。这一研究结论，能够更好地诠释客户体验对购买行为的重要影响。[3]

除了具体的购买决策研究，张（CMK Cheung）等通过对 1994—2002 年消费者在线购物行为研究进行梳理，总结出了一套全面的消费者在线购物理论，即计划行为理论（TPB）、理性行为理论（TRA）、技术接受模型（TAM），这被认为是 O2O 实证研究的基础理论。

4.2.2　O2O 与市场营销的融合

（1）融入定价策略。在零售商 O2O 的早期实践中，为了吸引线上消费者群体，低价策略成为线上渠道的不二选择。这一策略，直接导致了消费者的线上线下比价行为，促进并强化了消费者对线上低价的认同感，也改变了商家的定价策略。

为何线上定价一开始就低于线下的实体店？人们认为，一是因为电子商务渠道成本低（没有实体店的高租金）、分工深化引起效率提高从而获得了价格优势；二是因为网店突破了时空限制，购物方便快捷、种类丰富，能够发挥长尾效应等非价格优势。这二者相互作用形成了线上相对的低价优势，也

---

〔1〕　胡海清、许垒：《电子商务模式对消费者线上购买行为的影响研究》，载《软科学》2011 年第 10 期，第 135~140 页。

〔2〕　SOLOMO 模式，由美国 KPCB 风险投资公司（Kleiner Perkins Caufield & Byers）合伙人约翰·杜尔（John Doerr）于 2010 年第一次提出，即"社交化（so-social）+本地化（lo-local）+移动化（mo-mobile）"。

〔3〕　Jacques Boulay, Brigitte de Faultrier, Florence Feenstra, Laurent Muzellec, "When Children Express Their Preferences Regarding Sales Channels: Online or Offline or Online and Offline?", *International Journal of Retail & Distribution Management*, 2014, Vol. 42, Iss: 11/12, pp. 1018-1031.

促成了"线上就应该低价"的消费者认知。在具体的定价方式中，德鲁夫·格雷瓦（Dhruv Grewa）等学者认为天天低价的零售商，比如沃尔玛，要保证线上线下价格的一致性；而实行线上线下不同定价的零售商，则要将那些大量搜索低价并且能轻易转换购买渠道的购买者作为目标，提高多样化的折扣组合，采取线上线下不同的价格安排。[1]霍夫曼（Hoffman）和诺瓦克（Novak）从企业全局的角度，利用博弈论方法进行分析，发现线上线下之间存在着一个合理价格——这个价格略高于线上价格而低于线下价格，从而可以保证企业的总体收益。[2]对于线上线下定价，国内也存在着同价和不同价的两种观点，苏宁易购认为同价是实现互联网转型的重要一步，而国美则通过差别定价来满足不同渠道群体的不同消费需求。

那么，究竟是什么因素在影响着线上定价？在越来越复杂的零售环境中，影响定价的关键因素还包括公司自身因素、产品性质等，而不仅仅是渠道。戴维·乔布（David Jobber）等测试了七种可能会导致不同定价的市场导向因素，最后得出消费者支付能力、品牌价值、竞争程度、市场进入门槛、需求与供给和占领市场份额目标六个因素，是影响定价高低的显著因素，为企业制定定价策略提供了指导。[3]在O2O渠道策略下，金亮认为退款保证会导致制造商、零售商以及供应链系统利润的损失，消费者也可能需要为此支付一定的溢价；而线下体验渠道的引入，能够有效提升供应双方和供应链系统的利润以及消费者剩余，供应双方不同主导权并不会对供应链系统利润和消费者剩余产生影响，仅导致利润在供应链系统内部的重新分配。[4]可见，在线上线下融合的全渠道模式中，消费者在获得各种便利的同时，也可能要支付一定的溢价，而这些溢价可能表现为商品的价格。

〔1〕 Dhruv Grewa, Ramkumar Janakiraman, Kirthi Kalyanam, P. K. Kannan, Brian Ratchford, Reo Song, Stephen Tolerico, "Strategic Online and Offline Retail Pricing: A Review and Research Agenda", *Journal of Interactive Marketing*, 2010, 24, pp. 138-154.

〔2〕 D. L. Hoffman, T. P. Novak, "Marketing in Hypermedia Computer Mediated Environments: Conceptual Foundations", *Journal of Marketing*, 1996, 60 (3), p. 50.

〔3〕 David Jobber, David Shipley, "Marketing-orientated Pricing: Understanding and Applying Factors That Discriminate between Successful High and Low Price Strategies", *European Journal of Marketing*, 2012, Vol. 46, Iss: 11/12, pp. 1647-1670.

〔4〕 金亮：《不同主导权下线上零售商定价与O2O渠道策略研究》，载《系统科学与数学》2018年第8期，第946~959页。

曾经，线上线下区别定价，同款商品线上价格低于线下是众多商家采用的定价策略。但是，这种同款线上线下价格差异的局面，将会由于套利行为的存在而逐渐缩小，最后约束在一个区间内；[1]因为随着商品流通效率的提高以及物流成本的加大，线上线下最终会趋于同价。[2]目前，更多商家对同款商品采用线上线下同价策略，或通过为线上线下提供不同商品和服务而区别定价。

（2）融入促销方式和内容。在传统媒体时代，企业只要广告投放面足够广、足够频繁，便可以逼迫目标群体关注。但互联网时代带来的信息传递扁平化、快速化，赋予了消费者几乎完全的主动权，企业的营销如果不能联系到消费者的需求点，其效果也就无法辐射到消费者。因此，借助互联网创新营销工具及营销内容等，成为企业的当务之急。

如何创新市场营销内容？索尼娅·杰斐逊（Sonja Jefferson）和莎伦·坦顿（Sharon Tanton）指出，有价值的内容才是社会化媒体时代网络营销成功的关键，无论线上还是线下，都应把所有精力放在创建真正有价值的内容上，用深入浅出的方法引导消费思维，才会产生意想不到的营销效果。[3]因此，关注消费者行为和社会化营销内容的结合点，关注消费者行为与营销内容产生的关联性、共鸣性、娱乐性，才能让消费者跨越线上线下，实现营销内容的无边界互动。目前，社会化"点对点"的营销方式，已经取代了传统的"点对面"，其核心在于约翰·韦斯特伍德（John Westwood）所强调的"参与即营销"。汪旭晖等认为企业应从挖掘商机、对话顾客和布局 O2O 三个方面详细全面规划 O2O 营销，线上线下可以淡旺季互补，开展轮换促销，如线上采用以抢购、特色商品推荐、特价热卖等具有互联网特色的促销方式，而线下可采用优惠券、现金折让、赠品等传统的促销手段。[4]

可见，O2O 模式的营销功能不仅要重视在线的客流引导宣传，更需要重

〔1〕 杜两省、刘发跃：《线上与线下，联动还是竞争？——基于 ISPI 和 CPI 的线上线下价格差异收敛性分析》，载《投资研究》2014 年第 7 期，第 56~69 页。

〔2〕 汪旭晖、张其林：《基于线上线下融合的农产品流通模式研究——农产品 O2O 框架及趋势》，载《北京工商大学学报（社会科学版）》2014 年第 3 期，第 18~25 页。

〔3〕 ［英］Sonja Jefferson、Sharon Tanton：《内容营销：有价值的内容才是社会化媒体时代网络营销成功的关键》，祖静、屈云波译，企业管理出版社 2014 年版。

〔4〕 汪旭晖、张其林：《基于线上线下融合的农产品流通模式研究——农产品 O2O 框架及趋势》，载《北京工商大学学报（社会科学版）》2014 年第 3 期，第 18~25 页。

视线上交易的实现、线下物流的跟踪和提供更加完美的服务。这样，才能在海量信息环境下，抓住消费者的心，赢得消费者群体的青睐。

（3）融入支付方式。在互联网带来的O2O实践中，传统交易过程中毫不起眼的支付环节变成了关键环节，尤其是移动在线支付方式，极大地促进了线上线下闭环的形成和人们消费方式的改变。随着支付技术在网店和门店的双向融合，国内使用现金的人不断减少甚至连银行卡都不用，通过手机就可以完成所有支付，而不再需要其他支付手段。由于不同收入人群对于现金、电子现金、借记卡和信用卡四种支付手段的感知各不相同，很多企业也将支付方式的改变作为获取客户的重要手段。

常见的在线支付方式有：网上银行支付、电脑端第三方平台结算支付、虚拟货币支付和移动支付。支付的便捷性和安全性，成为这一环节的首要问题。总体来看，消费者感知上的便利性，决定了支付金额的下限，便利性越高，购物支付金额下限越低；而信任度（安全性）决定了购物支付金额的上限，信任度越高，购物金额上限越高。克里斯托弗·韦斯特兰（J. Christopher Westland）等的研究显示，高收入人群线上线下购物都偏爱信用卡，纯线下用户偏爱借记卡，收入极高者在线上购物时则偏爱电子现金。[1]

目前，第三方支付已经成为仅次于网上银行直接支付的第二大电子支付方式，其中快捷支付是最常使用的第三方支付方式。得益于信息技术的广泛应用，通过二维码等载体的在线支付已经运用在线下各种消费场景中，实现了对线下支付服务市场的全面渗透。电子商务在生产和消费领域的发展、消费者对线上线下支付一体化的需求持续增强和公众消费习惯的变迁等，都加速了线上线下支付业务的融合。同时，4G移动网络的广域覆盖以及5G开始使用，NFC手机钱包、语音支付、图像识别支付等移动支付方式层出不穷，也打造了更加便捷的消费生活。

这些依托于互联网的支付方式，既能够跟踪记录每一笔交易情况，又能够收集客户的购物习惯，为线上线下融合的O2O模式提供了最有意义的存在，即为企业精准营销提供着"从搜索向购买转变"的最有价值的数据。零售业中原本不起眼的支付方式，一跃成为促进商业个性化、大规模定制化服务发

---

〔1〕 J. Christopher Westland et al. , "The Moderating Role of Income on Consumers' Preferences and Usage for Online and Offline Payment Methods", *Electron Commer Res*, 2014, 14, pp. 189-213.

展的重要环节，正所谓"小支付"成就了"大时代"。2019 年，中国第三方移动支付的交易规模达到 226.2 万亿元，同比增长 18.7%。[1]目前，我国融合线上线下的数字支付，已经向生态化、标准化和全球化方向迈进。

（4）融入物流配送。近年来，我国物流配送业尤其是终端配送业务的快速发展，正是得益于线上线下融合。在 O2O 模式下，除了页面浏览以外，物流配送环节是企业唯一能给消费者带来直观用户体验的环节。这不仅要求物流业具有良好的信息处理和传输能力，还要具备为种类繁多的实物商品提供仓储、运输、配货和配送等的吞吐能力。在日本，电子商务的物流行业充分利用电子信息化手段，实现了物流全过程的协调、管理和控制，并及时传播给消费者，极大改善了客户体验；同时，借助电子商务的发展，日本不断发展大规模物流设施，开发高效率的分拣功能和快速配送功能，可配送的商品品种不断扩大，物流发展趋势逐渐转向缩短配送时间和提供免费配送服务方面。[2]美国同样建立了基于互联网的物流信息平台，将成熟的标准化物流软件用于整合物流信息和优化物流过程，使得物流管理更加科学规范，从而增加了效益，提高了效率。在 2020 年初突发的新冠肺炎疫情中，美团、京东和天猫等电子商务企业开创的无接触配送方式，为特殊时期 O2O 落地提供了新的实践经验，也为抗击疫情提供了有力支持。在全球疫情努力防控的大背景下，为保障消费者和配送员的健康安全，降低新型冠状病毒疫情扩散风险，中国贸促会商业行业委员会结合服务实践中的经验，从服务要求、服务流程、异常情况处置和服务质量控制等方面提出了具体的要求，特别是在服务流程环节提供了详实可操作的无接触配送服务模式，为疫情期间消费者安全消费提供了重要保障。由此形成的《无接触配送服务指南》（Guidelines for Contactless Delivery）国际标准，于 2020 年 5 月 20 日在国际标准委员会获批立项，标准项目编号为 IWA 36a。[3]无疑，线上线下融合的不断深入促成了无接触配送服务标准的形成，为特殊时期保障供给、满足消费需求发挥了积极作用。

---

〔1〕《2020 年第三方支付行业发展现状分析，行业发展动力仍然强劲》，载 https://www.sohu.com/a/413646976_120113054，最后访问日期：2020 年 11 月 20 日。

〔2〕杨洋、李晓晖：《日本电子商务物流的发展经验及对中国的启示》，载《中国流通经济》2014年第 4 期，第 34~39 页。

〔3〕赵子军：《无接触配送国际标准诞生记》，载《中国标准化》2020 年第 8 期，第 16~18 页。

在物流配送方式上，企业和学者都在进行不懈的实践和探索。汪旭晖等[1]基于共生视角提出了"线上线下物流共生体"这一概念，即在行为理念一致的前提下，以成本尽可能低、服务水平不下降等为标准，选择能够实现能力互补的线上、线下物流体系作为共生单元与O2O模式相匹配。这个共生单元可以是自营也可以选择外包；至于是外包还是自营，则依据企业的物流管理能力、目标客户对于物流质量的敏感程度而定。现实中，京东、亚马逊、苏宁等依托自身强大的实力，不断布局企业自身的物流体系，而淘宝、天猫、银泰百货则选择顺丰、申通等专业的物流公司，更有云鸟、菜鸟、城市100等第三方物流平台不断崛起。赖福俊（Fujun Lai）等利用资源依赖理论对中国的第三方物流模式进行了深度分析，认为物流外包对于物流集成和跨组织关系有着积极的影响作用，进而对企业绩效提高有着显著影响。[2]鉴于网购退换货会不可避免地发生，企业建立正向物流和逆向物流相统一的物流体系，可以直接通过终端快递共享处理逆向物流，从而降低成本、提高效率。[3]

4.2.3 O2O 与互联网相关技术的融合

在O2O模式中，交易过程被分割为线上撮合、线上/线下支付、线下消费/体验和消费反馈等几个阶段。这些阶段的顺利衔接，显示了互联网技术在社会经济发展中不可替代的作用，这既表现在数据的获取，也表现在数据的分析处理及其应用等多个方面。

在零售业中，当客户还处于信息搜索阶段时，通过定位技术如LBS（Location Based Service)[4]技术与移动网络的融合，企业就可以快速锁定已进入目标位置范围的目标人群，借助大数据挖掘技术进行精准营销，推送更加精

---

〔1〕 汪旭辉、李晓宇、张其林：《多渠道零售商线上线下物流共生体构建模型及策略》，载《财经论丛》2014年第7期，第82~89页。

〔2〕 Fujun Lai, Zhaofang Chu, Qiang Wang, Chunxing Fan, "Managing Dependence in Logistics Outsourcing Relationships: Evidence from China", *International Journal of Production Research*, 2013, Vol. 51, No. 10, pp. 3037-3054.

〔3〕 刘铁、李桂华、卢宏亮：《线上线下整合营销策略对在线零售品牌体验影响机理》，载《中国流通经济》2014年第11期，第51~57页。

〔4〕 LBS，是指基于位置的服务，它是通过电信移动运营商的无线电通信网络或外部定位方式获取移动终端用户的位置信息，在地理信息系统平台的支持下，为用户提供相应服务的一种增值业务。

准和智能化的营销信息，既提升了用户体验，使消费者能够切实体验到移动电子商务随时随地的便利性，也有助于减少企业寻找目标客户的成本。约翰（John）和大卫（David）的统计显示，电子商务中用户数据每年增长约60%，企业平均可以从中捕获25%~30%，但现实中企业对数据的利用率一般不足5%，足见用户数据作为O2O模式的核心资源的商业价值远未被挖掘，值得深耕。[1]

　　徐国虎、孙凌、许芳分别从O2O电商平台、O2O用户和O2O商家三者角度探究了O2O用户数据挖掘的应用，分析了大数据环境下的O2O电商用户数据特征，并提出了数据挖掘框架、流程和主要方法。[2]张波还针对O2O商家提出了挖掘大数据的方法，比如将更精准的匹配商品发布到更精准的O2O渠道，应用新型的O2O客户关系管理，注重自媒体的应用以及构建新型O2O关系链网络，加快企业新营销变革，基于地理位置和消费行为分析的精准推荐等。[3]因此，企业在精准营销中一定要明确需要什么数据，否则即使有了大数据，仍然会失败。

　　对于重要的支付环节，互联网相关技术着重于解决安全性和便捷性来降低客户风险。作为全球领先的第三方支付平台，支付宝于2014年4月1日推出了全新的支付产品"KungFu"（空付），其核心功能在于通过对任一实物扫描授权赋予支付功能。"KungFu"采用了APR（Augmented Pay Reality，增强支付现实技术）和IRS（Information Recall Secure，信息回溯保障系统）[4]技术，大大提升了在线支付能力和安全性，带领消费者进入了无硬件支付时代。

　　当用户完成支付后，"最后一公里"物流是各大商家都必须谨慎对待的环节。目前，RFID（Radio Frequency Identification，无线射频识别）技术已经普

---

　　〔1〕　John G. , David R. , "Extracting Value from Chaos", available at http://www.emc.com / digital Universe, last visited on 2018-1-23.

　　〔2〕　徐国虎、孙凌、许芳：《基于大数据的线上线下电商用户数据挖掘研究》，载《中南民族大学学报（自然科学版）》2013年第2期，第100~105页。

　　〔3〕　张波：《O2O：移动互联网时代的商业革命》，机械工业出版社2013年版，第257页。

　　〔4〕　APR技术能够建立网络与现实世界的链接，通过对被拍摄对象的立体检测和特征分析，精确识别现实世界的人或物。它可以定位到像素级的极小特征，对特征进行3D组合定位和精准识别。IRS技术根据APR技术解析后的信息，去追溯匹配在云端加密储存的个人支付账户，从而使"KungFu"得以完成。

遍使用于商品流转的各个环节，大大提高了物流信息化水平，加快了商品流通速度。利用 RFID 技术，零售商可以识别和跟踪所有物理对象，提供准确真实的实时数据，实现物流信息的实时采集、交换、处理等，优化物流仓储管理和订单的动态可视化管理。

可见，互联网相关技术与商业服务业的融合体现在 O2O 的各个环节，对提升企业竞争力，优化客户体验起着至关重要的作用。

4.2.4 O2O 模式的广泛渗透

从 2011 年概念提出到现在，人们对 O2O 商业模式的认识已经发生了很大变化。在实践中，企业都在自觉地构建适合自身的 O2O 模式，而不再争论到底什么是 O2O，线上线下交互已广泛渗透在商品流通领域和人们的消费行为中。艾瑞网的调研数据显示，2020 年中国本地生活服务的 O2O 市场规模预计达 13 011.6 亿元。[1]

同时，O2O 模式也早已超越了"从线上到线下"的最初含义，而成为以线上提供信息、下单或支付服务，线下提供产品或体验为主要特征的一种经营方式。亿欧网发布的中国 O2O 产业图谱显示：商品零售、餐饮、旅游、教育、金融、医疗、房产、体育、社区服务、会务、家居和休闲等 18 个领域，都在采用 O2O 模式。"线上线下互动已成为最具活力的经济形态之一，成为促进消费的新途径和商贸流通创新发展的新亮点。"[2]尤其是 O2O 模式与移动互联网的结合，使市场营销方式更加贴近消费者随时随地的消费需求。姜丽等认为，在小众化需求时代，O2O 更加符合消费者的利益诉求，也成为"移动营销"的必然选择，成为实现应用平台多元化增值服务发展的关键，解决了如何构建多渠道数字化电商平台这一难题。[3]目前，O2O 模式的移动化带来了更好的互动化，也在移动端为交易积累了大量可跟踪和记录的商家和用户数据，为基于大数据的消费行为分析和市场营销提供了重要支撑。本书

---

〔1〕《本地生活行业数据分析：2020 年中国本地生活服务 O2O 市场规模预计达 13 011.6 亿元》，载 https://www.iimedia.cn/c1061/69289.html，最后访问日期：2020 年 11 月 27 日。

〔2〕《国务院办公厅关于推进线上线下互动加快商贸流通创新发展转型升级的意见》（国办发〔2015〕72 号）。

〔3〕姜丽、丁厚春：《O2O 商业模式透视及其移动营销应用策略》，载《商业时代》2014 年第 15 期，第 58~59 页。

所讨论的正是这种广泛意义上的 O2O 模式，无论是 B2C，还是 C2C、B2B、B2C，越来越多的企业都在经营管理的多个环节采用闭环的 O2O 模式，充分利用线上线下的优势互补，对外为客户提供商品和服务，对内为产品或服务开发与创新提供支撑；线上线下的数据呈现出多重多次交互，线上线下的角色界限日趋模糊却又因相互融合而更加协调。

O2O，这种由互联网沟通的线上线下交互的"全渠道"，已经成为很多企业商业模式的重要组成部分，其特征是由"线上到线下"或"线下到线上"的若干闭环式的经济活动所构成的完整的商品或服务的提供方式。其线上业务内容包括客服、商品或服务展示、数据监控、订单审核与追踪、在线下单与支付等；线下门店承担商品或服务的体验咨询、购买、就近送货或提货等功能，线下物流中心则承担仓储、转运、分拣、分拆及包装、简单加工等功能。线上线下交易活动信息及内容的交互传递，充分适应着消费行为的多变性，以及消费者对不断提高时间与精力使用效率的要求。

伴随着互联网的发展，"商业模式"一词被越来越频繁地使用。其实，从市场交易存在之日起，商业模式就一直存在。互联网的出现，彻底改变了信息流动和传播的方式，各种商业模式中的信息流得以频繁地与各方交互，由此促进了由产品/服务所承载的价值的快速流动与转换，信息流中潜在的各种价值也随着互联网技术的快速发展而凸显，如云计算、大数据等技术的出现和应用，正在将"数据就是资源"变成现实。

这些变化，如果没有 O2O 模式所带来的数据闭环，没有根据线上线下数据内容及其业务特点对 O2O 的运营方式进行创新，就难以实现互联网与实体经济的有效对接，这也成为激发互联网时代商业模式创新的重要路径。如云计算的出现，本身就是从商业模式的角度来思考 IT 技术及其应用的发展，由此诞生了 SaaS、PaaS、IaaS 等技术服务模式。这实际上体现了专业化服务的思想，其典型特点是打破了"使用者不学会新技术就不能应用"的束缚。通过应用服务提供商（Application Service Provider，ASP）这一商业模式，许多新技术应用通过服务的形式消除了使用的技术壁垒。专业人员在后台的主机上部署、治理、维护应用程序，通过广域网络向远端的客户提供软件的计算能力、在线业务应用服务和管理服务等，使用者在前台简单操作即可。这种各司其职的新技术应用服务模式，通过线上线下交互实现技术应用和服务内容的专业化分工，充分激活了各方对数据流的认知水平及其对各方的价值。在这一模式中，交易主体没有变化，但围绕线上线下数据运用及处理方式的业务内容变化，改变了企业获得和使用新技术的方式——企业从购买软件转为购买软件使用权，且有专业人士帮助维护、进行数据分析处理等。如此一来就降低了企业使用新技术的技术门槛和资金门槛，也为后续的技术升级提供了便利。

数字经济时代的商业模式，就是这样伴随着相关技术的进步和线上线下交互，满足了千变万化的市场需求，呈现出不断创新、百花齐放的局面，从而助推众多的市场主体各展所长、各取其便，有效地促进了技术与实践的融合。

4.3 基于扎根理论的 O2O 模式研究

2016 年 10 月，马云在阿里云栖大会上首次提出了"新零售"的概念后，依靠互联网起家的电商也加入到 O2O 大军中，并赋予 O2O 新的内容：不仅仅是对传统零售业的改造，而是基于对消费体验的提升，无论电商或实体店，都可以从各自不同的 O2O 模式中，优化顾客体验，满足并创造顾客价值。

目前，线上线下交互的 O2O 模式已经遍及人们日常生活的方方面面：人们在购买某种商品或服务时，通过手机或电脑查询、下单，供需双方线上线下的交流和沟通等，都已经习以为常。互联网所催生的许多新的零售业态如电商平台、网上商城等，虽然与传统的百货商场、购物中心不同，但究其本质还是零售商业，都是为了将商品或服务以某种方式送到消费者的手中，是市场经济中社会资源分配和产品价值实现的最重要也是最后的环节；通过 O2O 模式创造更好的消费者体验，正是实体店与互联网、电商与实体经济相互融合的切入点。

对零售商而言，线上线下的融合，旨在从网站到实体店之间为消费者建立起体验的无缝连接，如网上选购、实体店提货或退货，完全改变了最初的 O2O 模式中人们只能在网站浏览信息、到店才可以购物的方式。互联网技术的进步和消费者的选择，促使原本数据分离的线上线下走向闭环，实现了数据融合、业务融合和管理融合。以苏宁为例：苏宁在 2013 年 2 月就已实施线上线下同价，并对物流和门店考核体系进行改革，即门店辐射半径内的线上销售计入该门店销售业绩，门店销售员如果推荐门店没有的线上商品给消费者而产生的销售同样给予奖励；不管消费者是线下下单送到家、线上下单线下提货还是线上下单送上门，该商品的销售均算作门店业绩；同时，每个门店设立自提点和送货站，并计入送货员工的业绩，通过线上线下的实时数据来统一调整内部采购、销售和库存结构。这种将线上线下的业绩纳入统一考核体系等绩效管理方法，消除了门店和线上各自为政、自顾自盈利的局面，既鼓励了线上线下相互合作，也放大了苏宁门店的优势，使线上线下闭环所产生的合力共同为消费者带来一致的消费体验，这才是 O2O 全渠道的目标。苏宁的这一改革，体现了适应互联网特点的管理变革，使 O2O 闭环的数据融合更好地服务于线上线下的业务融合。对于零售商来说，融合不仅意味着以顾客为中心，建立良好的无缝体验；也意味着要通过数据流动与共享来消除企业内部的绩效"竖井"；以互联网思维打通内部壁垒，通过相互合作来充分提高员工的积极性、全面提升企业效益。

那么，广泛应用而又各具特色的 O2O 模式，具有哪些共同特征？需要注意哪些问题？通过对案例企业的研究，我们建立起零售业 O2O 模式的理论分析框架。

4.3.1　研究过程

零售业较早受到 O2O 模式影响，也是受影响最广泛的行业。本研究选择了 23 个案例企业，采用 Strauss 三阶段分析法构建零售业 O2O 模式的理论框架。

研究对收集到的资料进行了三阶段编码：

首先，通过开放性编码从资料中提炼出基本概念，然后通过比较将相同或相似的概念归纳为范畴，完成一级提炼。

其次，利用主轴编码对开放性编码得出的范畴进一步进行比较和分析，界定出主范畴和副范畴，不断升华资料，完成二级提炼。

再次，通过选择性编码，比较各主范畴之间的关系从而得出核心范畴，显现各范畴之间的逻辑关系，完成三级提炼。

最后，自然而然地得出理论观点，最终形成相关理论模型。

具体过程如图 4-3 所示：

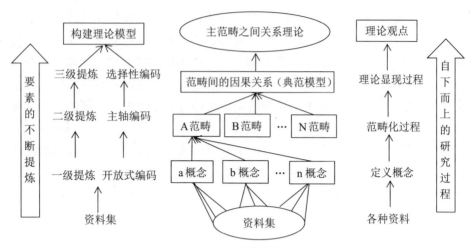

图 4-3　Strauss 的三阶段分析法研究过程

4.3.2　案例企业选择

按照商务部 2004 年颁布的《零售业态分类》标准（GB/T18106-2004），将所获得的案例进行分类（见表 4-3），包括传统零售企业 20 家、电商企业 3 家。

表 4-3　案例分类及典型企业

零售业态		典型企业
专卖店	电器专卖店	苏宁、A. O. 史密斯、九阳
	服装专卖店	优衣库、361、度、七匹狼、纤丝鸟、顺美、菁夫人、哈森
	食品专卖店	大牧场
	玩具专卖店	木玩世家
	通信产品专卖店	迪信通
	家具专卖店	红星美凯龙、绿芝岛
大型超市		物美/美廉美
百货店		王府井、银泰
购物中心		万达广场、华联集团
网上商店		阿里巴巴、江小白、珂兰钻石

同时，为了保证案例的详实和客观性，参考了企业的内外部资料：企业内部资料主要包括官网、公司重要活动、年报、刊物、公开的新闻稿等；外部资料来自亿欧网、品途网等 O2O 商业资讯网站，中国知网、万方数据库等数据库搜索到的期刊、文章、评论等。通过整合、归纳和分析各类资料，为研究夯实案例基础。

4.3.3 主范畴提炼

研究通过典范模型，进一步分析了范畴、概念之间的关系，得出了零售业线上线下交互的 O2O 模式的四个主范畴：价值发现、价值创造、客户关系管理、价值传递。以价值创造为例，包括组织架构、运营模式、管理系统和合作伙伴四个副范畴，以及资源配置、企业变革、公司转型、竞争激烈、网上体系、实体店体系、移动端体系、产品创新、品牌创新、招商引流、新媒体营销、互联网门店 12 个概念，具体的逻辑关系如图 4-4 所示：

图 4-4　主范畴的典范模型

主范畴及其相应的副范畴、范畴的内涵等，见表4-4：

表4-4　主轴编码形成的主范畴

主范畴	副范畴		范畴的内涵
价值发现	外部环境	宏观环境、市场机会	对政治、经济、技术、文化环境和市场机会进行分析，确定是否需要进行O2O模式构建
	内部环境	领导者、企业资源、企业文化、企业战略	通过对企业资源、文化的衡量和战略、领导者的评估，来分析企业能否进行O2O模式构建
价值创造	组织架构	网上体系、实体店体系、移动端体系、部门整合	O2O模式中的框架，搭建实现价值创造的平台
	运营模式	产品、营销策略、资源配置、品牌、技术、人力资源	企业进行价值创造的具体内容、业务组合和资源整合
	管理系统	供应链管理、库存管理、大数据管理	O2O模式中的支持系统，对企业管理提供技术支持
	合作伙伴	供应商、合作商、竞争对手	建立合作伙伴关系，获取外界支持，形成友好利益圈
客户关系管理	用户体验		为客户提供产品体验、服务体验、定制化服务体验、多渠道购物体验等
	用户互动		与客户通过社交工具、微信服务号等工具进行沟通，通过信息推送、消费者满意度调查、提供准确咨询等方式进行客户关系培养
	会员体系		建立会员制，通过会员管理体系为会员提供定制化服务，进行会员营销、会员优惠活动等
价值传递	物流体系		通过自建物流、物流外包、借助第三方物流等方式为客户提供良好的物流配送体验
	支付体系		提供手机支付、在线支付、货到付款等多种方式为客户的支付环节提供最大化的便利

4.3.4　确定核心范畴

通过进一步分析和考察四个主范畴，并结合案例资料，发现"客户关系"这一范畴可以与其他范畴自然而然地发生关联，且频繁出现在资料中，是一个很稳定的范畴；同时，随着资料的丰富和扩展，其下属范畴的维度、属性也在不断延展，因此将其定义为核心范畴。围绕这一核心范畴的故事线为：发现（Discovery）—创造（Creation）—传递（Delivery）—管理（Management），简称"DCDM 模型"。本书采取主范畴典型关系结构来进行故事线描述，通过典型关系结构，本书确定了"客户关系"这一核心范畴，如表 4-5 所示：

表 4-5　主范畴的典型关系结构

典型关系结构	关系结构内涵	代表性资料
价值发现↓客户关系	价值发现是引起客户关系变化的起因，当新的技术、新的市场环境以及行业变化引起了客户需求的变化，企业通过内外部分析发现了新的价值主张、新的客户关系，需要通过内部资源衡量来调整自己，适应客户关系的转变。	a4：2013 年，移动互联网和 O2O 成为互联网行业最大热点，亦会成为未来几年电子商务市场的主要发展趋势。 a5：网上支付系统、网上购物安全保障系统等网络营销障碍的逐渐清除。
价值创造↓客户关系	组织架构、产品、营销、人力资源、技术、合作伙伴等是企业打造客户关系的关键环节和关键资源，从客户关系出发进行企业的流程再造，才能够时刻做到以客户为中心，维系好客户关系。	a27：全面建设互联网化的门店，将销售功能升级为集展示、体验、物流、售后服务、休闲社交、市场推广为一体的新型实体门店。 a68：进行大量的团队建设，在快递、客服、导购等一线岗位新增了五倍以上的人力。
价值传递↓客户关系	无论是门店自提、送货上门的自营物流或第三方物流，还是移动支付、在线支付、货到付款等多种支付方式，都是为了更好地将价值传递到客户手中，是打造客户关系的支持点，支撑客户价值的完美落地。	a47：建立系统化的仓储物流网点，以达到提升物流配送效率和速度的目的，从而增强竞争力。 a103：布局了网上下单+仓库发货+自提点提货、网上下单+实体店打包+实体店送货、实体店购物+手机支付三种模式，改善顾客购物体验。

续表

典型关系结构	关系结构内涵	代表性资料
客户关系管理 ↓ 客户关系	通过用户互动、用户体验、会员体系构建等方式做好客户关系管理，是企业维护客户关系的保障。无论是客户购物前的咨询推送、信息分享还是购物中的独特客户体验、购物个性化引导，或者购物后的售后服务和消费者口碑建设，都需要客户关系管理来推进，以保障企业与客户之间的关系不发生断裂，形成良性互动循环。	a32：线下完成消费后，设置了网友评论换取积分的环节。 a58：将线上线下的积分、返券等会员权益规则进行统一，实现了"一卡多用，共享线上线下礼遇"的功能。

4.3.5　构建理论模型

基于典型关系结构，笔者确定了"客户关系"这一核心范畴，并以此为基础来构建零售业 O2O 模式理论体系，笔者称之为"以客户关系为核心的零售业 O2O 模式理论模型"，如图 4-5 所示：

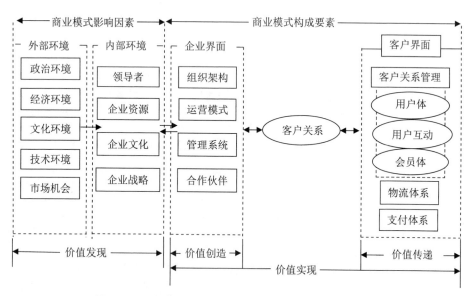

图4-5　以客户关系为核心的零售业 O2O 模式理论模型

该理论模型将 O2O 的商业模式分为影响因素和构成要素两大部分。其中，影响因素包括外部环境和内部环境，即通过对企业所处的环境进行转型的必要性分析，结合企业内部资源进行转型的可行性分析，以此来完成企业的价值发现过程。当发现企业必须且能够进行 O2O 转型之后，进入理论模型中构成要素的构建阶段：首先，根据内部环境分析得出的企业资源优势和企业战略，定位出企业客户关系的核心；其次，围绕客户关系的核心进行企业界面设计，对组织架构、运营模式、管理系统、合作伙伴等层面进行构建，搭建创造价值的平台；最后，设计客户界面，包括客户关系管理、物流体系、支付体系等，搭建有利于将企业所创造的价值传递到客户手中的价值传递模块，从而完成以客户关系为核心的价值实现。

利用"以客户关系为核心的零售业 O2O 模式理论模型"构建 O2O 模式时，具体分析思路如下：

在构建 O2O 模式之前，首先进行价值发现模块分析。经济环境、文化环境、市场机会等的变化导致企业所处的外部环境发生了变化，企业需要审视自身所处的外部环境是否对企业本身提出了转型的要求。当外部环境提出转型要求时，企业应重新审视企业战略、企业文化、企业资源、领导者风格和思维等内部资源，分析企业自身是否有能力进行转型。在外部压力和内部能力相平衡的情况下，企业往往会主动走上转型之路。

其次，在确定企业必须且能够实施基于互联网的转型之后，需要调研企业构建 O2O 模式所面临的问题，并结合企业资源优势定位出企业客户关系的核心。围绕这一客户关系核心，结合企业定位和资源状况，进行价值创造模块和价值传递模块构建。

最后，构建价值创造和价值传递模块，即企业界面和客户界面。企业界面和客户界面与客户关系相互作用，需要以客户关系为中心设计、调整企业的组织架构、运营模式，以便更好地服务于客户关系。同时，还需要引进新的管理系统，寻找合作伙伴来构建动态利益圈，创造价值。例如，通过用户体验、用户互动、会员体系等客户关系管理渠道与客户形成良好的互动界面；同时利用物流体系、支付体系等将价值传递到客户手中，最终完成以客户关系为核心的价值实现。

多种多样的 O2O 模式的核心到底是什么？依托互联网而建立的"数据

化"系统是 O2O 业务运营的神经系统，其关键是通过大数据优化企业的线上线下运营，触摸产品销售的真实情况，帮助企业遵循客观规律来改进不足、识别盲点，最终促使企业利用 O2O 模式成功实现经营转型。这也是 O2O 模式与传统零售的重要区别，也构成了 O2O 模式的核心模块，即通过 PC 端或移动端 APP "在线查询、在线支付"，实现对每一笔交易的跟踪。对于商家而言，在线查询便于准确了解顾客的潜在需求，在线支付可以为商家提供更精准的客户购买和需求信息，便于产品和服务的推销；对于消费者来说，在线查询能够随时随地在线查看、选择产品和服务，利用碎片化时间获得完整的产品信息，通过在线支付就能够就近享受到线下服务。在 O2O 模式中，互不相识的顾客可以依托互联网形成社群，以对产品的独特情感创造出线上线下的相互协同，使产品使用、顾客生活和关联服务三者之间相互串联，既可以彼此为消费提供参考方案，也会因社群情感而加强顾客"黏性"。

在传统经济体系中，企业以自身资源总量、资本规模及高效的劳动分工为根基，实现斯密式增长。但消费者需求又是极具个性化的，如何满足小规模的个性化需求？例如，一家店铺主要销售公交卡套，若是在线下，这样单一、低值的产品线根本无法支撑店铺的开销成本，也难以聚集客户。但在入驻电商平台后，只要需要公交卡套的消费者都会搜索到这家店铺并购买。在拼多多平台上，许多千奇百怪的小众商品都有相应的购买者。这些冷门商品形成的无限的长尾市场乘以销量，利润并不比热门产品少。因而，无尽的商品种类也是拼多多、淘宝等平台成功的关键，它满足了数以亿计的消费者的"淘宝"需求，"淘宝""拼多多"一词，也形象地描述了众多不热门但又有市场需求的小众商品的价值实现过程。O2O 就是这样跨越了时空的限制，连接了天南地北的小量供应和小众需求，形成无数个小众市场，并为买卖双方提供及时、全面的沟通。[1]互联网在信息扩散和聚集方面所显示的快速、低成本（乃至零成本）优势，使得许多个别的、个性化的供给和需求都能够被发现，并因长尾效应而形成一定的规模，使企业能够通过满足个性化商品需求这一独特的情感共鸣，与顾客建立起密切联系，从而挖掘出个性化需求的价值，这也是 O2O 模式为企业提供的竞争优势。关于长尾效应的讨论，请参

---

[1] 张旭媛：《长尾理论在电商企业中的应用——以"淘宝"为例》，载《电子商务》2019 年第 7 期，第 20~21 页。

考本章附录。

本书中所构建的 O2O 模型是否有效？理论饱和度是验证其有效程度的重要保证，一般而言，样本数在 20~30 之间便可使理论达到饱和程度，[1]本研究在编码到第 20 个案例时，概念和类属基本饱和，很少出现新的性质了。为了进一步验证理论效度，本书随机选取了实施 O2O 转型的五个不同类型的企业案例，分别是荣昌 e 袋洗、麦当劳、七天酒店、广之旅、四川电信有限公司，对其依次进行三阶段编码，共获取 51 个概念以及 21 个范畴。编码过程中没有发现频繁出现的新概念属性，概念和范畴之间、主范畴和副范畴之间的关系都可以用"以客户关系为核心的零售业 O2O 模式理论模型"来解释，因此可以认为图 4-4 所呈现的理论模型是饱和的。

4.4　案例研究：邻家集团的 O2O 之路

正是借助各种 O2O 模式，互联网改变了各行各业供给方与需求方之间的交互路径。其中，既有淘宝、京东等依托互联网诞生的电商企业，也有银泰百货、大悦城、邻家超市等传统零售企业，还有中国工商银行的融 e 购、顺丰快递的顺丰优选等突破原有行业界限的跨界经营，更多传统零售企业也通过 O2O 来实现转型升级。

实践中，很多企业认为在支付环节或营销等方面有线上线下的内容就是 O2O 模式了，零售业（企业）的本质反而被忽略了。实际上，无论怎样变化，零售业 O2O 模式要成功，都必须服务于其本质——高效传递商品和服务，满足并滋养顾客价值，提高客户满意度，偏离了这些根本都难免舍本逐末。因此，如何进行"互联网+"，是一个系统的战略问题，应该从商业的本质来思考，"头痛医头脚痛医脚"的临时性措施，都难以解决根本问题，这也正是我们解读邻家超市 O2O 模式的意义所在。

---

〔1〕 郑称德、许爱林、赵佳英：《基于跨案例扎根分析的商业模式结构模型研究》，载《管理科学》2011 年第 4 期，第 1~13 页。

4.4.1 邻家集团简介

本研究选取全国百强零售企业"邻家"[1]作为案例企业,遵循"理论指导实践"的逻辑思路,用"以客户关系为核心的零售业O2O模式"来考察邻家的O2O实施状况。

邻家主营零售批发业务,经过多年的发展壮大,直营店扩张到87家,经营面积近16万平方米,员工人数7000余人。在硬件设施方面,已形成3万余平方米的商品配送基地,生鲜商品恒温库和低温库已达6000平方米。近几年,公司朝着经营规模化、物流机械化、管理专业化、流通信息化方向发展,销售额也以两位数稳步增长,跃居中国连锁百强企业。邻家连锁店类型及店铺数见表4-6,年度销售额变化见表4-7,表中数据均根据调研整理。

表4-6 邻家连锁店统计表

类　型	综合连锁店	普通连锁店	社区店	菜市场	加盟店	外埠连锁店	总　计
店　数	22	22	11	3	75	20	152

表4-7 邻家2013—2019年销售额

年　份	2013年	2014年	2015年	2016年	2017年	2018年	2019年
销售额(亿元)	43	47	49	51.8	53.2	55.4	57.1

在"互联网+"的热潮下,邻家开始以"轻投入"的姿态试水O2O,2012年起就陆续与京东、百度、淘宝三大电商巨头开展线上线下合作事宜,以自身直营店多、社区门店密集两大优势与强大的第三方平台合作,形成资源互补、互利共赢的局面。

4.4.2 邻家超市:满足并创造顾客价值

运用图4-5"以客户关系为核心的零售业O2O模式理论模型",我们确定了邻家O2O商业模型的分析具体思路,如图4-6所示:

---

[1] 应企业要求,本书对企业名称和相关数据都作了修饰性处理,特此说明。本部分由葛建华指导、修改,章亚如执笔。

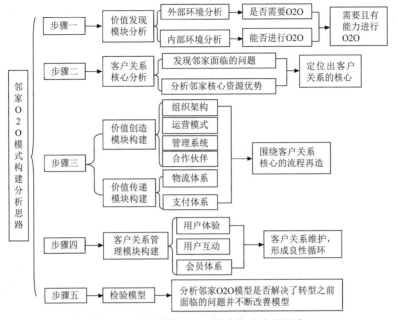

图 4-6　邻家超市 O2O 模式构建分析思路

（1）邻家超市的价值发现模块分析。不同于家乐福、大润发、沃尔玛等大型零售集团，邻家规模较小，多数门店在北京市海淀区，综合竞争实力也较弱；但门店选址深入社区，且客户群体以周边社区中老年顾客为主，具有较为稳定的客户关系以及建立长期客户关系的有利条件；从邻家内部来看，存在可用资金较少、人力资源紧张、组织架构变革周期长等问题。但邻家有着完善的供应链体系、丰富的生鲜食品来源及冷链物流体系和长期的实体店运营经验，在打造区别于网上超市的实体门店方面有着得天独厚的优势。

（2）邻家超市客户关系核心分析。通过深入的现场考察、与中高层和员工的多次访谈，我们发现邻家开展 O2O 面临的问题如下：一是如何确定线上线下的商品组合和价格才不会引起自我竞争，才可能使网络能够为企业带来销售增量，而不是线上线下的顾客分流。二是物流配送如何满足消费者送货上门的要求，配送成本和配送质量如何两全？如何实现"最后一公里"的无缝链接？三是缺少基于大数据的消费者行为变化的精准分析，对于互联网时代消费群体和消费行为的变化缺乏了解，尤其是相关具体数据，企业尚难以获得。

4.4.3 邻家超市 O2O 模式

综合内外部情况，根据邻家超市客户群体的特殊性、生鲜产品结构及物流优势，我们从"服务顾客三餐饮食的有温度的社区超市"的定位出发来分析邻家超市的 O2O 模式。

结合图 4-5"以客户关系为核心的零售业 O2O 模式理论模型"，对相关一手资料和二手资料进行整理、分析，具体如表 4-8 所示：

表 4-8   邻家超市商业模式的四大要素解读

层　次	构　件	子构件	属　　　　　性
价值发现	外部环境	政治环境	国务院办公厅、商务部、国家市场监督管理总局、中国人民银行、地方政府等纷纷出台法律法规，促进和规范电子商务的发展，为邻家利用电子商务提供了绝佳时机。
		经济环境	中国电子商务研究中心数据显示，2019 年我国网络零售市场规模已突破 10 万亿，潜力巨大，传统超市拥抱互联网已成趋势。
		文化环境	新时代消费者电商接受程度高，截至 2019 年底，中国移动互联网用户规模达 13.19 亿；除了追求质量、安全外，还要求方便快捷、体验性消费，要求企业提供随时随地全天候购物服务。
		技术环境	移动互联网发展势头强劲；LBS 定位、大数据挖掘、RFID、支付、二维码扫描等技术越来越完善，在零售业发展中的作用越来越大。
		市场机会	外部潜在和现有竞争者多，无论电商巨头、不同业态经营者还是同行业竞争者，都在通过 O2O 抢占市场，竞争激烈；进入壁垒高，开展网上业务需要大量的资金、人力，是一个长期的重投入的工程；线上业务的拓展需要更多地依托实体店才能长久地跑赢市场。
		领导者	邻家的领导者具有互联网思维和发展线上业务的决心，2012 年开始努力开拓多类型合作伙伴，开展线上业务的决心明确而坚定。

层　次	构　件	子构件	属　　性
价值发现	内部环境	企业资源	(1) 门店资源：邻家的门店布局采取"立足海淀、辐射北京"战略，集中分布于海淀区，社区店等连锁店深入居民区，以 2000 平方米的实体超市为主。 (2) 运营经验：2012 年开始网络购物尝试，积攒了一定的运营经验，同时长期发展实体超市的经验十分丰富。 (3) 客户资源：邻家是北京老字号传统超市，中老年群体是忠实客户，也伴随着青年客户的成长，若开展线上业务，有青年客户表示会因为情感归属而支持其线上业务。 (4) 供应商资源：农超对接是邻家的特色供应方式，通过与全国 70 多家农业合作社直接合作，80% 的蔬菜和 50% 的水果都实现了产地直采；从 2010 年起，邻家与产地建立起了松茸"从基地到餐桌"的直供业务，最大限度地保证松茸的品质和新鲜度；供应商体系中，年销售 1000 万以上的 31 家，500 万～1000 万的 33 家，300 万～500 万的 42 家，300 万元以下的 395 家。 (5) 企业资产：位于北三环路内的果蔬配送中心，有 3700m^2 的 0℃的恒温库，用于果菜的加工和储存；−18℃的低温库，用于储存冷冻食品；400 m^2 的加工车间、300 m^2 的水产区以及 800 m^2 的果菜区，其地理位置也便于配送到各个门店。
		企业文化	(1) 企业形象：北京老字号商业品牌，拥有 ISO9000 质量体系国际、国内双重认证，食品安全 A 级企业。 (2) 企业制度：食品安全管理制度、职业健康安全制度、多项工作流程专项手册、内部管理机制。 (3) 经营理念：天下大事必作于细、"以人为本"的"家"文化、"服务是天职，信誉是生命"的企业风尚。
		企业战略	(1) 定位：扎根区域市场，做"有温度的社区超市"。 (2) 战略：跟随战略，自身实力、资金欠缺，采取"轻投入"战略，立足实体店不盲目跟进，随"需"而动。
价值创造	组织架构	网上体系	目前不自建网络平台，与阿里巴巴、京东、百度等第三方平台合作进军网上业务，辐射北京乃至其他省市顾客。
		实体店体系	(1) 改善实体店购物体验，通过设立休息区、娱乐区为客户提供"第三空间"，改变单纯的购物场所定位，满足消费者购物体验。 (2) 通过 WiFi 铺设构建互联网门店，支持消费者的 APP 导航购物和手机下单。

续表

层次	构件	子构件	属　　　性
价值创造	组织架构	实体店体系	(3) 统一门店布局和门店设计，改善陈列展示，企业形象统一化。 (4) 有计划地稳步推进新增实体店，深入社区，铺设线下，继续服务好原有客户群，吸引潜在客户群。
		移动端体系	(1) 加强邻家官方微信订阅号、微店——乐活邻家的运营。 (2) 继续完善手机查询、手机互动、手机导航、手机下单、手机支付等功能，打开移动购物市场，主要吸引青年客户群，培养他们的品牌忠诚度。 (3) "邻家超市微店"与实体店会员卡系统连接，方便会员查询积分，线上线下权益统一。
		部门整合	(1) 针对电商业务发展，新增专门的技术人员。 (2) 待电商运营壮大且实力足够时，重新考虑电商部门的设立事宜。
价值创造	运营模式	产品	(1) 产品组合：围绕客户的日常三餐所需，增加邻家超市商品生鲜品类，深挖重点品类，通过自采渠道、定制商品等引进新品，创新产品种类，优化产品结构；引进独特产品，如松茸，实现差异化经营。 (2) 产品细分：将商品详细分为实体店商品、平台专供货、移动端专供货、保证渠道差异，在三种渠道内部将商品进一步细分为经营商品、推荐新品、促销商品、重点商品、畅销品，做到产品精细化管理。 (3) 产品定价：在产品细分的基础上，每个渠道经营的产品不同，拥有较大的定价自主权，同样商品采取线上线下同价策略，保证消费者的购物体验。 (4) 产品创新：利用电子价签、产品二维码墙等方式将产品电子化，方便消费者了解产品的详细信息，促进移动端购物。
		营销策略	(1) 新媒体营销方式：在产品宣传方面，利用微信采取普发+点对点推送方式，在客户细分的基础上，进行精准营销，提高推送消息的接受率和点击率。 (2) 对重要客户进行个性化营销，根据购物喜好进行定制化推送，提高购物转化率；在产品促销方面，采取优惠券推送、会员优惠等方式，增加到店率和重复购买率。 (3) 创新产品促销组合，比如目前推广的上班族下午茶、减肥晚餐、银发健康食品等，研究消费者的饮食体系，抓住空白市场，形成差异化营销。 (4) 传统媒体营销方式：主要针对中老年客户，在现有营销

续表

层 次	构 件	子构件	属　　　　性
价值创造	运营模式	营销策略	方式基础上继续创新，通过"单品竞赛""集印花狂欢"等活动引流并且与消费者互动。
		资源配置	邻家的线上业务主要依托第三方平台以及自建的微店、订阅号等，线下业务依托实体店，线上线下的客户信息、供应商资源、营销方式等可以互相整合，融合不同渠道的优势，做到资源整合和数据共享，形成一个有机统一体。
		企业品牌	(1) 品牌定位：根植于社区的一流零售商，继续以社区为切入点，成为消费者的亲密邻居，做有温度的社区超市。 (2) 品牌创新：增加自有品牌"邻家超市"旗下的产品线，扩大产品类别，与竞争对手相区别。 (3) 品牌管理：线上线下品牌保持统一，塑造一致的企业形象。
		人力资源	(1) 人才体系建设：适当引入专业人才，建设专门的配送队伍，形成每家每户固定人员对接，为O2O的后续发展做储备。 (2) 人员培训：对现有团队和现有员工进行电子商务知识培训、技能培训，保证目前的人员架构能够很好地支撑企业"轻投入"战略，加强工作人员的素质培训。 (3) 人才晋升：推进内部管理机制，整合人力资源，推进定岗定编，落实关键岗位人才培养。 (4) 人才激励：开展星级员工评定，引入竞争机制，店长、采购等关键岗位实施竞聘机制。 (5) 绩效考核：线上和线下业务的绩效关联，客户实体店转线上下单支付，增加到线下人员绩效中来，通过资金奖励、荣誉表彰等方式鼓励员工。
价值创造	管理系统	供应链管理	打造邻家数字化管理系统，将供应商、零售商、顾客纳入整个供应链体系中，实现数据实时更新，实时共享。
		库存管理	整合并打造统一的库存系统，避免线上线下库存信息不对称，清理库存做到精细化管理。
		大数据管理	建立大数据系统，实时收集用户信息，为精准营销、客户关系管理奠定基础。
	合作伙伴	供应商	(1) 构建供应商质量评估体系，从源头上保证产品质量。 (2) 优化供应商数量，对同一品牌渠道进行精简，淘汰合作差的供应商。 (3) 与重点供应商建立战略合作伙伴关系，培养明星产品。

续表

层次	构件	子构件	属性
价值创造	合作伙伴	合作商	(1) 跨渠道寻找合作伙伴，寻找不同行业的合作关系，比如购物赠电影票，使用邻家微店购物获得打车券等合作方式，共同开拓O2O市场。 (2) 寻找志同道合的合作伙伴，保证合作伙伴形象和价值观与邻家一致，形成和谐的合作关系。
客户关系管理		用户体验	(1) 产品体验：绝佳的产品体验是核心，让消费者参与到产品采购中来，制定他们的购物篮，提供多种包装方式，方便客户选购；针对生鲜食品，提供试吃体验，让消费者真实地体验食品的新鲜度和口感，提高购买率。 (2) 实体店体验：提供动态导购、专属促销、预约预定、分享互动等交互体验服务，提高消费者购物满意度。 (3) 售后服务：对客户的投诉、反馈第一时间处理，且富有诚意；对于微店购物产品实施任何实体店皆可退换货服务，解除消费者后顾之忧；出台详细且通俗易懂的退换货物流费用等规定，减少后续争议。 (4) 附加服务：提供老年人实体店购物免费送货上门服务、老年人平时生活帮助服务，构建和谐邻里关系；引进手护、皮鞋美容、首饰护理、充话费等附加服务，优化消费者的一站式体验。
		用户互动	(1) 构建互动平台：邻家与用户互动的界面主要集中于客户端，除了现有的微信订阅号，可注册私人微信，以好友+朋友圈的方式点对点地与消费者互动；在微店里增加用户分享栏目，方便消费者分享购物体会，交流购物经验，推荐商品等；构建消费者群，设立"店长忠实客户微信群"等讨论组，实现邻家超市引导的实时沟通。 (2) 信息推送：邻家集中于食材、菜谱、烹饪方法等方面的专业资讯，为消费者推送菜单，成为消费者的厨房顾问；新的商品或促销商品上市时，第一时间推送，并根据用户的反馈深化推送信息，形成个性化互动。 (3) 客户参与：设置评论换取积分、优惠券等活动，鼓励消费者参与到产品的评价环节，这样能被潜在用户参考，形成口碑传播。
		会员体系	(1) 建立会员管理系统，根据购物金额、购物类别、购物频率等标准对会员进行精细化管理，有助于个性化营销。 (2) 固定会员日方便记忆。 (3) 线上线下通用优惠券，优惠权利一致和新品优先体验权。 (4) 松绑会员卡，采用手机号作为会员号，方便客户使用。

续表

层 次	构 件	子构件	属　　　　性
价值传递	物流体系		（1）网上零售的物流由第三方平台负责，邻家只作为平台商品供应商。 （2）实体店和移动端体系的业务，北京市六环内的核心城区，由邻家自建物流体系配送，消费者可以选择客户端下单，实体店自提或送货上门等方式，每个小区配备固定的送货人员，形成固定的送货关系；六环以外的地区由第三方物流或借助第三方平台物流进行配送。 （3）制定详细的配送细则，方便消费者安排下单时间；消费者填写的资料信息等全方位保密，确保客户资料安全。
	支付体系		（1）PC端、移动客户端可借助微信、支付宝支付等方式，也提供货到付款支付等。 （2）实体店引入支付宝、微信支付等手机支付方式，与现金、网银等多种支付方式并存。

结合理论模型和表4-8，邻家超市的O2O模式简化后如图4-7所示：

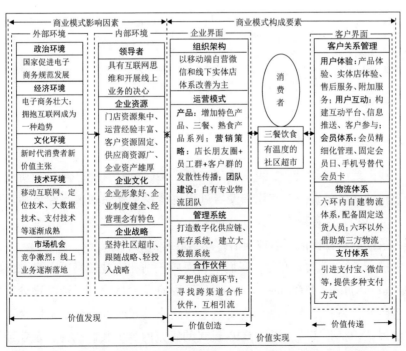

图4-7　以"三餐饮食、有温度的社区超市"为核心的邻家超市O2O模式结构

该 O2O 模式使邻家超市面临的三个问题迎刃而解，详见表 4-9：

表 4-9　邻家超市面临的三个问题及解决方案

问题一：线上线下的自我竞争	(1) 邻家在 O2O 的前期阶段，线上业务主要以平台供应商的角色存在，作为京东、天猫等电商的供应商，不主动涉及平台业务。 (2) 自有微信线上平台，以销售高端食品为主，做到产品差异，客户群差异。 (3) 线下业务则在维持现有业务的基础上，增加果蔬、熟食供应，利用体验感强的产品吸引客户进店消费，逐步削弱标准食品、包装食品的供应。
问题二："最后一公里"的无缝对接	(1) 邻家的客户以老年人、中年人为主，送货上门不仅代表了超市服务的一个环节，还是超市培养客户关系的关键突破点。 (2) 每个小区配备固定的送货人员，不仅保证了送货服务的安全性，而且在产品出现问题时，便于顾客直接联络送货人员进行退换货。 (3) 同时，固定的送货人员方便与空巢老人或者社区老人的子女建立联系，帮助解决老年人的日常生活问题如受子女委托探望老人等，可建立长久的服务关系。
问题三：消费者行为变化的精准分析	(1) 要做到对消费者了如指掌，硬件设备的更新必不可少。如对到店客户、PC 端和移动端的客户，都可以利用大数据技术作出精准的客户群划分，为精准营销打好数据基础。 (2) 作为平台供应商，根据平台的进货要求分析线上消费者的购物习惯和购物倾向，为自主进军线上业务奠定基础。

4.4.4　对 O2O 模式的再认识

从线上线下分离到线上线下闭环交互，O2O 模式目前已经成为所有价值创造模式的必备要素，其变化和发展过程也体现了互联网融入经济活动和社会生活的过程。这种融合，使互联网与人类生产生活实现了水乳交融，融合过程中数据的潜在价值不断被激活，并创造出新的价值。

在进行 O2O 模式研究时，我们一方面应该站在宏观的高度上，跳出单纯的 Online to Offline 或 Offline to Online 等字面意思，从价值创造的理论层面进行整体研究；另一方面，也要改变简单的商业模式嵌套方法，采用合适的研究方法根植于企业实践，深化 O2O 模式的研究内容。我们认为，企业经营管理活动最大的特点是市场因素驱动，具有自发性和不确定性，具体实施方法因具体状况不同而千差万别，一味套用"先入为主"的量化理论模型进行研究难免偏颇，而扎根理论等质化研究方法则更为合适。

由于商业模式具有动态性，对其研究也须从动态角度出发，在对代表性企业的研究剖析中，应着重挖掘出影响商业模式和价值创造的主要因素和关键构件，厘清企业共性要素和个性要素，从而构建起商业模式的完整分析框架，为相关研究和企业实践提供方向性指导，以利于企业在借鉴成功企业的共性参考要素的同时，融入自身的个性要素，根据企业实力和资源等内外部因素进行综合考虑来构建 O2O 模式。

对于不同行业的企业，O2O 模式都是企业拥抱互联网的表现形态，客户关系是价值创造的核心。本研究在对 23 家具有代表性的企业案例进行三阶段编码后，从 165 个概念和 25 个范畴中不断发展出四个主范畴，即 O2O 模式的四个模块，同时归纳出四个模块对应的副范畴：价值发现（外部环境、内部环境），价值创造（组织架构、运营模式、管理系统、合作伙伴），价值传递（物流体系、支付体系），客户关系管理（用户体验、用户互动、会员体系），并由此构建了"以客户关系为核心的零售业 O2O 模式理论模型"。该模型涵盖实体店体系、网上体系、移动端体系、新媒体营销、客户关系管理、物流配送、金融支付、合作伙伴等环节，构建出一个完整的线上线下生态系统。企业在构建"以客户关系为核心的零售业 O2O 模式理论模型"时，要注意结合企业的内外部资源，尤其是企业独特的核心资源。

我们认为，建立在核心资源上的 O2O 模式，一方面能帮助企业继续发挥核心资源的不可模仿性和异质性的优势，使得核心资源效益最大化；另一方面能帮助企业建立起区别于竞争对手的 O2O 模式，更有利于企业的长远发展，形成竞争优势。

4.5 典型案例：生鲜电商奥西克斯（Oisix）

日本总务省调查显示，2020 年日本消费者网购交易额中食品类消费占比持续增加近 10%。[1] 网购开支中食品类支出的增加，与新冠肺炎疫情、双职

---

〔1〕 参见日本总务省《令和 2 年经济财政报告》（2020 年 11 月）。

工家庭增多、全社会老龄化加剧等因素都有关系，也为食品电商的发展带来了契机，但生鲜电商如何做好品质管理和顾客服务是一个普遍性的难题。对此，日本生鲜电商的佼佼者奥西克斯的经营之道值得借鉴。[1]

4.5.1　企业简介

2000 年，日本东京几个二十多岁的小伙子建立了 "e831.com" 网站，尝试在线销售有机蔬菜，这就是奥西克斯的前身。创业者们希望开创一种新的生鲜农产品销售方式，即消费者可以通过互联网轻松获得日本各地的优质食材。

何谓优质食材？"生产者能够放心地让自己的孩子吃"——这就是奥西克斯对好食材的基本要求。为此，创业团队成员一边深入田间地头发现好食材，一边在网站上介绍有机食材的生产过程、烹饪方法等，向周边的人试销价格高于一般品质的有机食材。随着销量增加，签约农户慢慢增多，高品质货源有了保障。

2000 年 6 月，奥西克斯网站对外开放试营业，这也是创业团队面向社会的真正起点。每天，这些既不是美食家又不会做饭的年轻人，全力以赴地在种植户和消费者之间传递有机食材信息，努力获得和建立起双方的信赖，并于 2000 年 9 月设立了由专家、学者和家庭主妇等组成的食品品质监查委员会。

2002 年 12 月，网站首次实现盈余，回头客越来越多。

2010 年 10 月，奥西克斯在东京惠比寿三越百货设立了首家实体店。目前，已在线下开设了 5 家实体店铺。2013 年 3 月，企业在东京证券交易所成功上市，为发展募集了更多资金。2018 年，企业先后与 "Radish Boya"（1988 年成立）和大地（1975 年成立）公司合并，汇集各方在有机蔬菜生产、品质控制、物流配送和销售管理等领域的丰富经验，组成了 "奥西克斯·大地" 股份有限公司。

目前，公司有 1731 名员工（截至 2021 年 3 月末），资本金约合 2 亿元人民币，有 10 家分公司，共获得 10 多项奖项，成为日本生鲜电商的一面旗帜。

---

〔1〕 Oisix，日文中可理解为好吃、美味等。

2010年1月，公司开发的环境友好型蔬菜包装材料——"空气袋"，获得了日本食品业界CO_2减排优秀奖。同年，企业还获得了日本食品行动协会奖，是唯一获此殊荣的食品类电商企业。

4.5.2 品质服务：严选、安全和营养

作为生鲜电商，奥西克斯承担着从农家田野到消费者餐桌的中介角色，这就要求其不仅要为消费者严把食品安全质量关，还要为消费者提供营养丰富的食材。

针对"很多农户不吃自己种植的东西"这一现象，奥西克斯将自己当作生产方参与到全过程中，为顾客甄选安全、营养、价廉物美的食材。采购时，要求采购员必须试吃；食材进入仓库时，必须进行检测，对产地直配的生鲜商品就地检测，以确保将最新鲜、最放心的美味，在最短时间内送达顾客手中。对于分布在全日本的一万多个种植生产小组，公司要求每一个生产者都要建立食材种植者档案，客观记录生产全过程，包括各种农药化肥的使用数据等，以确保数据必须在可控的范围内。根据近20年的数据积累，企业建立起自己的商品品质可追溯系统。

针对特殊人群如婴儿、孕妇和幼儿园小朋友等，企业对食材生产、加工全过程的细微之处都有更严格的标准，如产品种类、运输过程中的温度管理、包装要求等。企业还将配送时间细分为上午、下午或晚上，平日、周末或节日等，为人们提供多样化、可选择、可精确到小时的宅配服务。

除了保证新鲜外，公司专门创立了食品技术基金会，由专人研究食品的营养特性、风味，根据食材特性为消费者提供恰当的烹饪方法；对于亚健康状态、各种三高病人等，企业从营养均衡的角度，搭配各种食材来辅助人们改善体质。这些超越食物本身的、有更高价值的服务，增加了顾客黏性，为食品电商的经营提供了全新思路。

4.5.3 服务伙伴，提升价值

（1）为种植者服务。食材关乎每个人的健康和生活质量。创业伊始，奥西克斯就坚持向种植者直接订货。为了避免膨大剂、生长素等对农作物的影响，企业联合农业专家指导种植者通过自然农法来提高品质，确保食材的绿

色、有机、健康等特性，做到人无我有、人有我优，以更加优质的商品来吸引客户。

同时，企业还联系专家协助农户开发出独特的"畅销商品"，如不同于标准品的"蜂蜜西红柿""凯尔羽衣甘蓝"等，以及为挽救濒临灭绝的地方蔬菜品种，企业开展了"复活蔬菜"种植活动。这些独特的蔬菜品种，既丰富了消费者的餐桌，也形成了差异化，为企业和种植者在细分市场中获得了更多收益。

（2）为消费者服务。在数字经济时代，用户思维的核心是指在产品的市场定位、研发测试、生产销售及售后服务整个价值链的各个环节，都以"用户为中心"来思考问题。对于生鲜电商来说，如何让平常食材吃出花样、吃出不同的新鲜感等，都是用户思维的具体体现。比如，对于西红柿等大众食材，奥西克斯开发出了更多的做法，如将西红柿奶酪等菜谱推荐给消费者，于普通中蕴含惊喜。对于新食材，企业开发了专门菜谱，教人们如何烹饪，包括选择什么样的厨具、餐具，以更好地展现食材的特点和价值，等等。公司网站还为消费者提供菜谱、烹饪视频的分享平台，让顾客从美食中获得更多乐趣。很多顾客不仅因此爱上了"回家吃饭"，也更喜欢由食物带来的生活美感。

除了美味，企业还关注如何让消费者吃得健康、吃得科学。奥西克斯的研发中心专门对食材的热能转换值进行了研究，在商品信息中告知顾客每种食材所提供的"卡路里"，帮助顾客做好每一餐的健康饮食管理，从一点一滴中累积健康财富。企业的研究中心还为幼儿园提供营养餐的食材搭配，为一些没有专业营养师的幼儿园免除了营养配餐的后顾之忧。

随着女性越来越多地进入职场，如何减少料理制作时间和辛苦程度、简单地享受美食也成为企业的研究课题。2013 年 7 月，奥西克斯推出了"美味厨师"（Kit Oisix）项目，为消费者提供 20 分钟就能烹饪出 5 种美味菜肴的食材套餐和制作方法，使那些忙于工作的女性能方便地为家人烹饪出丰富的菜肴，在简单中享受美好。

针对人们对核辐射的担忧，2012 年 1 月奥西克斯提高了辐射性物质的检出标准，为婴儿和儿童提供放射性物质"零检出"的生鲜食材套餐。安全有保障的食材、高标准的产品监测数据、多方面的服务，为企业赢得了消费者的长久信赖。

这些用户导向的各种服务，表明奥西克斯已不仅仅是食材销售商，更是消费者的餐饮服务者和健康管理顾问，为消费者创造健康和快乐，从而实现了种植者、消费者、企业三方共赢的价值创造。

4.5.4　促进沟通：加强利益相关者的相互理解

为了促进产业链两端的沟通、了解相互的需求、共同参与品质建设，奥西克斯从 2004 年起举办一年一度的"最优种植者"评选活动。该活动以顾客信息反馈中的"好评"数量为基准，评选出最优农产品生产者。

这一活动，充分考虑了食材的特性——仅有严格的生产技术和过程管理还不够，还必须"好吃"才有利于销售，才能获得市场价值，消费者点赞"好吃"，正是对食材品质与美味的双重认可。该项评选已持续 16 年，越来越多地受到各方关注，为生产者和消费者之间的沟通、为品质提升和烹饪多样化提供了多方交流学习的机会。每次活动中，消费者代表和获奖农户的致辞，也都充分表达了彼此之间的认可、理解和感谢，诠释了生产者与消费者互动对提高品质的重要性，也实现了"最优生产者"评选活动的初衷——让我们在彼此的陪伴中更好地成长。

多年来，企业的服务理念和多种具体措施，在生产者、经营者、购买者、烹饪者和食物品尝者等各利益相关者之间，建立起越来越深厚的沟通和信赖，对营造和巩固良好的利益相关者关系发挥了重要作用。

互联网的开放性使更多主体掌握了话语权，也赋予价值链上的各个成员对企业品牌建设的更高参与性和积极性。作为服务业，电商企业的品牌建设明显不同于产品品牌建设，赖利（Dall'Olmo Riley）和德·彻纳东尼（de Chernatony）指出服务品牌的建设是一个整体过程，开始于服务企业与员工之间的内部关系，经过与消费者的外部沟通，在消费者与服务提供者（员工）之间的互动中活跃起来。[1] 多年来，奥西克斯秉承"好吃、快乐、健康、简单、信赖、关注社会"的服务价值观，以既是生产者又是消费者的双重身份来沟通利益相关者，并建立起良好的沟通方式，构建起高质量顾客服务的品牌价值体系，使企业在竞争激烈的日本零售市场中获得了快速发展，2020 年度（截至 2021 年 3 月）奥西克斯的销售额约为 1000.6 亿日元（约合 59.2 亿

---

〔1〕　Dall'Olmo Riley F., de Chernatony L., "The Service Brand as a Relationship Builder", *Journal of Brand Management*, 2000（11），pp. 137-150.

元人民币），营业利润约合4.5亿元人民币。[1]

本章主要围绕零售业讨论了O2O模式。现实中，我们已经很难找到一家企业的经营活动不涉及线上线下的O2O模式，只是具体表现形式不同而已。简单如会议、在线直播与现场参会相结合，会议发言或讨论线上线下同步，轻松跨越了时空限制，方便不能到现场的人参会；复杂如基于用户需求的智能制造，线上线下的数据交互，使用户潜在需求不断显现并被挖掘，为智能制造提供数据支持，小米手机的发展就是典型事例。正是在各种场景的具体运用中，O2O模式不断被创新、表现出更多的具体形态，也更加深入地嵌入社会经济生活中，既体现在终端消费，也体现在产业链的各个环节，贯穿于各产业的数字化过程中。

生活、交易，都在线上线下！

通过线上线下交互，互联网连接起许多没有逻辑的关联并积累起海量数据；相关技术的快速发展，大大提升了人们处理海量数据的能力，也赋予线上线下交互更多价值——或是发现原来被忽略的问题，或是捕捉到新的机会。如今，O2O这一热词，已经为全渠道概念所迭代，消费者在电脑前、在手机端或其他媒介中，都能体会到企业借助互联网技术整合的线上线下系统，更多讨论参见附录。

附 录 4-1

商业模式相关研究

"商业模式"一词最早出现在20世纪50年代。20世纪90年代，随着互联网商业应用的日益广泛，商业模式概念成为几乎人人都在用的热词，频繁出现在各类文章中。

（1）商业模式的定义。

数字经济时代的到来，除了技术创新的推动，商业模式创新也越来越重要。奥斯瓦尔德（Oswald）等认为，商业模式是一种建立在许多构成要素及其关系

---

[1] 数据来源：Oisix企业网站。

之上，可用来说明企业如何通过创造顾客价值建立内部结构，以及如何与伙伴形成网络关系来开拓市场、传递价值、创造关系资本、获得利润并维持现金流的概念性工具。他还提出了商业模式九要素画布（Business Model Canvas），为相关研究提供了系统性工具。学术界对商业模式的定义大致可划分为动态和静态两种视角。基于静态视角，切斯堡（Chesbrough）和罗森布鲁姆（Rosenbloom）结合技术管理将商业模式定义为连接技术潜力与现实经济价值的启发式逻辑（heuristic logic），强调商业模式在技术转化为市场产出（outcomes）过程中的作用。佐特（Zott）和阿米特（Amit）认为商业模式是焦点企业、合作伙伴及其顾客共同组成的活动系统（activity system）以及活动间基于交易相互连接的方式，这种连接方式的变化，就是商业模式的变化，如焦点企业为抓住市场机遇会跨越企业边界，甚至跨越产业边界来构建活动系统，以便与合作伙伴共同创造和捕获价值。[1]同时，在一个企业、组织和顾客并存的多层次网络中，商业模式决定了焦点企业如何嵌入其生态系统之中，决定了共同创造价值的潜在合作伙伴及可能的竞争对手是谁，即商业模式决定了焦点企业的竞争与合作格局。基于动态视角，阿弗亚（Afuah）和得希（Tucci）认为商业模式是一个由要素、要素间连接方式及其动态性（dynamics）三者共同组成的系统，其为适应竞争而不断迭代，并强调动态性在价值创造和价值捕获中能够发挥重要作用。原磊[2]认为商业模式的定义总体上处于由经济向运营、战略和整合递进的等级，这也是目前学术界普遍接受的阶段性描述。

经济类定义将企业的经营模式等同于商业模式，商业模式对于企业来说是获取利润的理想手段和方式，相关变量包括利润、定价方法、成本结构、最优产量等，代表性人物有斯图尔特（Stewart）、拉帕（RAPPa）、阿弗亚等。

运营类定义偏重于企业的运营结构，将企业内部流程和基础架构视为商业模式，通过运营层面的创新和变革为企业创造价值，相关变量包括产品服务、业务流、资源流、知识管理和后勤流等，代表人物有蒂姆斯（Timmers）、马哈德文（Mahadevan）、王波和彭亚利；战略类定义从企业的战略高度来构建商业

---

〔1〕 Amit, R. and Zott, C., "Value Creation in E-business", *Strategic Management Journal*, 2001, 22, pp. 493~520；Amit, R., and Zott, C., "Crafting Business Architecture: The Antecedents of Business Model Design", *Strategic Entrepreneurship Journal*, 2015, 9 (4), pp. 331~350.

〔2〕 原磊：《国外商业模式理论研究评介》，载《外国经济与管理》2007 年第 10 期，第 17~25 页。

模式，跳出了企业的运营和经营等实质性层面，进入了抽象层面的界定，囊括了市场主张、组织行为、竞争优势等因素，相关变量包括资源和能力、价值主张、利益相关者、竞争优势等，代表性人物有威尔（Weill）、佩托维奇（Pertovic）、杜伯森-托尔贝（Dubosson -Torbay）、朱吉初、张大亮、王方华和徐飞等学者。

整合类定义是商业模式定义的最高层次，是建立在经济类、运营类、战略类的基础上，将三类定义融会贯通并加以提升，被认为很好地阐述了商业模式的本质内涵，学者大多围绕着商业模式如何通过建立内部结构、利用关键资源来创造价值和传递价值，从而获取利润和维持现金流，代表人物有林德（Linder）、马哈迪温（Mahadevan）、魏炜、朱武祥等。[1]

（2）商业模式的构成要素。

商业模式的不同定义导致了对商业模式构成要素的不同主张。具体的表述中，商业模式的构成要素最少的两个，最多的达到九个。

2011年，西班牙IESE商学院的克里斯托夫·佐特（Christoph Zott）教授在"The Business Model：Recent Developments and Future Research"（《商业模式研究：最新发展与展望》）一文中[2]，通过大量文献研究，提出了商业模式的四个关键要素，即关键资源、关键流程、顾客价值和盈利模式，实际上这也是对九要素的集中提炼。

玛格丽塔（Magretta）认为商业模式可归纳为产生和售出两部分，真亚（Zhenya）等则认为是价值定位和业务模式，丽塔（Rita）关注到基本业务单元和关键流程矩阵。在三要素中，蒂姆斯提到了产品服务、参与主体利益和收入来源，文卡特拉曼（Venkatraman）认为顾客互动、资源配置、知识杠杆是重要的三维度，陈翔认为商业模式包括价值增加、产品营销、资源配置。

有学者认为商业模式包括四个构成要素：翁君奕提出了价值对象、价值内容、价值提交、价值回收四部分，马克·W. 约翰逊（Mark W. Johnson）和克里斯滕森（Christensen）都提到了价值主张、盈利模式、关键资源和关键过程。五个构成要素中，栗学思在马克·约翰逊的表述上增加了一个价值保护要素。

---

〔1〕 孟鹰、余来文、封智勇：《商业模式创新——云计算企业的视角》，经济管理出版社2014年版，第38~43页。

〔2〕 Christoph Zott, Raphael Amit & Lorenzo Massa, "The Business Model：Recent Developments and Future Research", *Journal of Management*, 2011, 37（4），pp. 1019–1042.

施百俊提出的套牢、互补品、网络外部性、私人知识、占先这五个要素与其他学者的表述有很大不同。蒂姆斯和彭歆北的描述大同小异，都涵盖了核心竞争力、业务组合、收入模式、运营模式、资源模式五块。六个构成要素描述中，托马斯（Thomas）认为商业模式的构成要素包括流程、客户、供应商、渠道、资源和能力，相较于前辈曾涛的观点增加了价值潜力这一点。七大、八大、九大构成要素中，对于商业模式的描述越发细致，陈明、余来文介绍了战略、定位、团队、盈利模式、核心技术、资源整合、融资、价值创新。八大因素中，威尔（Weill）着重提到了成功因素，戈尔迪恩（Gordijn）首次提出了价值界面要素。九大构成要素中，将商业模式剖析得较为细致，从企业定位到外部环境，从管理团队到运营模式，从成本结构到收入模式，从顾客关系到合作伙伴关系都进行了全面的构建。孔栋曾选取了六个 O2O 商业模式典型案例进行深入研究，将 O2O 商业模式从供需信息匹配、业务分工和产品或服务交付方式三个维度进行分类，根据其主要构成方式划分出八个 O2O 商业模式具体类型，并指出，在当前以年轻人为主要对象的 O2O 商业模式下，如何将老年群体纳入客户群，是 O2O 商业模式实践和研究都需要注意的。[1]

综上所述，本文对商业模式的界定包括以下几个方面：①商业模式是由一些关键要素构成的价值系统，是企业为适应内外部环境在实践中构建的，因而商业模式中会留下企业的内外部环境的烙印。②商业模式中各要素之间的逻辑关系和结构服务于企业目标，旨在通过一定的渠道和方式将价值传递给目标用户，因而不同企业所拥有资源和市场目标的差异性，也决定了其商业模式的差异性。③商业模式的目的是有机整合内外部资源以适应市场竞争、为利益相关者创造价值，因而如何盈利是其重要内容；不适应市场竞争的商业模式，则有可能导致企业失败。④商业模式是可复制的，但能否复制成功，取决于对关键要素和结构的掌握，并允许适应性的微调，在这方面，特许经营是一个典型例证。

（本文由葛建华、章亚如根据各类文献整理完成。）

---

〔1〕　孔栋、左美云、孙凯：《O2O 模式分类体系构建的多案例研究》，载《管理学报》2015 年第 11 期，第 1588~1597 页。

附录 4-2

苏宁易购的O2O模式实践

2018年1月，苏宁云商更名为"苏宁易购"。从苏宁电器到苏宁云商再到苏宁易购，苏宁的发展是传统零售企业实现线上线下融合运营、线下线上购物互相支撑，成功构建O2O平台生态系统的典型。2019年，苏宁易购线上平台商品交易规模为2387.53亿元（含税），同比增长14.59%，会员数加速增长至5.55亿。

在线上线下模式的不断完善中，苏宁对四个方面的突破，支撑了其发展：一是破除组织壁垒。通过形成"平台共享+垂直协同"的经营组合，支撑线上线下融合发展和全品类拓展。二是突破价格壁垒。从2013年6月在全国范围内实施线上线下同价，标志着其O2O模式的全面运行。三是搭建开放平台。在供应链方面，将以谈判博弈为主导的模式，向以用户需求为驱动的商品合作模式转型，为上游企业提供从线下门店向线上平台的延伸，形成对上下游包括门店、电子商务、金融、物流在内的更完整的综合服务体系。四是突破体验壁垒。从全局体验、全域体验、全需体验三个维度来全面升级消费体验。以购物体验为导向全面建设互联网化门店，店内设有免费WiFi、电子价签、多媒体电子货架等，满足全局体验需求；建立全资源的核心能力体系，满足用户在售前、售中和售后的全流程体验需求；运用移动互联网、物联网、大数据等技术，满足个性化需求；移动端还增加了"附近苏宁"门店搜索功能，用户可快速定位自己所在位置及搜索周边门店，满足消费体验。

通过O2O模式的运营，苏宁易购打通了移动通信、社交、购物、娱乐和资讯等资源，在购物、餐饮、休闲、住宿和金融等各个环节互相支撑，推进复合消费，给用户提供社交休闲、视频娱乐、线上线下购物、金融理财、智能家居等系列增值服务和线上线下的无缝融合。

2019年，苏宁面向全国遴选"拼购村"，同样凸显了O2O模式在扶贫脱贫、乡村振兴方面的巨大潜力：

首先是线上流量加持，来自苏宁易购的会场坑位、苏宁推客、榴莲短视频等模块的流量池源源不断。2019年11月8日下午，苏宁拼购村商户代表梁兴晟在苏宁拼购的直播间介绍了自家的各种大米和甜糯的玉米。据苏宁拼购官方介绍，这场 1 小时的直播吸引了 26 万人次观看，销售量超过 10 万斤，单日销售额达 20 万元。

其次是线下品牌光环加持。这得益于苏宁在全国近 400 个城市拥有的 13 000 多家门店，包括苏宁广场、苏宁易购、苏宁小店、零售云、苏宁百货、家乐福、红孩子等业态深耕线下多年所带来的品牌影响力。2019 年双十一前夕，苏宁拼购与苏宁小店试水"十城十店"活动，把拼购的商品提供给苏宁小店，苏宁小店利用社区拼团帮拼购卖货，仅天津大区玫瑰花园一个小店一天就卖出了 3549 单拼购商品，订单都来自周围小区居民。

最后是物流加速。有些电商发达的地区一单物流成本可以控制在 1.5 元左右，而拼购村的商户可能每单高达 5~10 元，物流费用成为销售阻力。2019 年双十一前夕，苏宁物流正式发布了"闪电乡镇"计划，针对四至六线城区、县城以及所辖乡镇、农村地区，提供"24 小时送装"服务。对于拼购村而言，这无疑是"超级引擎"。

正因为如此，苏宁拼购才有底气除了在线上扶持之外，把拼购村商品接入一二线城市的苏宁小店，把四五线城市的门店接入零售云，把全国 13 000 多个门店作为流量入口向拼购村引流。

未来三年内，苏宁将在全国培养 1000 个拼购村，预计造富 500 万人。

参考文献：

1. 《苏宁易购 2019 年营收 2703 亿，销售规模和利润成绩耀眼》，载 https://dy.163.com/article/F7MNA0360514A1HE.html？referFrom=360，最后访问日期：2020 年 11 月 23 日。

2. 《苏宁易购，反哺线下的零售巨头》，载 http://finance.sina.com.cn/stock/relnews/cn/2019-10-24/doc-iicezuev4664689.shtml，最后访问日期：2020 年 11 月 23 日。

3. 《O2O 运作模式二：先线下后线上模式》，载 https://www.hishop.com.cn/ydsc/show_55039_3.html，最后访问日期：2020 年 11 月 27 日。

4. 《苏宁首批 10 个拼购村正式授牌：拼购造富，让乡村更美好》，载 https://news.sina.com.cn/o/2019-11-28/doc-iihnzahi3981685.shtml，最后访问日期：2020 年 12 月 14 日。

长尾效应

美国学者克里斯·安德森（Chris Anderson）系统研究了亚马逊、狂想曲公司、谷歌、易趣网、网飞等互联网零售商的销售数据，并与沃尔玛等传统零售商的销售数据进行了对比，观察到一种符合统计规律（大数定律）的现象。这种现象恰如以数量、品种二维坐标上的一条需求曲线，拖着长长的尾巴，向代表"品种"的横轴尽头延伸，长尾由此得名。2004年，安德森出版了《长尾理论》（*The Long Tail*）一书，提出了长尾理论的三个关键组成部分：①热卖品向利基产品（Niches）[1]的转变；②富足经济（The Economics of Abundance）；③许许多多小市场聚合成一个大市场。瑞克·弗格森（Rick Ferguson）和凯里·哈维卡（Kelly Hlavinka）发现通过特殊的市场法则即长尾原理，公司不仅能保留原有的顾客，而且能捕获新的顾客，特别是那部分不在头部的80%顾客将成为利润的主要来源。

长尾理论的基本原理是，众多小市场可以汇聚成能够与主流大市场相匹敌的市场能量，其在本质上与西方经济学的范围经济是相通的，但这需要强大的信息技术作支撑。郑鑫认为适合长尾理论的企业具有四个特征：①都是依托互联网技术的企业；②互联网的特征，使得这些企业的产品或者服务的存储和传播的成本大大下降；③这些企业的成功都是建立在一个庞大的用户群的个性化需求基础上的；④个性化需求定制和不断创新往往占据主导地位。

长尾效应体现了互联网所带来的颠覆性，即信息广泛而快速的传播，能解决供需信息的不对称性，且信息传播成本很低，尤其是破除了传统销售环境中信息所受到的时空限制；数字技术不仅促进了信息传播，还提供了强大的图片制作和视频展示能力，能有效解决产品信息的完整传递问题。由此产生的供给与需求的对接，吸引企业对长尾的关注并进行聚合，从而使得平常少有人购买的冷门产品也会很快占据市场，甚至有的产品还可以与热门产品相抗衡。

个人媒体，如微博、朋友圈、评论、短视频等，作为传播中的长尾遍及不

---

〔1〕 菲利普·科特勒（Philip Kotler）在《营销管理》中给"利基"下的定义为："利基"是更窄地确定某些群体，这是一个小市场并且它的需要没有被服务好，或者说"有获取利益的基础"。

同的个体、兴趣群、朋友圈，接触到更广泛的受众。传统市场中，企业难以对众多小顾客的意愿行为予以关注；信息技术的普及，则使企业和人们的相互关注成本降低，尾部市场逐渐进入企业视野，分布在互联网中的星星点点的人群构成了顾客长尾。比如，在传统营销环境下，居住在偏远地区的消费者想要购买一线城市的商品愿望，往往因成本太大而被企业忽略，或被消费者自行放弃。由互联网诞生的电商企业和快速发展的物流配送业，使信息搜寻、仓储和流通成本都存在着趋向无限小的一种可能，从而使得面向特定小群体的产品和服务，也可以和主流产品一样，对企业释放出经济吸引力。

"帮我找到它！"互联网就是这样助力于潜在用户的开发，使信息能够快速而广泛地传播，使企业最大限度地从实际需求出发降低仓储量，有效降低营销和客户维护成本，将一些原本小众的产品和服务集合成一个相对庞大的细分市场，这也被学界称为利基市场。一些企业集中力量进入这些细分市场中，并成为领先者，从当地市场到全国再到全球，同时也建立起各种壁垒，逐渐形成持久的竞争优势。

参考文献：

1. ［美］克里斯·安德森：《长尾理论》，乔江涛译，中信出版社 2006年版。

2. 唐海军、李非：《长尾理论研究现状综述及展望》，载《现代管理科学》2009 年第 3 期，第 40~42 页。

3. 其他相关资料（致谢所有分享者）。

附 录 4-4

从 API 看互联网时代商业模式的多样性[1]

分享、标准、去中心化、开放、模块化是互联网应用的特点，但通常因其技术门槛高而使大量客户望而却步，也使应用接口（Application Programming

---

〔1〕　摘编此文，旨在跳出日常消费层面，理解由互联网带来的数字经济时代各行各业价值创造模式的具体表现，理解其所带来的经济价值和社会价值。

Interface，API）难以产生价值。目前，越来越多的网站或企业开放其应用程序编程接口，如预先定义好一些函数、封装好某些功能等，方便其他人调用并便捷地使用这些功能，而不必知道这些功能的具体实现过程，如程序员通过调用API 函数，就可以开发应用程序，这就减轻了编程任务。同时，API 也是一种中间件，可以为各种不同平台提供数据共享，实现计算机软件之间的相互通信。这就使得站点之间的内容关联性更强，为用户、开发者和中小网站带来更大使用便利和价值，开发 API 的网站也因此增加了用户的黏性。

目前 API 的模式大多是在云端提供，对于企业或者创业团队来说，初期投入很低，只需进行简单调用，就可帮助企业节省开发成本、撬动创新思维，打造以 PaaS 为基础的生态圈，不断催化通信在互联网的标配效应，进而推动整个行业的发展。"API 经济"一词也应运而生，用以表述 API 技术所产生的经济活动的总和。艾瑞咨询预测，到 2024 年，人工智能 API 市场规模有望达到 579.9 亿元。[1]

对于网站来说，推出开放 API 标准的产品和服务后，就无需花费力气做大量的市场推广，只要提供的服务或应用出色、易用，其他站点就会主动将开放API 提供的服务整合到自己的应用之中。同时，这种整合 API 带来的服务应用，也会激发更多富有创意的应用产生，如视频云技术提供商 CC 视频开放 API 接口，用户可以在自己的网站后台轻松完成视频的上传、视频播放控制操作，并可批量获取视频及平台信息。这些都有助于吸引更多的技术人员参与到开放的开发平台中，开发出更为有趣的第三方应用，在为使用者带来价值的同时，也为站点提供更大的用户群和服务访问数量。

（1）业务 API 模式。

为使用者提供便利的业务 API 模式，目前主要有三种模式：

一是直接消费。在该模式中，企业将开发的 API 直接提供给消费者使用。客户通过这些 API 获取服务可以节省高昂的成本和大量时间。这些服务的范围十分广泛，包括商业服务（比如数据存储）、应用开发平台以及高级的认知计算功能。API 还支持访问与社交媒体、天气和地理位置服务等相关的特定数据源。这也是企业内部应用 API 的主要模式。

二是创建市场。使用此模式的企业会为 API 生产者的服务增加价值，并汇

---

〔1〕《年中国人工智能 API 经济白皮书（2020）》，载 http：//report. iresearch. cn/report_pdf. aspx？id=3670，最后访问日期：2020 年 11 月 28 日。

集大量关键使用者来创建市场。这种业务模式类似于经纪公司，通过向业务服务方收取佣金或费用来获得收入。API 不仅支持"做市商"找到 API 使用者和生产者，还能够及时将他们匹配在一起并执行两者之间的业务交易，比如为乘客寻找出租车，或者为旅行者寻找客房。

三是生态系统支持。企业利用 API 通过合作伙伴或第三方来促进销售，如使用来自多个企业的 API 创建服务，价值链下游的其他企业可以对此服务进行再出售。反过来，生态系统合作伙伴可以重新包装该项服务，或者利用适当的增值服务来丰富该项服务产品，进而销售给不同的用户群体。

业务 API 具有功能丰富、发展迅速且公共可用的特点，其目的都是让使用者能够通过自助服务机制轻松使用 API，帮助消费者实现目标；同时吸引第三方开发人员在该平台上开发商业应用，平台提供商可以获得更多的流量与市场份额，第三方开发者则不需要庞大的硬件与技术投资就可以轻松快捷的创业，从而达到双赢的目的。业务 API 模式的不断创新，对于企业的创新支持小到改进内部流程，大到建立全新市场。反过来，这些业务模式又可以带来多方面的改善，如提高流程效率、节省成本以及创造新的收入流等。

例如，全球最大的在线旅游预订公司 Expedia 创建了 Expedia Affiliate Network（EAN），开放了功能丰富的 API，旨在增加网站流量，实现更高的客户转化率，以及为合作伙伴（包括航空公司和旅行社）提供更高的订单价值。此 API 支持客户直接在第三方网站和移动应用上访问预订情况、照片、搜索结果和用户评价。目前，此 API 带来的收入已占到 Expedia 总收入的 90%，还产生出更多由流量所生成的新的收入来源，为 Expedia 创造了全新的分销渠道。该 EAN 中，包含 10 000 个合作伙伴，每年处理的间夜量（酒店在某个时间段内房间出租率的计算单位）超过 7000 万。

再譬如，印度的一家创新金融机构 RBL Bank 向非银行金融机构（NBFC）提供 API，以支持 NBFC 通过"支付 API"向电商卖家放贷，并通过综合利用"虚拟账户 API"和"收集警报 API"收回每月还款。其他公司也可以在众多生态系统中使用这些 API，如一家资产管理公司使用 RBL Bank 的"支付 API"对流动性的共同基金进行即时赎回。

（2）API 盈利战略。

目前，企业投资 API 获得回报的方式主要有三种：

一是间接或无形的盈利。这种盈利方式是针对 API 战略或内部使用的普遍模式。Google、Facebook、Twitter 以及其他公司都通过免费提供 API 来获得市场分析所需要的大量各类数据或提高市场份额。在某些情况下，企业还会针对 API 使用实施退款、利率限制或配额。无形盈利的另一种类型是在企业内部使用 API；在大多数情况下，内部 API 用户无需支付费用。

二是交易型盈利。API 生产者根据 API 访问或者"调用"的次数对使用者收取相应费用。在该模式中，生产者允许使用者试用 API，然后根据具体需求扩展的使用层级来收费。一般来说，这些服务的初始层级都是免费提供，然后根据使用量或高级功能收取费用。

三是基于产品的盈利。通过交付 API 产品和服务获得收益，如业务交易的固定费用、收益共享或附加价值。与交易型模式相比，服务使用本身就是盈利的基础，而不是基于被调用的 API 的数量。例如，优步根据车辆类型和乘车距离收费。

国际数据中心（International Data Corporation，IDC）发布的报告中指出，"到 2021 年，在超过一半的全球 2000 强企业中，平均 1/3 的数字化服务交互都将来自 API 开放生态系统，增长势头远超过其自己的客户交互能力。开放的 API 生态系统是企业数字化平台开放重构的关键。"

这种开放的 API，实际上是一种技术开发和应用的全新商业模式。通过相互分享，这一模式一方面为软件程序的使用者创造了新的、振奋人心的体验；另一方面降低了软件程序开发者所付出的成本，且可以因分享获得更多成功的机会；它推动了新的收入流产生，改进了服务流程并提高了产出效率。如今，Open API 作为互联网在线服务的发展基础，已经成为越来越多互联网企业的必然选择。

参考文献：

1.《PaaS 时代已来临，容联持续催化通讯"API 经济"》，载 http：//www.cinic.org.cn/site951/qydt/2016-12-02/843078.shtml，最后访问日期：2020 年 12 月 5 日。

2.《API 经济业务模式与盈利策略》，载 https：//www.sohu.com/a/30637180 8_115035，最后访问日期：2020 年 12 月 15 日。

3. 其他相关资料（致谢所有分享者）。

CHAPTER 5 ▶ 第**5**章
提高便利性

目前，O2O模式已经成为互联网与各行各业相互融合的标配，移动互联网的普及，更使得线上线下的数据交互成为很多人生活方式的一部分。

当我们询问人们：生活中，线上线下交互给您带来的最明显的感受是什么？很多人脱口而出：方便了。无论是移动支付还是网上下单，无论是共享单车还是网约车，线上线下交互联动所带来的方便，使交易方式和行为都发生了改变，但人们对便利性的研究还仅仅局限于将其视为一种营销手段，这显然低估了便利性对创新的重要性，也低估了互联网通过改善便利性进而对各行各业，尤其是零售业产生的革命性影响。

我们认为，便利性改善所产生的影响正是便利性价值的体现。便利性价值虽然难以货币化，但便利性的提高，实实在在地增进了消费者剩余和生产者剩余；消费者为获取便利性而支付的货币或采取的消费行为，也为经营者提供了各种创新和盈利机会。

5.1　理解便利性

5.1.1　便利的含义

人们经常使用"便利"或"便利性"一词，但关于互联网对于便利性影响的研究却很少。事实上，互联网诞生的初衷之一就是提高信息沟通的便利性；而信息沟通，是社会经济运行和人们日常生活中不可缺少的交互方式，它引导着价值的流动。在此，我们聚焦零售业，讨论互联网对包括信息沟通便利在内的便利性的重要影响。

从商业的发展史看，曾经游走于街巷或乡村的货郎、不定期的集市，绝大部分都已经被有固定地址的店铺所取代，如规模不一的超市、便利店、百货店和购物中心等。各种零售业态的出现，都有着满足消费便利性的因素在驱动，如购物中心满足一站式购齐，便利店满足即时消费需求，百货店满足有品位的消费体验等。在零售之轮沿着低成本、低毛利、低价格的不断转动和上升的过程中，零售商自觉或不自觉地围绕着消费便利的不同维度进行着业态创新和变革。尤其在商品同质化越来越严重的市场竞争中，企业经营方式的演进也更多地表现为提高包括便利在内的附加价值，这既是影响企业市场竞争力的重要因素，也展现了"互联网+商业"的发展路径。

1923 年，美国营销学者科普兰（Copeland）在定义便利品时也定义了便利，即"需要少量体力、脑力就可买到的密集分销的产品"[1]，这里的"便利"体现为花费少量的体力、脑力。在消费者行为中，人们注意到"便利导向是人类两大普遍倾向，即节约时间导向和舒适导向的组合"。1990 年，美国学者迪克·贝瑞（Dick Berry）教授在分析了针对市场营销专家的全国性调研数据后指出，便利性已经发展成为 20 世纪 90 年代市场营销组合的第三大要素。正如郭国庆指出的，便利导向就是人们偏爱便利的产品和服务，早期营销学者首次将便利的概念引入到营销学的研究中，提出了非货币成本是便利概念的核心这一论点。[2]布朗（Lew G. Brown）指出，便利作为一种成本，交易双方必然会在交易过程中加以考量，如商家们会在各种商业活动中"积极寻求能够为消费者带来个人便利包括节省时间等的产品或服务所体现的价值"。[3]

那么，便利性到底包含哪些内容，消费者又是如何理解便利性的呢？布朗和麦克纳利（Artha R. McEnally）根据前人的研究指出，消费者为购买、使

---

〔1〕 Luqmani, Mushtag, Ugar Yavas and Zahir A. Quraeshi, "A Convenience - Oriented Approach to Country Segmentation: Implications for Global Marketing Strategies", *Journal of Consumer Marketing*, 1994, 11 (4), pp. 29–40.

〔2〕 郭国庆、杨明海：《营销科学的新问题：便利理论的研究评述及启示》，载《经济与管理评论》2012 年第 4 期，第 38~44 页。

〔3〕 Lew G. Brown, "Convenience in Services Marketing", *Journal of Services Marketing*, 1990, 4 (Winter), pp. 53–59.

用、处置产品或者服务等会"花费"三大典型的资源——金钱、时间和精力，这体现了便利性的多维度；对不同的消费者而言，便利性的各个维度的重要性也有所差别；在面对相互竞争的商品或服务时，金钱会限制或者扩展消费者的选择范围；同时，消费者也会评估为某一选择所需付出的时间和精力。[1]基于此，布朗和麦克纳利提出了便利性的定义：便利性是消费者为了购买、使用和处置某一产品或者服务所需要花费的时间或精力的减少。在关于便利性的讨论中，他们提出了购买、使用和处置三个阶段中的便利，且每一个阶段的便利都可以从时间和精力两个维度来考量，本书沿用这一概念。

纵观互联网对商业带来的巨大改变，如何满足消费的便利性是一个重要的观测面。互联网所启动的 O2O 模式，对零售业变革产生的巨大影响正是从改善购物便利性开始的，如在线快速搜索信息、不受时空限制达成交易、物流信息追踪，等等。为此，越来越多的零售商和消费者都围绕着互联网带来的"便利性"来调整自己的行为，通过节约时间、节省精力等来提高效率，并为此改变交易方式。很多企业也在提高交易便利性的过程中优胜劣汰，其目的是为消费者提供更好、更便捷的消费体验，其本质是如何更好地将商品或服务送到客户手中，更好地满足消费者的个性化需求。

5.1.2 购物便利性的维度

那么，便利性到底包含哪些维度？国外学者较早全面考察了便利性的构成对消费者行为和企业经营的多方面影响。布朗在其研究中指出，便利性贯穿于消费全过程且至少包含五大内容，即时间、地点、获得、使用和执行。法科（J. D. Farquhar）和罗利（J. Rowley）具体指出了商业所提供的服务便利性的三大要素，即决策便利性、物品获取便利性和交通便利性，并认为这些要素与企业所构建的服务系统和品牌等密切相关。[2]布朗和麦克纳利根据前人的研究指出，消费者普遍将金钱、时间和精力花费在购买、使用或者处置产品或者服务上，这也体现了便利的多维度。在关于便利维度和便利服务模

〔1〕 Lew G. Brown & Artha R. McEnally, "Convenience: Definition, Structure, and Application", *Journal of Marketing Management*, 1993,（2）2, pp. 47-56.

〔2〕 Jillian Dawes Farquhar & Jennifer Rowley, "Convenience: A Services Perspective", *Article in Marketing Theory*, 2009（11-4）, pp. 425-438.

型的研究中，耶鲁（Yale）和文卡泰什（Venkatesh）、布朗、贝瑞（Berry）等从花费的时间、易获得性、使用是否便利、体力精力消耗四个维度对便利进行了考察，认为对于不同的消费者而言，各个维度的重要性是有所差别的。

本书以布朗和麦克纳利关于便利性的概念为基础，认为购物便利性的改善意味着消费者为了购买、使用和处置产品或者服务需要花费的时间和精力的减少；并借鉴前人的研究成果，将便利分解为四个维度，见表5-1，本章第三部分将对便利性量表展开研究。

表 5-1　购物便利性维度

便利性维度	主要内容	备　注
信息搜寻与交互	信息搜寻、比较和交互的便利程度。如消费者对商品价格、品质等信息的搜寻和比较，为作出决策所进行的信息交互。此过程中所花费的时间长短、信息理解与比较的难易等，都需要付出时间和精力成本。	信息搜寻、比较及交互，通常贯穿于各种消费活动的全过程。
支付方式	下单（作出购买决策）和完成支付的便利程度，如快捷、不需要等待。在线支付手段的出现，使消费者有更多选择性和自由度。非现金支付既减少时间消耗又减少清点麻烦，尤其是可以避免假币的困扰。[1]	在线支付几乎已经成为所有B2C交易的选择。对于网购而言，支付和商品获得具有时间和空间上的不一致性；而在实体店购物，二者几乎同时完成。
商品获得	购买后拿到商品的便利程度。拿到商品所需等待的时间、耗费的运输成本等都涉及时间与精力（体力）。商品的便携性成为考虑标准，如太重、太大、容易碰坏，以及容易损坏或漏水的海鲜、肉品、水果等生鲜商品。	
退换货	退换货的便利程度。如只需要寄回、门店退换等，该便利可以减少消费者因为退换货而产生的焦虑、不安和烦躁等情绪。	目前线上线下均可无理由退换货。

表5-1是本书所定义的购物便利性的四个维度：①信息搜寻与交互便利；②购买支付方式的便利；③商品获得的便利；④退换货的便利等。这四个维度都涉及两个要素：时间和精力（体力和脑力）。其中，时间要素包含节省时

〔1〕　关于非现金社会有很多讨论，可参看本章附录。

间和更高效地利用时间；精力要素表现为对体力或脑力的付出程度，有时是体力付出大于脑力付出，如拿回商品；有时是脑力付出大于体力付出，如信息搜寻、比较，作出购买决策等。

5.2　便利性函数与 O2O 模式的演进

5.2.1　购物便利性函数

购物便利性是表 5-1 中四个维度的综合体现。据此，我们建立起一个函数关系，见式 5-1。

$$Y_C = f\ (X_1,\ X_2,\ X_3,\ X_4)\qquad\text{式 5-1}$$

其中，Y_C 为购物便利性，f 代表函数关系，X_1 为维度 1，即信息搜寻及交互便利；X_2 为维度 2，即支付便利；X_3 为维度 3，即商品获得便利；X_4 为维度 4，即退换货便利。四个维度各自的构成要素、对便利性的影响权重及相互作用关系等将在后面阐述。

无疑，这四个衡量便利性的维度如果能够均衡发展最为理想。但在现实中，受企业自身资源能力、目标顾客群、信息技术发展水平以及外在因素的限制，如政策变化、物流基础设施等的影响，便利性的四大维度往往表现不一。根据自身的消费体验，我们为四个维度简单赋值并绘制出雷达图，旨在直观地表示式 5-1 中便利性的四个维度发展的不均衡性（见图 5-1）。现实中，这种不均衡性更多地表现为不同企业的商业模式特点及其所带来的消费体验。

在对若干企业案例进行研究后我们发现，在商品同质化越来越严重的市场中，不同企业的 O2O 模式的演进更多地表现为增进便利性。这既是影响企业市场竞争力的重要因素，也展现了中国商品流通领域 O2O 模式的发展路径。对此，用式 5-2 的函数式来表示。

$$R_{O2O} = f\ (X_1,\ X_2,\ X_3,\ X_4,\ \beta)\qquad\text{式 5-2}$$

其中，X_1、X_2、X_3、X_4 为便利性的四个维度，β 为便利性以外的其他要素的总和，此处暂不讨论。

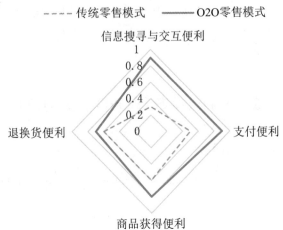

图 5-1　购物便利性的四个维度发展的不均衡性

5.2.2　便利性改善与 O2O 模式的发展轨迹

从 O2O 模式的发展历程来看，购物便利性各个维度都随着 O2O 模式的不断发展而完善，见图 5-2。其中，有的对 O2O 模式有较大促进，具体表现为采用 O2O 模式的企业大量增加，企业通过采用 O2O 模式带来了市场份额或利润额、销售额等的提升。

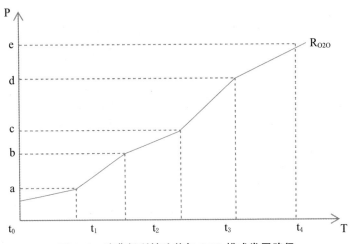

图 5-2　消费便利性改善与 O2O 模式发展路径

图5-3中，横轴T表示时间，即O2O模式的发展进程；纵轴P表示各维度的成长性，a、b、c、d、e等转折点，分别表示便利性的某一维度的改善对O2O发展所带来的明显促进，其对企业竞争力、对整个O2O的发展都有较为重要的影响；随后，其影响逐渐减弱，当便利性的另一维度有新的发展时，O2O发展水平将再次得到较大的提升。

在图5-2中，线段R_{O2O}显示了便利性要素的改善所勾画出的O2O的成长路径：

t_0-t_1，可表示为$R \propto X_1$，即信息搜寻和交互便利的改善带来采用O2O模式的销售活动的增加，尤其是线上订单量的增加。在缺乏即时沟通的情况下，互联网对商品销售的影响多表现为传递商品信息、促销信息等，购买活动绝大多数在线下进行。

t_1-t_2，亦表示为$R \propto \delta a + X_1$。随着即时沟通软件如阿里旺旺等的使用，极大地克服了不能面对面、不能看到实物等信息交互障碍，促进了在线交易量的增加，这种信息交互，通常贯穿于购买的全过程。

t_2-t_3，可表示为$R \propto \delta a + \delta b + X_2$，即在线支付方式和支付安全的改善对O2O的促进。例如支付宝的推出，成功地通过第三方支付平台克服了不见面给交易双方带来的信用问题，尤其保护了处于弱势的消费者的利益，使更多消费者从在线搜寻和比较商品转为在线购买。同时也促进了很多门店使用在线支付方式，如支付宝、微信支付等，以减少现金结算中找零、假币等的困扰，进而提高交易效率。蚂蚁花呗、京东白条等的推出，为消费提供了资金便利，实际上也是消费金融在互联网金融中的体现。这些多样化的支付方式，使得支付更方便、更自由，也构成了数字经济时代消费便利性和消费者信息的重要内容。

t_3-t_4，可表示为$R \propto \delta a + \delta b + \delta c + X_3$，即物流配送发展所带来的商品获得便利的改善对O2O模式的影响。对于商品交易而言，没有实物的交付，任何方式的交易终将不可能达成。因此，如何又快（时间短）又方便（方便的时间和地点）地将商品交付给顾客就格外重要，如京东自建物流、阿里巴巴的菜鸟驿站等，都力图使消费者更快、更方便地拿到商品。在我国，门到门的商品配送服务提供者曾经仅限于邮局。敦豪（DHL）、联邦快递（FEDEX）等20世纪90年代初进入中国后也主要服务于企业。2000年后，顺丰、中通、申通和韵达等多个民营物流配送企业的快速崛起，形成了包括多仓储中心、异地批量运输和本地快速单件递送在内的社会化物流体系；其提供的门到门送货服务，极大地促进了以个人消费为主体的 O2O 模式的发展，对我国电子商务的发展发挥了重要作用。

t_4-t_5，可表示为 $R \propto \delta a+\delta b+\delta c+\delta d+X_4$，即退换货便利性对 O2O 的影响。目前，很多实体店都做到了 7 日无理由退换货。但网购初期退换货难，使得很多消费者不愿意选择网购。2014 年开始实施的新《消费者权益保护法》，针对网络购物等新型消费方式设立了"7 日内无理由退货"制度，加大了消费者权益保护力度，这既强化了网络经营者义务，又有效促进了网购的发展。[1] 在便利性的四个维度中，这一维度的改变更多是由制度环境（《消费者权益保护法》等）决定的，而较少依赖于技术进步。

如图 5-2 所示，便利性的各个维度的发展对 O2O 的影响是相互叠加的，共同为 O2O 的发展奠定不同的阶段性基础，并陆续成为函数表达式中的常数，如以上的 δa、δb、δc、δd、δe 等，在现实中即表现为各种 O2O 模式的基础配置，如即时通讯软件、支付宝、微信支付、银行卡支付、门到门配送等，这些已构成了目前"互联网+零售业"的标配，差异性越来越小。这些服务于便利性的业务的形成和发展，极大地提高了我国 O2O 模式的技术含量和服务质量。因此，式 5-2 也可表示为若干变形：

$$R_{O2O} = \delta a + f\ (X_2,\ X_3,\ X_4,\ \beta)$$
$$R_{O2O} = \delta a + \delta b + f\ (X_3,\ X_4,\ \beta)，等等。$$

购物便利性函数也可运用在个案企业分析中，图 5-2 从 t_0-t_5 的各个区间间隔的长短、各区间的线段斜率等可能因企业不同而有所不同，致使线段 R_{O2O} 的具体形态也不同，如斜率可能会更大或更小，甚至出现波峰波谷。这种差别，显示了不同企业的 O2O 模式在便利性方面的表现，也与企业的资源能力、市场竞争战略和目标客户等的不同有关。

---

[1] 为解决买家在退货中由于运费支出产生的纠纷，保险公司针对网络交易的特征，适时推出退换货运费险产品，也简称"退运保险"。退换货运费险（买家）现阶段仅针对淘宝网支持 7 日无理由退换货的商品，买家可在购买商品时选择投保，当发生退换货时，在交易结束后 72 小时内，保险公司将按约定对买家的退换货运费进行赔付。

5.3 购物便利性量表[*]

那么，互联网时代的零售业变革如何改善了购物便利性？消费者如何看待这些便利？热议中的新零售又将如何优化便利体验？……厘清这些问题，有助于我们更好地理解零售业变革的本质问题：创造并满足顾客价值。

5.3.1 量表开发过程

（1）量表开发步骤。为此，我们首先通过调研和数据分析建立互联网时代的便利性量表。

量表开发过程主要包括访谈、形成题项、预测试、编制正式问卷、问卷发放、收集数据、整理和数据分析等，具体如表 5-2 所示。

表 5-2 购物便利性量表开发的主要过程

进 度	实施形式、时间	主要事项	主要成果
1	*非结构化访谈 *半结构化访谈 （2018 年 9—12 月）	先后与消费者 57 人次和专家 9 人次进行访谈、讨论，了解人们对购物便利性的看法。	*聚焦形成 38 个题项； *形成关于便利性的预测试问卷。
2	*填写预测试问卷 *访谈 （2019 年 3—4 月）	*问卷星发放初步问卷，一天内回收有效问卷 238 份； *面对面集体访谈 61 人次，回收有效问卷 61 份。	*回收有效问卷 299 份； *进一步筛选出 18 个题项； *形成关于便利性的测试问卷。
3	*填写正式问卷 *数据分析 （2019 年 10 月）	*问卷星发放正式问卷，共持续 5 天； *问卷回收及有效问卷的数据分析。	*回收有效问卷 2785 份； *形成互联网时代的购物便利性量表。

（2）描述性统计分析。在对访谈资料和 299 份小样本问卷分析的基础上，本研究将便利性归纳为 18 个要素并制作了正式调查问卷，通过问卷星发放。

---

* 特别感谢陈风云等对本部分内容的贡献。

5 天内共回收问卷 3112 份，筛选出有效问卷 2785 份，问卷样本特征分析见表 5-3，符合现实中购物人群分布的基本特征。

表5-3 购物便利性问卷样本基本特征

变　　量	变量取值	人　　数	比　　率
性　　别	男	1173	0.421
	女	1612	0.579
年龄构成	<18	12	0.004
	18~30	1574	0.565
	31~60	1196	0.429
	>60	3	0.001
受教育程度	初中~高中	378	0.136
	大　专	417	0.150
	本　科	1549	0.556
	硕　士	304	0.109
	博　士	94	0.034
	其　他	43	0.015
职　　业	学　生	384	0.138
	上班族	2147	0.771
	无　业	146	0.052
	其　他	108	0.039

5.3.2　形成量表：相关数据分析

本研究对搜集到的数据分别进行了探索性因子分析、验证性因子分析、信度和效度检验。

探索性因子分析使用 SPSS 软件 22.0 版本，以期对 18 项指标进行相对区分来形成量表的基本结构。对样本的 KMO 值和 Bartlett 测试结果显示，原始数据适合做因子分析（KMO = 0.982，$X2 = 20839.62$，$df = 153$，$p = 0.000$）。我们采用了主成分分析法，因子旋转采用最大正交旋转法，通过对 18 个题项

的分析，取特征根大于 1 的因子，共抽取出 4 个公因子，累计方差解释率达
86.044%。4 个公因子分别命名为：信息获得便利（$\xi 1$）、支付便利（$\xi 2$）、
退换货便利（$\xi 3$）和商品获得便利（$\xi 4$），见表 5-4，其中第一列（主维度）
即是对 4 个主成分因子的命名。

表 5-4　互联网时代的购物便利性量表

主维度	变量编号	解释变量	主成分因子（主维度）			
			1	2	3	4
信息获得便利 ξ_1	X_1	实体店铺容易找到、好停车、有公交车到达	0.797	0.207	0.262	0.288
	X_2	网店容易搜索到，网页便于浏览	0.785	0.225	0.292	0.280
	X_3	商品信息容易找到并进行比较，如质量、材质、产地等	0.677	0.318	0.456	0.174
	X_4	销售信息容易找到并进行比较，如价格、促销等	0.690	0.252	0.400	0.221
	X_5	商家信息容易获得，如是否旗舰店、是否诚信等	0.727	0.229	0.280	0.297
	X_6	容易了解其他顾客对商品或店铺的评价	0.762	0.180	0.266	0.320
	X_7	可以接触实物，如试穿、试用、触摸等	0.733	0.204	0.249	0.351
	X_8	容易与卖家交流沟通，如面对面交谈、即时通讯软件、微信、电话等	0.665	0.450	0.140	0.282
支付便利 ξ_2	X_9	付款方式可以选择，如现金、支付宝、微信支付、银行卡、京东白条等	0.269	0.6754	0.393	0.274
	X_{10}	面对面付款时少等待	0.213	0.7535	0.301	0.354
	X_{11}	随时随地可以支付（在线下单支付时网络畅通）	0.288	0.682	0.275	0.378

续表

主维度	变量编号	解释变量	主成分因子（主维度）			
			1	2	3	4
退换货便利 ξ₃	X₁₂	在规定的时间内无理由退换货，不需要多次交涉	0.277	0.243	0.7524	0.306
	X₁₃	退货款很快到账，不必等待很久	0.242	0.220	0.8382	0.268
	X₁₄	退换货费用低，如有退货运费险	0.276	0.213	0.7799	0.269
商品获得便利 ξ₄	X₁₅	即刻拿到商品	0.376	0.429	0.189	0.672
	X₁₆	物流可追踪	0.370	0.432	0.155	0.697
	X₁₇	约定送货上门的时间	0.269	0.332	0.190	0.726
	X₁₈	在方便的时间和地点自取	0.284	0.424	0.137	0.667

作为量表，必须通过信度和效度检验。对此，我们以 18 个题项为观测变量、4 个维度为潜变量构建结构方程模型进行验证性因子分析，检验工具为 SPSS AMOS 软件 22.0 版本。

验证性因子分析所做的结构效度检验显示所有因子载荷均在 0.5 以上，达到了显著性水平，各个因子的 CR 值均大于 0.7、AVE 值均超过 0.5，这意味着量表具有良好的收敛效度。信度检验的克隆巴赫（信度）系数（Cronbach's α）系数为 0.983，四个维度的 α 信度系数分别为 0.961、0.923、0.937 和 0.922；基于 AMOS 的组合信度分别为 0.9191、0.8453、0.8726 和 0.857，并且所有的 t 值均具有较强的统计显著性。问卷通过 57 人次的访谈、调查和反复修改后编制而成，具有较好的内容效度。

验证性因子分析结果还显示了各变量之间的路径系数和 t 值，所有 t 值均大于 3.29，路径关系显著，说明 4 个主成分因子（四大维度）与 18 个题项（解释变量）之间存在稳定关系（限于篇幅，本书未列出所有数据表）。

综上，表 5-4 的结构检验、组成信度、收敛效度、区分效度和内容效度均较好，可以形成互联网时代的购物便利性量表。表中所显示的便利性要素，具体而深刻地展现了互联网通过提高便利性对零售业和消费行为所带来的影响，也再次验证了我们在调研中的感受：消费者的便利性需求具有一致性，无论网购还是去实体店，都不愿意因业态不同而降低对便利性的要求。

5.4 互联网技术对便利性的提升

5.4.1 信息获得与交互便利

消费者对信息获得与交互的期望是：尽快获得有助于消费决策的信息。从网络购物、各类 O2O 模式的发展来看，互联网技术所带来的便利性正是从信息获得开始。

（1）信息搜寻。无论去实体店还是网络店铺，消费者都要求能够快速搜寻到与商品、经营者、促销等有关的信息。对于实体店而言，其地理位置永远是第一要素的意义在于：一是方便消费者到店直接了解信息才有可能产生购买行为；二是便于消费者看到并留下印象。这两点在网络上表现为店铺容易被搜索到、网页易于浏览等。

对于信息内容，如商品、经营者和营销等相关信息，消费者都要求细致并且有关键信息，如诚信记录、顾客评价等，还希望通过交流、体验等获得个性化信息。在互联网应用于零售业之前，广告、口耳相传或亲自去店铺，是人们获得信息的主要方式。这不仅耗费时间和精力，还可能因为信息不全而无法决策，更难有跨省或跨地区的远距离购买。

搜索引擎技术的发展和广泛应用，不仅彻底改变了人们获取信息的方式、扩展了信息的广度和深度，还极大地降低了信息搜寻的成本；从关键字到图片，搜索引擎正在逐步克服文字描述的模糊性，使网络提供的信息更为准确。"消费前搜索一下"已成为很多人的习惯：中国互联网络信息中心发布的《2019 中国网民搜索引擎使用情况研究报告》显示，截至 2019 年 6 月，我国搜索引擎用户规模达 6.95 亿，搜索引擎使用率为 81.3%。

（2）信息交互。实体店的信息交互是人们到店与营业员面对面交流，而即时通讯工具的出现，使网购中的交易双方不见面也可以交流。即时通讯的免费语音聊天功能，可帮助消费者免除打字慢、电话费高的担心；离线消息确保"有问有答"，即使不在线也不会错过；视频影像的运用，使消费者可以多角度看到商品实物及其使用场景；开放的顾客评论向消费者提供更细致的商品、价格和促销体验。利用即时通讯提供一对一的信息服务体验，也在力求克服网络信息传递中不能面对面沟通的弱点。

"搜索+视频+即时通讯+顾客评价"等形成的组合，不仅使信息获取的速度和内容明显优于"到现场"，还减少了人们为之付出的时间、精力和金钱成本。除了无法触摸体验商品外，线上为交易双方提供的信息交互，越来越接近于"面对面"。目前，很多实体店也采用了这些方法来突破时空限制，实现闭店期间或远距离的信息传递与交互。

5.4.2 支付便利

（1）支付方式多样化。多年来，现金支付一直是我国个人消费领域的主流，而现在依托于互联网而产生的各种支付方式，已经远远超越了人们对支付便利的所有想象，其对零售业带来的变革是革命性的。各种支付方式无论在便利性还是场景匹配等方面，都优于现金或银行卡等传统支付方式，彻底解决了传统支付方式无法破解的现金找零、验钞、支付数据难以保存等问题。[1]

目前，无现金购物已渐成趋势，扫码、刷脸、网银等已成为促成购买的重要因素；而现金支付也成为实体店的独特优势，吸引习惯使用现金支付的人们。

（2）随时随地支付。曾经，人们对支付便利的要求就是缩短排队结账时间，而多种在线支付方式的普及，让不排队结账很容易实现，支付也不再受时空约束。通过电脑、手机、自助结账设备等多种信息终端，人们可以随时随地完成购物和水电气等多种缴费及在线查询，大大减少了为支付而耗费的时间和精力，也减轻了收银的工作压力。

支付方式的变革，不仅提高了购物支付便利，还极大地扩展了支付数据的价值：支付的功能不再局限于结算，而是最有价值的连接和信息积累；它不仅仅是数据，而是展现了动态且自然的消费行为。通过对支付数据的挖掘，企业能够更准确地对消费者的信用、行为和偏好等进行全面分析，进而实施精准营销、激活潜在客户、奖励忠诚顾客等；支付便利产生的数据积累，正在为企业的竞争战略规划提供基础支撑与独特优势。

---

〔1〕 励跃：《零售支付的创新与监管》，载《中国金融》2013 年第 12 期，第 12~13 页。

5.4.3　退换货便利

（1）快速退换货（款）。退换货难，曾经是所有消费者的共同体验。互联网技术促进了网络购物退换货政策的快速落地，也促使实体店在竞争中改善退换货服务。

从 2014 年 3 月 15 起，除部分特殊商品，消费者有权自收到网购商品之日起 7 日内无理由退换货。[1]相比起在实体店购物后要亲自到店铺退换货而言，网络购物退换货可直接联系快递公司上门取件，可随时查看退换货物流和货款到账情况，省时又省力。目前网购退换货的退款已实现了 24 小时内到账，这也倒逼了实体店实现退换货"立等可办"，而"极速退款"也成为拼多多等电商吸引消费者的重要手段——下单后如反悔，可以马上收到退款。这一便利，无疑促进了更多消费尝试，从而为商家增加了营业额。

（2）运费险降低退换货成本。由网络退换货衍生出的退换货运费险，使"7 日无理由退换货"之便利得到更好体现。网购时交易双方如选择购买该项保险，当发生退货时，在交易结束后 72 小时内，保险公司将按约定对买家的退换货运费进行赔付，使退换货便利更加符合消费者既要便利又要低成本的需求。互联网技术应用的不断创新，为"7 日无理由退换货"提供的信息传递、在线赔付等，都很好地改善了退换货的便利性体验。

5.4.4　商品获得便利

（1）商品获得形式的多样化。送货上门、就近门店自提和智能储物柜等满足了多样化的商品获得便利需求。曾经，送货上门只局限于大件或笨重的商品，如家具、电器等。网络购物的普及催生了顺丰、中通、申通、韵达等民营物流配送企业的快速崛起，消费者的商品获得便利由此得到极大改善：大到家具小到纸笔，门到门配送不再受商品体积或重量、空间距离等的限制；很多社区超市如物美等也打出了"网上下单，2 小时送到家"的广告。"配送各类商品、更快更好送达"等，成为零售商重要的竞争策略；丰巢、菜鸟等智能快递柜，致力于破解配送服务的"最后一百米"瓶颈，方便消费者随时

---

〔1〕见国家工商行政管理总局 2014 年 1 月 26 日发布的《网络交易管理办法》。《网络交易管理办法》于 2021 年 3 月 15 日废止，代之以《网络交易监督管理办法》。

就近取货，消解了送货上门双方时间不匹配的烦恼。

（2）物流信息公开化、透明化。依托于互联网，商品获得便利不仅体现为节省体力，还体现为配送全过程可以实时查询，及时、透明的信息有效地增强了消费信心。大数据、云计算、人工智能等都在物流配送领域得到规模化应用或技术突破，共同服务于更便利、更低廉的物流配送，如菜鸟在零售同城配送业务中应用车辆路径规划算法，配送成本已经降低了 10.3%，仓库集货周转时间降低了 57%。[1]事实上，信息获得便利与商品获得便利，在客观上构成了支撑和制约各种 O2O 模式的发展通道。

目前，快速发展的互联网应用为各具特色的 O2O 模式提供了强有力的支持。例如，微店、小程序和各类 APP 等，对购物过程中的各种便利性需求进行了有机集成，使到店、选取商品、支付、带商品回家和退换货等一系列需要耗费时间和精力的购物行为，均可随时随地在线点击完成，线上线下各环节的相互补充融合，使交易全过程的便利性需求实现了闭环。

5.4.5 消费者更看重哪些便利要素？

便利性要素的标准化总效应。为了进一步研究四个主维度、18 个要素对便利性的影响效应，本书使用 SPSS AMOS 软件 22.0 版本建立结构方程模型，以 18 个题项为观测变量，以 4 个因子（即 4 个维度）为潜变量构造路径模型，对数据进行了标准化总效应分析。数据显示所构建模型的绝对适配度指数（CFI>0.9，AGFI>0.9，RMSEA<0.05），增值适配度指数（IFI>0.9，CFI>0.9），简约适配度指数（PNFI>0.5，CN>250）均满足建议值要求，结构方程路径模型的数据之间有很好的拟合性，结构方程的各项适配度指标均较好。

以上说明表 5-5 的标准化总效应能够有效反映各要素对便利性影响的大小，体现了 4 个维度、18 个要素对便利性的不同影响。

5.4.6 消费者对便利性要素的认知

（1）四大维度对便利性都很重要。表 5-5 数据显示，四大维度对购物便

---

〔1〕 数据来源：阿里研究院。

表 5-5 购物便利性要素的标准化总效应

		便利性	信息获得和交互便利	支付便利	退换货便利	商品获得便利
ξ1	信息获得和交互便利	0.953	0.000	0.000	0.000	0.000
ξ2	支付便利	0.977	0.000	0.000	0.000	0.000
ξ3	退换货便利	0.952	0.000	0.000	0.000	0.000
ξ4	商品获得便利	0.986	0.000	0.000	0.000	0.000
X1	到达便利性	0.697	0.731	0.000	0.000	0.000
X2	搜索便利性	0.716	0.751	0.000	0.000	0.000
X3	商品信息比较	0.715	0.750	0.000	0.000	0.000
X4	销售信息比较	0.745	0.781	0.000	0.000	0.000
X5	商家信息	0.739	0.775	0.000	0.000	0.000
X6	顾客评价	0.737	0.773	0.000	0.000	0.000
X7	接触实物	0.748	0.784	0.000	0.000	0.000
X8	卖家交流沟通	0.746	0.782	0.000	0.000	0.000
X9	付款方式多样性	0.783	0.000	0.801	0.000	0.000
X10	付款不需要等待	0.779	0.000	0.798	0.000	0.000
X11	随时随地支付	0.794	0.000	0.813	0.000	0.000
X12	无理由退换货	0.780	0.000	0.000	0.820	0.000
X13	退货款很快到账	0.783	0.000	0.000	0.823	0.000
X14	退换货费用低	0.768	0.000	0.000	0.806	0.000
X15	即刻拿到商品	0.804	0.000	0.000	0.000	0.815
X16	物流可追踪	0.787	0.000	0.000	0.000	0.798
X17	约定送货上门的时间	0.781	0.000	0.000	0.000	0.792
X18	方便的时间和地点自取	0.762	0.000	0.000	0.000	0.773

利性的影响均大于 0.9，即信息获得便利、支付便利、商品获得便利和退换货便利四个维度均被消费者看重。其中，信息获得便利的总效应是 0.953，即信息获得便利潜变量每提高 1 个单位，便利性将提高 0.953 个单位；同理，支

付便利潜变量每提高 1 个单位，便利性将提高 0.977 个单位；退换货便利每提高 1 个单位，便利性将提高 0.952 个单位；商品获得便利每提高 1 个单位，便利性将提高 0.986 个单位。

相对于信息获得便利和退换货便利，人们更看重支付便利和商品获得便利，是否方便支付、是否可以快捷地拿到商品，都直接影响着人们是否即刻购买，如一些未采用网络支付的实体店会被顾客放弃；节假日期间的物流滞后，会使理性的消费者放弃在线购买。

目前，城镇的网络信号覆盖已能较好满足信息便利和在线支付，而物流配送网络所提供的便利，正在成为影响交易达成的重要因素。

（2）期待购物的各个环节都更便利。由 18 个要素所构成的四组显变量对于便利性的四大维度直接作用效应都大于 0.7，每个显变量对便利性的间接影响也都大于 0.7，这表明 18 个要素对购物便利性具有很强的解释效果。

第一，即刻拿到商品对商品获得便利的直接效应达 0.815，是各个效应中最高的。这也与现象非常一致：社区便利店之所以生意兴隆，正是因为其很好地满足了人们的即刻需要；居民楼下的无人零售货架，[1] 由于可以更灵活地满足早出晚归的人们的即刻需求而越来越多地出现在社区。

第二，对支付便利而言，付款方式多样化、随时随地支付的直接影响效应都大于 0.8。网络支付对交易达成的革命性意义在于：支付与商品获得从必须时空一致演变为时空一致、时空分离并存的两个状态；"不见面"的随时随地支付促成了交易行为的高频次发生，进而促进了消费增长。艾瑞咨询的数据显示，即使受新冠肺炎疫情影响，2020 年第一季度中国移动支付交易规模也达到了 90.8 万亿元。[2]

第三，退换货便利中三个显变量的影响效应都大于 0.8。虽然退换货的消费者占比很少，但 7 日无理由退换货条款在消费保障服务中举足轻重，它能使消费者放心购物，进而为经营者带来更多成交额和利润。一些经营者推行

---

〔1〕 无人零售的典型代表如北京在楼下科技有限公司在社区设立的封闭式无人货柜。其外形酷似有窗口的集装箱，用户可以看到内部商品，下单后商品会自动吐出。其特色在于所提供的商品均为需冷冻冷藏的鲜食，如鸡蛋蔬菜等。据其观测，有消费者会在半夜下楼买蔬菜，或每天只买一个鸡蛋。这部分需求，即使社区店也难满足。

〔2〕《移动支付行业数据分析：2020 年中国移动支付用户规模预计达 7.9 亿人》，载 https://www.iimedia.cn/c1061/66841.html，最后访问日期：2020 年 12 月 26 日。

的"支持货到付款""不满意可直接拒收"等退换货便利，起到了很好的促销效果；随之出现的退换货运费险，既降低了退换货的货币成本，也降低了消费者的心理成本。

综上所述，无论是网络零售商还是实体店的经营者，都在更多更好地利用互联网来改变经营方式，以满足消费者的便利性需求。这不仅为消费者和经营者降低了不确定性，也增进了基于互联网的消费者剩余和生产者剩余：消费者因节省了时间和精力可安排更丰富的生活内容；企业依据搜索、购买和物流信息可实现精准推送，消除信息不确定性而增加收益。当然，对于不同类型的商品，消费者对便利性各维度的诉求不同。例如，购买婚纱等体验性较强的商品，人们更倾向于去实体店试穿，但在线获取婚纱信息、在线支付、查询物流信息等习惯，已经渗透在人们的购买行为中。现实中，各种基于便利性要素的组合而展现的商业模式，既体现着由互联网引发的零售业变革，也成就了不同零售企业的特点。

5.5　便利需求对技术创新的促进

随时随地浏览信息、下单支付、查看物流、叫外卖、网约车……从商品购买到各类生活服务，依托于"人人互联、万物互联"的发展趋势，互联网深刻改变着人们的生活方式，也使人们对各类消费体验的评价更多转向对便利性的关注。2018 年美国联合包裹公司（United Parcel Service，UPS）的调查报告再次显示，更好的便利性和灵活性是影响消费行为的关键因素。[1]

事实上，近二十年来的许多技术和商业模式创新都是围绕着如何满足便利性需求而展开的，其成果既改变了消费行为，也催生了许多新行业，为社会经济带来全新的面貌。

5.5.1　创新动力与便利性需求

创新动力来自哪里？冯希佩尔（Von Hippel）强调需求就是"创新的用

---

〔1〕《UPS 发布 2018 年〈网购消费者行为调查〉》，载 http://news.ifeng.com/a/20180418/57674456_0.shtml，最后访问日期：2020 年 11 月 10 日。

户源"[1]，王选在谈到研发汉字激光照排系统时，非常明确地指出市场需求是技术创新的动力[2]。王毅通过对海尔、中国船舶等八家重点工业企业的案例研究，提出了"需求导向—实践积累—能力跃迁"这一企业技术创新能力的成长路径，认为基于需求导向的创新能够满足需求升级甚至创造需求，为企业持续地带来竞争优势[3]正是以市场和客户的需求为出发点，美国 ADM公司的创新不仅带给企业本身持续发展的动力，也给行业带来更加积极的变化[4]因此，迈克尔（Micheal Stanko）等告诫创新者：了解清楚顾客价值链的构成，掌握顾客需求特征是成功创新的首要条件[5]瑞赛拉（C. Racela）进一步强调企业一切创新活动都要围绕市场需求和企业发展目标展开[6]；正如埃德勒（Edler）所指出的，市场需求是创新的重要驱动力之一[7]。

目前，在需求驱动创新的相关研究中，学者将精力更多集中于产品本身。实际上，产品进入市场后要成功实现价值转化，还必须关注需求中的非产品因素，便利性需求就是其中之一。在消费过程中，人们总是要花费时间和精力。因为时间是有限的、稀缺的，不可能像金钱那样可以膨胀，节约时间意味着可以对该时间另行分配，从而使该时间的使用效率最大化。因而，如何分配时间正在影响着人们的生活方式和消费行为，进而影响人们的购物选择。[8]《大趋势》（Megatrends）一书的作者约翰·奈斯比特（John Naisbitt）指出，与便利性相关的服务占据着商业活动的很大一部分收益。现实中，一些商家积极改进经营方式，如延长开店时间、开展电话或邮购目录订货业务、

〔1〕 Von-Hippel E., *The Sources of Innovation*, Oxford University Press, 1988.

〔2〕 王选：《市场需求是技术创新的动力》，载《发明与创新（综合版）》2005 年第 4 期，卷首语。

〔3〕 王毅：《需求导向的企业技术创新能力成长理论》，载《技术经济》2013 年第 1 期，第 9~14页。

〔4〕 郭可尊：《创新要以市场和客户的需求为出发点》，载《中国科技产业》2006 年第 7 期，第 46~47 页。

〔5〕 Micheal Stanko, Joseph M. Bonner, "Projective Customercompetence: Projecting Future Customer Needs That Drive Innovation Performance", *Industrial Marketing Management*, 2013, 42（8）, pp. 1255 - 1265.

〔6〕 Olimpia C. Racela, "Customer Orientation, Innovation Competencies and Firm Performance: A Proposed Conceptual Model", *Pro-cedia-Social and Behavioral Sciences*, 2014（148）, pp. 16-23.

〔7〕 Edler, J. and Georghiou, L., "Public Procurement and Innovation, Resurrecting the Demand Side", *Research Policy*, 2007（36）, pp. 949-963.

〔8〕 Laura Yale and Alladi Venkatesh, "Toward the Construct of Convenience in Consumer Research", in Richard J. Lutz eds., *UT: NA- Advances in Consumer Research*, Volume, Provo, 1986（13）, pp. 403-408.

餐饮外卖、大件商品送货上门等，通过为消费者提供获得信息、获得商品等方面的便利来增加经营收益。这些具体的改进措施，由于与消费者的需求相匹配，节省时间和精力的便利性即使表现为商品的货币价格，也能够为人们所接受。[1]如送货上门的运费，便利店中同类商品价格也往往比综合超市高出 10% 左右。但在互联网出现之前，技术障碍极大地限制了与便利性相关的创新，便利性所能产生的价值也难以被发现。正如恩格斯所言："社会一旦有技术上的需要，则这种需要就会比十所大学更能把科学推向前进。"[2]因为生产需要是科学技术发展的基本动力，生产的发展又不断为科学提供新的实验手段，并提供"大量可供观察的材料"。[3]

互联网削弱了时空对交易双方的约束，消费者的购物活动不再被限制于某个场所或某段营业时间，消费者可以将碎片化的时间利用起来实现时间价值的增值[4]；传统的购物行为正在转变为一种时间效率和空间效用都得到提升的时空集约型消费[5]。便利性的改善，使人们对因技术发展而带来的社会进步的获得感也更强烈，这也是互联网所带来的消费者剩余的具体体现。如今，便利性已经演变成为衡量人们生活水平与状态的多维综合概念，为互联网时代的创新活动提供一个新视角。[6]

前述数据分析显示，便利性与表 5-1 所示四大维度之间存在很强的稳定关系，见表 5-6：

表 5-6　四大维度对购物便利性的标准化总效应

因子	便利维度	便利性
ξ1	信息便利	0.953

〔1〕　Berry L., Seiders K. & Grewal D., "Understanding Service Convenience", *Journal of Marketing*, 2002（7），pp. 1-17.

〔2〕　《马克思恩格斯全集》（第 39 卷），人民出版社 2001 年版，第 198 页。

〔3〕　《马克思恩格斯全集》（第 39 卷），人民出版社 2001 年版，第 524 页。

〔4〕　祝合良、王明雁：《消费思维转变驱动下的商业模式创新——基于互联网经济的分析》，载《商业研究》2017 年第 9 期，第 7~13 页。

〔5〕　冯华、陈亚琦：《平台商业模式创新研究——基于互联网环境下的时空契合分析》，载《中国工业经济》2016 年第 3 期，第 99~113 页。

〔6〕　吴文钰：《城市便利性、生活质量与城市发展：综述及启示》，载《城市规划学刊》2010 年第 4 期，第 71~75 页。

续表

因子	便利维度	便利性
ξ2	支付便利	0.977
ξ3	商品获得	0.986
ξ4	退换货及售后	0.952

从创新的角度看，围绕便利性维度的各种技术创新也同样适用于熊彼特的创新理论。熊彼特认为创新即开发新的产品、采用新的生产方法、开辟新的市场、寻求新的供给来源、实现新的组织形式等。互联网所引发的最大的变革是信息的获得、交互和使用的便利性，由此也引发了与购物便利性相伴的各类创新活动，本书以图 5-3 所示的概念模型来表现这种关联性。

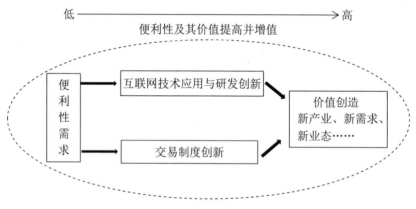

图 5-3 便利性需求与互联网相关技术创新

5.5.2 互联网技术应用/研发创新

（1）搜索引擎与即时通讯：满足信息便利需求。市场中，企业关心如何快速而准确地传递信息，消费者关心如何快速获取所需要的信息，以便作出选择。互联网出现之前，商品信息的搜寻或传递大都借助于广告或口耳相传。消费者为决策往往花费更多时间和精力搜集信息，尽管如此，所获得的信息也十分有限。如果没有实体店做中介，远距离购买几乎不可能发生。伴随着互联网而出现的搜索引擎技术在商品流通领域的应用，消费者在信息获取方面由被动接受转变为主动挑选，消费者自主权也因此得到强化。

第一，文字搜索。在浩瀚的数据海洋中，搜索引擎短短数秒就可为人们锁定所需要信息的范围，并在一系列关键词的引导下接近真实的搜索需要，从而使快速决策成为可能，且成本极低，使很多潜在需求因此变成实际消费。

为了提高信息便利，文字搜索引擎不断被改善。在很多购物网站的搜索页面，既有单一因素排序，如销量排序、价格排序等；也有根据人气、价格、销量等多因素的综合排序。如在淘宝网，如果用户的搜索词在标题中没有匹配到，淘宝会在商品详情页继续匹配；为帮助消费者在眼花缭乱的信息中进行选择，淘宝搜索还推出了"导购"功能，为消费者提供有关产品的详细参数、论坛、问答、资讯等更多与商品相关的信息，从客观角度为消费者推荐更为合适的商品和商家，帮助消费者作出购物决策。

第二，图片搜索。在购物决策中，图片的直观性显然比文字更准确，尤其是服装服饰类商品。现在，依据"深度学习"算法研发出的图像搜索引擎，正在满足用户"按图索骥"的需求。看到喜欢的商品，消费者拍照搜索即可比价，网购因此更加便捷。"以图搜图"这一颠覆性的搜索方式，不仅满足了人们更深层次对信息搜索便利性的需求，也为企业带来更多商机。2014 年 6 月，阿里巴巴集团并购了移动互联网开放服务平台提供商——UC 优视科技有限公司，以推动图片搜索业务的发展。

第三，即时沟通工具。作出购物决策，不仅需要快速找到信息，还需要在交流中对信息进行确认。自 1996 年首个用于互联网的即时通讯软件 ICQ 出现后，[1]即时通讯软件在我国兴起并很快被用于交易中的信息沟通。2003 年，淘宝网开发了为交易者量身定做的即时通讯工具——阿里旺旺，其既可发布、管理商业信息，也可进行文字、语音、图片和视频等多媒体的即时沟通，大大提高了沟通效率。几经升级，即时沟通软件的功能越来越接近于"面对面"交流，如图享功能，可以直接在聊天窗口上截图搜索，还可在窗口打开店铺，边聊边看，等等。

除了无法实际触摸或体验商品外，即时通讯工具弥补了空间距离所带来的沟通障碍，方便在线购物者在与商家沟通后确定是否下单。

2014 年初，发端于电竞游戏的网络直播也被用于在线交易，其不仅表现

---

〔1〕 1996 年，三个以色列青年开发了首个用于互联网的实时通信软件（Instant Messaging，IM），取名 ICQ，当时主要用于社交。借鉴此软件，马化腾等开发了 QQ 软件。

形式丰富，而且现场感、互动性和针对性更强，也使在线信息交互更接近于"面对面"的用户体验。2020年突发的新冠肺炎疫情使直播带货迅速走红，全国几十个偏远县市的"主政人员"作为主播，为当地特色农产品直播带货，仅2020年2、3月份，淘宝爱心助农项目就成功销售10万吨滞销农产品。

目前，搜索+即时通讯+顾客评价+视频+直播，在线购物所需信息越来越接近于人们的需求。在信息获取的广度和速度方面，"在线"明显优于"到现场"，还减少了人们为之付出的时间、精力和金钱成本。人们的购物场所从实体店转移到网店、从A网店（站）转移到B网店（站）以及在实体店之间的转移等，都因"可搜索"而减少了不确定性，也诞生了作为竞争手段的个性化精准营销推送，提高了信息便利的针对性。

搜索技术的发展，使得消费者的信息便利需求得到了充分显示和满足，既提高了消费者的自由度，也使信息对决策更有价值，并成为创造价值的新起点。

（2）多种支付方式：满足支付便利。作为一项基础性的金融服务，支付仅仅是结算，除了希望减少排队等候外，人们历来对支付便利并无太多奢望。

但是，依托于互联网而产生的各种支付方式，超越了人们对支付便利的所有想象，其改变是革命性的。根据国际清算银行支付结算体系委员会的统计，近十年来，各国零售支付中共出现122项重要创新。[1]目前，大数据、云计算、移动互联网等新技术与金融支付领域的融合，带来了支付方式的"百花齐放"，如依托近场通讯（NFC）、二维码支付（QR Code）、可信服务平台（TSM）、令牌化技术（Token）、生物识别技术（Biometrics）、主卡仿真技术（HCE）等各种支付创新，将消费者与各种销售方式连接起来，支付便利也成为消费者购物时最关心的问题之——不采用移动支付的商家，很可能被顾客放弃。

如今，支付便利已广泛渗透在各个领域，水电气等生活服务缴费在家动动手指就能完成，既减少了路途奔波、排队，也减少了工作人员现金收账盘点的工作量。支付方式的革命性变革，改善的不仅仅是支付便利，还扩展了支付数据的价值。

（3）全过程信息追踪：快速而轻松地获得商品。无论信息便利和支付便利如何改善，如果没有商品送达，交易终将无法实现，信息便利与商品获得

---

〔1〕 励跃：《零售支付的创新与监管》，载《中国金融》2013年第12期，第12~13页。

便利，客观上构成了 O2O 模式的发展通道。2000 年以来，物流配送与在线购物的发展相辅相成，顺丰、中通、申通等多个民间物流配送企业的快速崛起，形成了我国多仓储中心、异地批量运输、本地快速单件递送在内的社会化物流体系。借助互联网，物流配送实现了配送过程的实时监控和实时决策，配送信息处理、货物流转状态查询、问题环节查找、快速下达指令等配送系统的自动化和程序化，使消费者可随时随地查看配送物流信息，交易过程的透明度提高，无疑也增强了消费信心。

曾经，大件商品送货上门是体现优质服务的选择性项目，如今，无论大小件商品都可，"送货上门"已成为很多商家必备的服务项目。物流配送时间的长短，成为零售商竞争的重要领域，如在物美超市的"多点"APP 上下单就可送货上门。丰巢、菜鸟等快递柜，随时就近取货，解决了快递员与用户时间不重叠、快递员不足和效率低等问题，也为疫情防控提供了"无接触式配送"的基础条件。

围绕如何满足商品获得便利，诞生了鲜蜂网、社区 001 等"一小时配送"企业。美国的沃尔玛、百思买、GAP 等零售巨头，将网购订单与实体店进行一体化整合，方便消费者在最近的店面取货，这既提升了消费者的购物体验，还避免了实体店为清库存而实行的大幅减价。

以满足商品获得便利为出发点，依托于互联网技术的各种创新，我国物流配送产业得到快速发展，产业链运行质量和效益也大大提高，有效促进了生产和消费。中商产业研究院的数据显示：2020 年，全国快递服务企业业务量累计完成 833.6 亿件，同比增长 31.2%；业务收入累计完成 8795.4 亿元，同比增长 17.3%。其中，同城业务量累计完成 121.7 亿件，同比增长 10.2%；异地业务量累计完成 693.6 亿件，同比增长 35.9%；国际、港澳台地区业务量累计完成 18.4 亿件，同比增长 27.7%。[1]

物联网、大数据、云计算、5G、人工智能等新一代信息技术智能化设施设备与物流配送业正在深度融合，如无人机（车）等无人物流配送技术的应用，推动着整个行业加快迈向智能化、自动化，以数字化能力的提升强化物

---

〔1〕　中商产业研究院：《2020 年全国快递物流市场分析：快递量累计 833.6 亿件 同比增长 31.2%（附图表）》，载 https://www.askci.com/news/chanye/20210115/1017331332648.shtml，最后访问日期：2021 年 1 月 15 日。

流服务的核心竞争力。

5.5.3 交易制度创新

塞缪尔·P.亨廷顿（Samuel P. Huntington）在《变革社会中的政治秩序》（*Political Order in Changing Societies*）一书中提出，制度是指稳定的、受到尊重的和不断重现的模式。在商品流通领域，交易制度表现为达成交易的各种模式，广义的如商业模式，狭义的如支付模式等。

（1）第三方支付制度的建立和完善。"一手交钱，一手交货"是由来已久的交易制度，其目的是用"面对面"来解决信任问题。在线交易发展之初，因为不能"面对面"建立信任，卖方担心发货后收不到钱，买方担心付款后得不到货——交易只能在线下进行。

2003年诞生的支付宝，通过"第三方担保"的交易模式，很好地解决了买卖双方难以互信的问题，使不见面的网络交易不仅成为现实，而且让人们因为放心而达成更多交易。这种基于支付制度创新而建立的信任关系，既促进了在线交易的持续扩展，也促进了更多跨时空的协作。

就这样，担保交易——第三方支付在个人消费领域的应用，以改变支付流程的制度创新，开辟了中国电子商务的新时代，促进了各种以线上线下交互为特征的商业模式的形成和爆发式增长，加大了在线消费的广度和深度。国家统计局公布的数据显示：2020年全国网上零售额117 601亿元，比上年增长10.9%。其中，实物商品网上零售额97 590亿元，增长14.8%，占社会消费品零售总额的比重为24.9%；在实物商品网上零售额中，吃类、穿类和用类商品分别增长30.6%、5.8%和16.2%。[1]在一、二线城市，在线下单已经成为消费常态；三至六线城市及县级农村市场的巨大潜力，也在拼多多、京东、淘宝、乐村淘、赶街网等各类电商的努力下得到充分挖掘，使网络交易在县乡级得到扩展，2020年全国农村网络零售额达1.79万亿，同比增长8.9%。[2]

---

〔1〕《2020年全国网上零售额117 601亿》，载http://finance.sina.com.cn/roll/2021-01-18/doc-ikft-pnnx8780413.shtml，最后访问日期：2021年5月26日。

〔2〕《2020年全国农村网络零售额达1.79万亿 同比增8.9%》，载https://finance.sina.com.cn/china/bwdt/2021-01-22/doc-ikftpnny0585298.shtml，最后访问日期：2021年5月25日。

第三方支付这一制度创新，完成的不仅仅是担保，而是建立信任、升级信任，并让信任为交易带来更多便利，也推动了我国第三方支付行业从无到有的快速发展，成就了中国在全球移动支付领域的领导者地位。2011 年至今，中国人民银行累计发放第三方支付牌照共 272 张，现存有效牌照 237 张。2019年第四季度，中国第三方移动支付交易规模约为 59.8 万亿元，同比增速为13.4%。[1]在人们的日常消费中，使用第三方支付的比例已达 48%。[2]正如哈佛商学院教授罗莎贝斯·莫斯·坎特（Rosabeth Moss Kanter）所说："很多小创新会给公司带来巨额利润和实质性的改变。"由支付宝带动的第三方支付制度的确立及相关企业的发展，正是如此。

在线支付制度的建立，不仅带来了支付便利，还激活了支付数据的价值。网络中沉淀的第三方支付数据，几乎贯穿于每一位用户的所有消费行为，极大地克服了消费者信息的零碎性、分散性和不完整性。支付发生，意味着交易达成。对这些数据进行整理和分析，能够得到精准的用户定位，从而为企业进行精准营销提供便利，也使支付平台的业务跨界成为可能。由此，消费者的支付便利需求，有效地转化成为企业的商业机会，两者相辅相成，互为基础，互相成就。

目前，第三方支付已经在跨境支付、公共事业缴费、转账汇款等多个领域应用；以支付宝、微信支付为代表的第三方支付产业已发展成为一个复杂生态系统。其中，银联和央行支付系统所组成的支付清算体系，是整个电子支付产业链的枢纽；商业银行、线上线下的第三方支付机构、通信运营商是主要参与主体，支付相关的软、硬件提供商（包括 POS 机及智能手机等）和收单代理商是辅助的参与主体。

（2）在线购物退换货的制度设计。UPS 的调查显示，提供简单易懂和方便的退货流程对提升网购用户的满意度有很大影响；63% 的网络购物者在购买前会看零售商的退货政策，近一半的人表示如果零售商有宽松的退货政策，他们会购买更多并会推荐给他人。前述研究也显示，退换货对便利性的总效

---

〔1〕《2019 年中国第三方移动支付行业交易规模、牌照数量及市场结构分析：支付宝、财付通分别占据了 55.1% 和 38.9% 的市场份额（图）》，载 https://www.chyxx.com/industry/202004/850660.html，最后访问日期：2020 年 11 月 20 日。

〔2〕《益普索〈第三方支付报告〉》，载 http://wemedia.ifeng.com/73667948/wemedia.shtml，最后访问日期：2020 年 11 月 18 日。

应为 0.952，即退换货便利每提高 1 个单位，购物便利性将提高 0.952 个单位。在便利性的四大维度中，退换货便利的提高，首先是制度环境（《消费者权益保护法》等）的改善所决定的，互联网技术促使这一制度能够有效落地，由此延伸出的退换货运费险，加持了这一制度创新的效果。

"七日从哪天开始算""钱应该退到哪""用了优惠券怎么办""退货运费谁来担"……针对这些疑问，2017 年 3 月 15 日，国家开始实施的《网络购买商品七日无理由退货暂行办法》全面细化了无理由退货制度的具体流程，整个流程一目了然，在进一步保障消费者权利的同时也让商家吃下"定心丸"。与实体店购物后要亲自到店铺退换货相比，在线购物的消费者有权自收到网购商品之日起 7 日内无理由退换货，[1]退换货时可直接联系快递公司上门取件，更节省时间和精力。

为适应这一制度性安排，具有网络交易特征的创新险种——退换货运费险应运而生，对于"7 日无理由退换货"的商品，交易双方可选择购买该保险产品。如在淘宝网退货时，填写正确的"物流单号""物流公司"等信息后，系统会自动发起理赔申请，保险公司将在 72 小时内进行审批处理，确认理赔后赔付金额将直接支付至买家支付宝账户，消费者可随时在线查看理赔进度。这一制度设计，既促进了购买，也保护了交易双方的利益。

（3）多项技术融合重塑交易方式。互联网的商业应用，推动了新技术的不断诞生和多技术的不断融合，不仅创新了数字化生产经营方式，也创造出新的价值，为人们带来财富。如怎样在移动端提高消费者互动和场景类需要的便捷转换，就是具有互联网应用特色的便利性需求，这一需求促进了微信小程序的诞生。小程序属于轻应用，克服了 APP 和公众号在使用上需要下载、进入和关闭等繁琐操作，只需以微信号登录，即用即走，免去了下载 APP 给手机带来的负担以及 APP 和公众号无穷无尽的通知，真正做到了"安静"与"绿色"。[2]这也改进了移动端线上线下的交互模式，企业可以更好地建设线上线下有机互动的商业闭环。[3]直播技术与各类平台的融合，有效带动了

---

〔1〕 参见国家工商行政管理总局 2014 年 1 月 26 日发布的《网络交易管理办法》。《网络交易管理办法》于 2021 年 3 月 15 日废止，代之以《网络交易监督管理办法》。

〔2〕 原丕业、宋乃绪、万鹏：《微信小程序如何助力"新零售"》，载《管理工程师》2018 年第 6 期，第 16~20 页。

〔3〕 郭全中：《小程序及其未来》，载《新闻与写作》2017 年第 3 期，第 28~30 页。

2020 年新冠疫情下的农产品销售。比如，在拼多多开启的"政企合作，直播助农"系列活动中，半个小时内直播间就涌进超过 100 万名消费者，有超过 1000 万人次观看直播，售出百香果和脐橙近 5 万斤。[1]这些惊人的销售成绩，正是多项互联网技术的融合运用所促成的。

从独立的 PC 端网站到移动端的 APP、公众号、小程序，传统购物过程中各种促销、到店、选取商品、支付、带商品回家和到店退换货等耗费时间和精力的行为和各种场所，被一揽子统一在小小的手机上，实现了诸多便利要素的统一。随时随地查询和沟通、跨时空消费、线上各环节的便利与线下物流配送（或门店服务），构成了消费过程中便利性的 O2O 闭环。这种基于互联网技术进步的便利性要素的新组合，既改变着购物流程，也创新着商业模式，是交易制度创新的又一种表现形式。

各种各样的创新，促进了技术与产业、与消费的融合，相关的数据积累也成为颠覆性创新的主要资源，其所拥有的强大力量，将许多不可能变为可能，推动着人类走向更美好的未来。当然，在互联网技术与社会经济生活的融合中，如何关照到不同群体如老年人等、如何预警可能产生的弊端如网络诈骗等，也应该充分关注，相关内容参见本章附录。

在讨论技术与交易制度的创新时，我们也不难看到，互联网带来的变化对法律制度的创新也提出了要求，具体表现在各项相关法律法规的制定、补充和修订，如网络虚拟财产权的界定、维护和继承等就极具有典型性，相关内容请参见本章附录。

5.6　便利性对商业服务业的促进

从司空见惯的现象中提炼出便利性——这一由互联网激活的变革要素，我们可以发现被忽视并缺乏研究的便利性价值，对消费者体验和价值创造所产生的重要影响，可以很好地解读本书的主题——融合创造价值。

---

〔1〕《寻乌县长拼多多直播卖货 300 名贫困户百香果一天卖光》，载 https://www.ncnews.com.cn/xwzx/shxw_xwzx/201907/t20190717_1456486.html，最后访问日期：2020 年 11 月 20 日。

5.6.1 便利性的价值分析

促进消费增长的"拐点"。在社会经济的发展过程中，人们对消费便利性的需求一直存在。但在互联网出现之前，信息获得便利表现为广告媒体的改变如电视、报纸等，支付便利更多是减少结账排队，商品获得便利表现为各类便利店、社区店的快速发展。而近年来零售业的变革，更多地表现为应用互联网技术来改变许多"不便"。很多基于互联网技术的交易方式创新，首先是从"为了更便利"入手，主要围绕便利性的四大维度展开，如商品信息搜索、即时在线沟通、随时随地支付、就近自取、物流信息追踪等。便利性量表（表5-4）中的18个要素更多地反映出互联网时代人们对便利性的认知。互联网不仅激活了人们的便利性需求，也使便利性需求产生出巨大的商业价值，如在线交易量的增长、交易效率的提高、因购物便利体验好而重复购买，等等。

图5-4定性反映了零售业变革中便利性价值逐步得以提升的变化过程，横坐标RI表示零售业变革进程（Retail Innovation），纵坐标CV表示便利性价值变化（Convenient Value）。

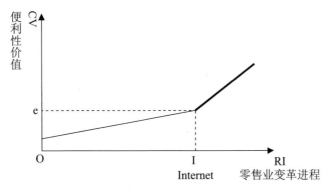

图5-4 互联网技术应用与便利性价值的提升

零售业发展进程中的每一次变革，总体上都有助于提高购物便利性。但互联网在零售领域的渗透，使人们明显感受到各个便利性要素的提升；通过提高便利性来满足消费者以获取更多价值，也成为零售商在市场竞争中所采取的重要手段，如各类实体店与互联网结合，推进了各种O2O模式的创新和快速迭代。可以说，互联网所催生的在线零售的兴起，是便利性价值快速释放和提升的拐点（Ⅰ点），如淘宝网兴起的 2003 年。互联网不仅催生了更便利的网络购物，还促进了各行各业的更多创新，如跨界融合、个性化定制、订单农业等，都使便利性的价值得到充分显示和提升，表现为在线交易量的增加和交易效率的提高，如式 5-3 所示：

$$Y = f\ (Xcv,\ X_1) \qquad 式 5-3$$

式中，Y 表示交易量与交易效率，Xcv 即便利性价值，X_1 为便利性之外的其他要素。

图 5-4 和式 5-3，来自上述研究分析，也来自普遍的直观感受和相关数据，尤其是农产品销售，如果没有互联网带来的信息便利，大量的农产品信息难以与城镇居民的消费需求对接进而转化为销售额。商务大数据监测显示，2020 年全国农村网络零售额达 1.79 万亿元，同比增长 8.9%。电商加速赋能农业产业化、数字化发展，一系列适应电商市场的农产品持续热销，有力推动乡村振兴和脱贫攻坚。商务部持续开展农产品"三品一标"认证，农产品品牌推介洽谈，推动农产品上行。"数商兴农"相关工作将在农村电商新基建、人才培养等方面持续发力。[1] 截至 2020 年 3 月，我国网络直播用户规模达 5.60 亿，较 2018 年底增长 1.63 亿，占网民整体的 62.0%；"短视频+直播+网红+电商"的组合，也充分发挥了互联网改善商品流通领域便利性的优势，销售额的攀升也体现出便利性的价值。

很难想象，如果没有互联网对购物便利性的极大改善以及物流网络的建设，在商品流通欠发达的我国广大农村地区，工业品下行和农产品上行都难以有如此大幅度的提高。作为便利性价值释放的"拐点"，互联网对便利性的突出改善还激活了供给和需求两端，"长尾效应"也是一个有力的例证。在网络零售出现之前，许多个性化的、零散的小量需求，因商品信息很难获取、消费群体很难被发现，因而供需双方无法对接。互联网跨时空的集聚能力，使得差异化的、少量的需求信息得以汇集形成一定的规模并呈现出来，在需求曲线上形成一条长长的"尾巴"，相应的供给信息也能够被快速搜寻且搜寻

---

〔1〕《2020 年全国农村网络零售额达 1.79 万亿 同比增 8.9%》，载 https://finance.sina.com.cn/china/bwdt/2021-01-22/doc-ikftpnny0585298.shtml，最后访问日期：2021 年 5 月 25 日。

成本几乎为零。这种信息便利，充分降低了需求与供给对接的难度，而支付便利、商品获得便利、退换货便利等都有利于交易达成，其所降低的交易成本和促成的交易增加，正是便利性价值的体现。

随着社会经济的发展和生活水平的提高，人们总希望在有限的时间和精力约束下，能够参与更多丰富多彩的活动。互联网对便利性的提高，有效节省了人们的时间和精力，为人们参与更多的活动提供了可能。便利性需求所蕴含的能量也远远超出了营销手段的范畴，正在成为企业为顾客创造价值的战略性发展方向，为企业创新赋予了新的考察变量。

以此结论为假设开展实证研究，通过量化分析进一步验证便利性价值快速提升与互联网（如在线交易量增加、交易效率提升等）之间的关系，将为从便利性这一全新视角考察互联网对交易方式变革的影响提供有力证据。

5.6.2 便利性制约下的 O2O 模式发展通道

纵观淘宝网、苏宁的发展历程不难看出，改善购物便利性对 O2O 模式发展的促进。目前，即时通讯软件、支付宝、微信支付等已成为我国各类 O2O 模式的"基础设施"（标配），自然也吸引了更多的消费者在线购物。而如何更好地满足消费便利，也成为企业在线上线下交互方面"精耕细作"、体现差异化的主要领域，如网页设计更加简洁、时尚，以不同的人群、场景、需求来组合商品，满足生鲜配送的冷链建设等。而这一切，实际上是信息技术和物流业相互融合在各个环节的具体表现。

在 O2O 模式的进化过程中，信息交互贯穿全过程。可以说，没有互联网技术的产生及其快速进步，O2O 的概念就不存在，线上线下交互也无从谈起。但是，如果没有物流配送业的发展，在线交易的实物商品将因难以传递而导致交易失败，商品的使用价值与价值的相互转化也难以实现，O2O 模式也因此无法闭环而受到制约。

因此，信息技术所制约的信息便利与物流配送业所制约的商品获得便利，成为影响互联网时代零售业商业模式发展的两个关键因素，尤其是对线上线下交互发展起着支撑与制约的双重作用，[1]如图 5-5 所示：

---

〔1〕 葛建华：《便利视角下中国 O2O 模式的演进路径研究》，载《吉首大学学报（社会科学版）》2017 年第 4 期，第 101~108 页。

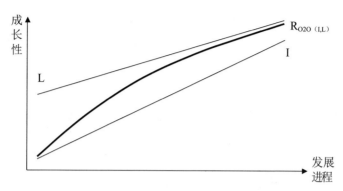

图 5-5　信息交互与物流发展约束下的 O2O 发展通道

图 5-5 中，线段 I 表示信息获得与信息交互之便利的发展状况，线段 L（Logistics）表示商品获得便利的发展状况，R_{O2O}（I，L）是受制于两者的 O2O 的发展路径，R 为 Relevance（关联）的首字母。现实中，我国信息技术尤其是互联网技术的发展及其广泛应用，为 O2O 模式的发展提供了必需的信息交互平台，其发展普及的程度优于物流配送业。如今，移动互联网络已延伸到很多偏远地区，为更广大的人群提供着信息交互便利，也为企业进一步贴近用户、服务于更多消费者创造了条件。国家互联网络中心的数据表明：截至 2020 年 12 月，我国网络购物用户规模达 7.82 亿，占网民整体的 79.1%；网络支付用户规模达 8.54 亿，占网民整体的 86.4%。[1]新冠肺炎疫情正在促使全球线下消费快速向线上转移，线上购物正成为基本消费方式，据 eMarketer 预测，2023 年全球网络零售额将达到 6.5 万亿美元。

但是，无论网络信号的覆盖面多么广，如果没有与之相匹配的物流配送业的发展，在线达成的交易终将无法兑现。近年来，每逢双十一、节假日，网购总金额在上升，物流配送的延误率也在上升，这也直接促使一些理性的消费者放弃在此期间的网购。一些平台上的商家也将西藏、新疆等边远地区列为"不免费配送区域"。在这些地方，因为物流配送网络不发达或成本过高，即使有 WiFi 覆盖，跨省、跨地区的网购发展也相对缓慢，商品获得便利成为制约网购的瓶颈，成为影响 O2O 模式发展的"天花板"。同样，人们在

〔1〕《CNNIC：我国网络购物用户规模达 7.82 亿，占网民整体 79.1%》，载 https://www.dsb.cn/138642.html，最后访问日期：2021 年 8 月 5 日。

网上选购时，物流配送能否提供合乎意愿的便利，也成为消费者是否选择网购、商家是否采取 O2O 模式以及采取怎样的 O2O 模式所必须考虑的重要条件。尤其在 2020 年初的新冠肺炎疫情中，互联网畅通，但因为物流受限，企业与上下游的交易额都受到很大影响。上海泽第供应链管理事务所的调研数据显示，31% 的企业出现库存缺货问题，2% 的企业出现严重缺货问题，40%以上的企业物流因发货和运输受到影响，交货时间延长，23% 的企业仓库发货不及时。[1]

在现实中，信息便利与商品获得便利，在客观上构成了 O2O 模式的发展通道，即线段 I 和线段 L 之间的区域，我们将其称为"O2O 发展通道"。在此通道内，消费便利的不断改善带动交易良好发展，但其发展不可能突破该通道，即信息搜寻/交互的便利与商品获得便利，对 O2O 模式发展起着支撑和制约的双重作用，也规制着 O2O 的发展路径。在信息技术快速发展的今天，实物商品的在线交易越来越受制于物流配送业的发达程度。

5.6.3 便利性价值助推零售业的数字化转型

"雁过留痕"，消费者基于便利性需求在信息查询、支付、物流追踪、退换货和消费评价等环节都会留下"网络痕迹"，这些"痕迹"正在成为数字经济时代驱动企业创新的重要资源。2016 年以来被热议的"新零售"[2]，其基本特征包括如以心为本，围绕消费需求，重构人、货、场，实现"以消费者体验为中心"；努力为消费者提供高效满意乃至超过预期的服务，以全渠道和泛零售形态更好地满足消费者购物、娱乐、社交多维一体需求。这也意味着聚焦于"线上线下+物流"深度融合的新零售，将更多关注消费者在购物过程中获得、体验、感知到的价值，即购物价值。[3]

便利性价值正是购物价值的重要组成部分，其助推零售业数字化转型主

---

〔1〕《新冠肺炎疫情对企业供应链物流建设的影响》，载 https://www.sohu.com/a/393739481_120043534，最后访问日期：2020 年 11 月 10 日。

〔2〕笔者观点：用"新零售"一词来区别传统零售业无可厚非，但作为学术概念尚不严谨，也会为界定今后与现在不同的零售业带来困扰——"新新零售"？但相关讨论已超出本书议题，不多述。本书在认可学者们对"新零售"本质讨论的基础上使用这一概念，特此说明。

〔3〕苏东风：《"三新"视角的"新零售"内涵、支撑理论与发展趋势》，载《中国流通经济》2017年第 9 期，第 16~21 页。

要表现在以下三个方面：

第一，信息获得与交互便利向个性化和精准性的发展，将更有效降低消费者的决策成本。以阿里系为代表的新零售，强调更多运用大数据、人工智能等技术来实现线上线下和物流的协同与融合，这意味着无论实体店或网店，都将更多依据大数据分析来指导经营活动，为消费者提供个性化的信息服务，以精准营销逐步化解在线信息量大带来的选择困扰；实体店则在高效能的导购 APP 的帮助下，通过手机查库存、查新货和个人积分等店面数据，实现交易双方的实时互动，为消费者减少必须到店的精力和时间耗费。

更多的支付方式如令牌化技术、生物识别技术等，将包括无人零售在内的各种零售方式与消费者相互连接，无论在用户体验还是场景匹配等方面都将得到优化。随着海量支付数据的积累，交易数据从"信息搜寻的意向性"向"支付购买的确定性"转变。这一本质性的变化，将提高市场信息引导生产和交易的准确性，有效削弱由市场末端信息波动带来的"牛鞭效应"在上游环节产生的冗余，为生产控制与交易管理精细化奠定坚实的数据基础，从而提高市场信号对供应链上游的有效调控。

因此，如何有效利用大数据增进购物便利性，促进交易、提升市场竞争力，将是对企业信息能力的一大考验。[1]

第二，优化商品获得便利的"线上线下+物流"的深度融合，促使更多交易达成。物流与线上线下的协同是"新零售"的关键。菜鸟驿站、小区取货点、自取储物柜、楼下无人便利柜等，在"最后一百米"为消费者提供了更多商品获得便利的选择方式；大数据、云计算、人工智能等在物流配送领域的规模化应用或技术突破，如电子面单、自动分拣、无人仓、无人机配送等，都在重新塑造快递产业链条末端。这些基于商品获得便利的物流升级，也将助推偏远地区提升仓储、分拣、包装、初加工、运输等综合服务能力，让更多人享受互联网带来的消费便利。

目前，便利性正在转化为数字化资源，释放出巨大的变革能量而推动创新，其对交易费用的降低和对交易效率的提升，正是便利性价值的直接体现。围绕便利性的数据沉淀、信用积累等在被充分挖掘和利用后，还将创造便利

---

〔1〕　葛建华：《信息能力与现代零售企业的核心竞争力》，载《财贸经济》2005 年第 1 期，第 49~54 页。

性的间接价值，如助推"门店数字化""数字化供应链""数字化用户运营"等经营转变。这些，既为消费者主权赋予了更丰富的内容，也为零售智能化发展、跨界融合提供着新动能。各行各业的经营者们也在不断深入挖掘便利性这座"金矿"所蕴含的价值，进而为变革和创新赋能，更好地满足社会经济发展和消费升级的需求。

第三，面向便利性需求的技术进步及其应用，更有助于提高企业竞争力。提高消费便利性的经济学意义在于从非货币成本的角度出发，关注消费体验的多元化，通过提高消费者剩余促进消费，进而增加生产者剩余，有效提高市场总剩余，其表现为摆脱价格竞争、改善消费体验、激活市场活力和提高交易效率。商务部的数据显示，2020 年我国全年社会消费品零售总额 39.2 万亿元，最终消费占 GDP 比重达到 54.3%，消费仍然是经济稳定运行的"压舱石"。[1]在这些增长的数据中，消费者和企业都是受益者。

马克思认为，需求是推动一切人类生产活动的根本动力，[2]保持经济增长不仅要研究如何创造财富，更要研究人的需求。一直存在但其状况又难以得到改善的便利性需求，因互联网的发展获得了空前满足，使人们有更多的时间和精力享受购物乐趣，享受更高层次的精神文化活动，这也是在供大于求的"消费者主权"时代，人们对提高消费体验的必然要求，阿里巴巴、京东等的强势崛起，正是从改善购物的便利性需求入手而关注消费体验。从最初的 PC 端网购，到微信公众号、小程序和各类 APP，从网络银行支付到随时随地的移动支付，从以满足实时需求为主的传统便利店到"在楼下"的无人零售……各种改变都在力求满足顾客在购买商品或服务时的各种便利性需求。

5.6.4　便利性需求推动商业创新

目前，以扩大内需促进国内国际双循环的良性发展，正在成为我国经济发展的战略选择。因此，如何撬动 14 亿人的消费"金矿"来保持经济持续增长并不断提升消费者福利，也是人们关心的前沿课题。消费通过流通决定着生产，马克思的《1857—1858 年经济学手稿》在阐述生产与消费的关系时指

---

〔1〕《商务部：2020 年社会消费品零售总额 39.2 万亿元》，载 http://www.mofcom.gov.cn/article/i/jyjl/e/202102/20210203035770.shtml，最后访问日期：2021 年 5 月 25 日。

〔2〕《马克思恩格斯全集》（第 3 卷），人民出版社 1960 年版，第 286 页。

出，生产直接是消费，消费直接是生产，每一方都直接是它的对方。因而，同时在两者之间存在着一种媒介运动。[1]因而，提高便利性的重要意义在于以"便利性"来增加和扩大消费与生产的"接口"，相互促进。相应的技术与制度创新，将不断拓展数字经济的发展空间，服务于构建国内大循环为主体，国内国际双循环相互促进的新发展格局。

按照新制度学派的观点，传统实体经济中将因过度竞争而出现"同构"现象：产业中的各企业均为相同（似）的知识基础、互补性资产展开角逐，追求资源的利用效率和流程效率，因而只能实现供给面的范围经济（即强调生产资料在不同产品系列间的重复利用）而不能实现需求面的范围经济，从而导致产品的使用价值的扩展空间受限而出现产品的严重同质化。然而，互联网对消费者便利性需求的多维度满足，具有明显的个性化和多样化特征，可以很好地满足消费者对体验的不同情感化需求，使价值单一的同质化产品也有可能为企业带来竞争优势。如为满足支付便利需求而出现的移动支付催生了位置服务、移动医疗等一批跨产业新兴业务；为满足消费者图像搜索的便利需求，谷歌连续投资或收购 Plink、Like 等多家图像应用公司，累计金额超过 2 亿美金。[2]据麦姆斯咨询报道，全球图像识别市场规模 2021 年将达到 389.2 亿美元，期间的复合年增长率将达到 19.5%。[3]美国知名运动品牌耐克收购了以色列的英威腾公司公司（Invertex Ltd.），目的是利用 3D、AI 技术为用户提供在线扫描来买到合脚的运动鞋，相关内容请参见本章附录。

便利性需求在各个消费领域都客观存在，其是否得到满足、满足的程度以及如何得到满足，不仅决定了后续需求的产生与演变，还决定了人们对生产、生活的态度等，从而影响其消费行为。关注消费体验的多样化需求，有助于市场竞争摆脱在价格层面的低水平重复，促使供给侧的创新更加关注物质以外人的多层次、个性化需求，从关注商品和服务的提供方式、用户价值的角度来构建商业模式。渗透在多个领域的各具特色的 O2O 模式，正是从满

---

〔1〕 陈爱华、沈明：《马克思生产–消费的伦理观——读马克思〈1857—1858 年经济学手稿〉》，载《东南大学学报（哲学社会科学版）》2004 年第 1 期，第 9~12 页。

〔2〕 《图像购物搜索淘淘搜上线 开启 50 亿的大市场》，载 http://www.techweb.com.cn/news/2010-11-02/717043.shtml，最后访问日期：2020 年 11 月 1 日。

〔3〕 《图像识别市场（2017 版）》，载 https://www.sohu.com/a/143664663_406495，最后访问日期：2020 年 11 月 10 日。

足便利性需求出发，进而满足更好的消费体验，从而创造出更多差异化的竞争空间——用服务创新超越价格竞争。例如，在餐饮行业，手机扫码排队减少了顾客的等待时间，手机点餐能快速找到热门食物，电子派单使客服前台直通后厨上菜更快，移动支付免除了结账等待；通过精准推送礼券，店家还能有效促使消费者二次进店消费……这些围绕便利性的经营改善，构成了商业变革的重要内容，更多地为消费者和企业创造价值。

各种以提高便利性为主要特征的消费领域数字化创新应用与交易方式创新的相互促进，不仅推进了市场终端的数字化发展进程，并在消费者的生活、工作、学习、娱乐等各个场景中，不断提高着中国企业的数字化程度，促进了更精准的产品设计和孵化，带动了制造业重构研发与生产，以适应附加值更高的"个性化定制"消费。例如，天猫新品创新中心基于前端积累的 6 亿消费者全渠道消费数据，获得数字化用户调研工具，从而重构后端新品研发体系，研发周期从 18 个月缩短至 6 个月。[1]目前，3D、人工智能、无人驾驶等技术，正在从便利性需求中寻找到多个落脚点，如新冠肺炎疫情为无人配送提供的商品获得便利，安全又便捷，等等。

我们看到，为满足消费的便利性需求而催生的各种创新，在我国数字化发展进程中发挥着重要作用，不仅促进了传统商业服务业的转型升级，也衍生出集硬件、软件和应用服务为一体的面向企业技术应用的便利服务。由便利性需求启动的线上线下融合和消费数字化趋势，正在焕发出"合纵连横"的巨大潜力。零售业沿产业链上下游的纵向延伸，为制造业的"个性化定制"赋能；零售业与金融业、生活服务业、交通运输业和娱乐业等的横向交互，全面提高着消费体验和消费效率，满足着个性化、多样化的消费需求，也使分属不同产业的企业通过协同合作来获得复合经济效应。

所有这些，都凸显了人类的便利性需求所驱动的巨大的创新力量，凸显了科学技术发展在满足人们多元化和个性化需求的同时，也带来巨大经济价值和社会价值。正如熊彼特所说，科学技术应用于经济之中才是创新的核心要

---

〔1〕 阿里研究院等：《解读中国互联网新篇章：迈向产业融合（中国互联网经济白皮书 2.0）》，2019 年 1 月 11 日。

义。在现代经济中，人的欲望提供动力，市场提供环境，科技创造手段。[1]因此，当我们考察需求对创新的驱动时，便利性需求的激励与约束应当是一个不能忽视的重要变量。现实中，为满足便利性的各种技术创新与制度创新，正在与产业发展一同塑造着数字经济，为社会经济发展注入强大活力，这正是需求驱动的创新活动所产生的、具有普适性的经济价值和社会价值。

任何事物都有其两面性。在集中讨论互联网技术对提高便利性所带来的积极影响的同时，我们也应该看到，这些便利性也可能给消费者和企业带来风险，如消费者信息泄露、零售商遭遇恶意退货；对一些群体带来不便，如老年群体等。如何规避这些风险，既有待于相关法律法规的完善，也有待于消费者和经营者重树数字经济时代的商业道德，更多关注不同消费群体的生存状态，相关内容请参见本章附录。

关于无现金支付的是是非非

2017 年 8 月 1—8 日，支付宝携手各个城市及无现金联盟，打造了全球第一个"无现金城市周"，按照其规划，商业消费、交通出行、公共服务这三大领域 90% 的场景都能使用移动支付，很多人也以中国无现金支付的普及领先于各国而自豪。

2019 年 8 月，澳联邦财长弗莱登伯格（Josh Frydenberg）向议会提交一份草案，名为《限制现金使用的法案》[Currency（Restrictions on the Use of Cash）Bill 2019]，草案提出，为了打击犯罪，澳洲政府要从 2020 年 1 月 1 日起，禁止数额大于 10 000 美元的现金交易，任何超过该数额的现金交易都将被视为犯罪。围绕这个草案，澳洲人在 Facebook 平台"炸锅"了，其中最有代表性的意见就是："这样做的结果，毫无疑问，会导致澳洲社会环境大变天，今天是10 000美元现金违法，明天可能就是 1 美元现金违法，最终，澳洲将不可避免

---

〔1〕 晏辉：《价值哲学视阈中的心灵之序与世界之序》，载《当代中国价值观研究》2017 年第 2 期，第 5~17 页。

地进入可怕的'无现金社会'（cashless society）。这个决定简直是昏招！"——人们诟病。

很多发达国家民众为什么极力反对无现金社会？背后原因令人深思！

（1）这是不是变成了经济上的强制和压迫？

进入无现金社会意味着，你的所有支付行为只能通过少数几个金融机构搭建的支付模式进行。你如果不使用它的这套支付模式，在社会上就无法生存，一天都活不下去。因为你买不了吃的、买不了喝的、买不了用的，也无法出行。你不能摆脱它，摆脱它你就没法生存。

（2）你的钱会不会在某一天突然消失？

进入无现金社会，从此你口袋里的钱只是某几个金融机构里的一个数字而已，少数的金融机构掌控着所有国民的命运。或许某一天你一觉醒来，因为某些天灾人祸或是其他原因，你的钱突然间就消失了，消失得无影无踪，而你将一无所有。

德国在一战和二战后都经历了货币崩溃，德国人民对自己突然间就一无所有有过痛苦的体会。日本在二战后同样历经过货币崩溃，同样有着突然间就一无所有的痛苦体会。所以，对于很多发达国家的国民来说，现金是不得已的底线，无现金社会进一步削弱了他们对自己财富的掌控，这是他们容忍不了的。

（3）我们还要隐私吗？

所有的支付行为都要用电子支付，这意味着，你所有的支付行为都在某些金融机构的监控下。你买了什么书，去过哪些地方，吃了什么东西，住过哪些宾馆，进行了哪些娱乐活动……你已经下单但还没去的支付行为，将暴露你将要去哪里，将要去做什么，将要去吃什么，将要去住哪个宾馆，将要去进行什么娱乐活动，细思极恐！

对于重视隐私权的外国国民来说，这样的无现金社会，他们肯定是不能容忍的。不可否认，电子支付使得人们生活、工作中的支付行为变得更方便、快捷，但它的弊端也不少，不仅严重削弱了人民对自己财富的掌控，还严重蚕食了人民的隐私权，并将影响着子孙后代。

在2021年7月底的郑州洪涝灾害中，人们发现平时习惯的网购因道路和网络不畅而无法实现，街边便利店成为应急购物的最优选择，这也使人们重新认识到实体店、现金的重要性。

参考文献：

1. 《支付宝宣布打造"无现金城市周"》，载 https://tech.sina.com.cn/i/2017-07-06/doc-ifyhwefp0165597.shtml，最后访问日期：2020 年 11 月 3 日。

2. 《用超 1 万澳币现金，明年起要注意了，或坐 2 年牢、罚款 2.5 万刀》，载 https://www.sohu.com/a/344262239_168600，最后访问日期：2020 年 11 月 1 日。

3. 《发达国家为什么反对无现金社会？》，载 https://www.bilibili.com/read/cv2001563/，最后访问日期：2020 年 12 月 27 日。

附 录 5-2

如何让老年人也能享受互联网带来的便利？

我们已经习以为常的很多便利，对老人们而言，是茫然、是不知所措，他们在掉队、在焦虑、在挣扎。

南京一名老人充了 299 元押金进共享单车，用了三次后，再也扫不了车。

那天，他折腾了两个多小时，都无能为力。拨打了自行车上一串号码，也是空号。因担心押金不见、账户欠费，他一直都不敢走。直到记者赶来，帮他联系了共享单车公司。

原来，他并不是扫不了码，只是他误删了 APP。而他拨打的那串号码，是车辆的编号。因为不懂，他在那辆单车旁，等了五个多小时。

扬州一对老夫妻到医院看病。老太太患的是风湿关节炎，全身都疼。为了让她舒服些，大爷便想租辆轮椅。然而，用现金租借的都被借光了。剩下的，都得用手机扫码来借，他根本不懂怎么操作。看着老伴疼得难受，大爷在一旁急得直掉眼泪。最后，他只得全程艰难地背着老伴看病。

更何况，一些老年机没有扫码功能，这意味着很多事他们都做不了，比如去医院不能挂号、买东西不能支付、不能搭乘公交地铁……

《中国互联网络发展状况统计报告》的数据显示，2019 年我国 60 周岁及以上人口有 2.5388 亿万人。其中，接触过网络的只有 6056 万人。也就是说，将近两亿老人没接触过网络。

参考文献：

1. 《老人欲骑共享单车 扫码开车未果守5小时》，载 http://bendi. news. 163. com/jiangsu/photoview/75I50424/4916. html？from＝tj＿xytj＃p＝CHTEU85V75I504 24NOS，最后访问日期：2020年10月12日。

2. 《不会扫码支付租轮椅，扬州一位大爷只好背着老伴去看病》，载 http:// www. yznews. cn/p/739203. html，最后访问日期：2020年10月11日。

 附 录 5-3

从新冠疫情看物流对交易的影响

申通相关负责人表示，首先，从长期来看，抗疫对线上消费渗透率的提升具有推动作用，消费者对快递的依赖性更为突出，有助于提升网购渗透率，间接催化快递行业需求。其次，有助于推动快递行业未来在配送机制、配送模式上的变革。本次疫情将对消费者的线下消费需求形成明显抑制，电商有可能借助本次窗口加大对生鲜食品、家居建材等非标领域的营销，同城配送需求量将越来越大，消费者对于配送的质量要求也越来越高，从而催生相关的快递需求。最后，助推快递行业智能化的普及和应用，尤其是在末端配送上的智能化应用，这或许会成为快递企业未来的竞争关键。

参考文献：

《新冠肺炎疫情对快递行业影响有多大？快递企业如何抵御风险?》，载 ht-tps://baijiahao. baidu. com/s？id＝1658329692818712275&wfr＝spider&for＝pc，最后访问日期：2020年10月27日。

疫情中反思：物流与供应链建设

（1）基于线上线下全生态业务的供应链建设。

疫情期间，出行受限，受冲击最大的是线下消费领域，这也促使企业在供应链建设中将线上线下全生态业务作为发展重点。在本次疫情中，良品铺子就是利用线上线下的供应链网络，在线下门店业务受影响的情况下，及时将业务重点放到了线上，降低了疫情对业务的影响。经过本次疫情，线上线下齐头发展的业务模式将成为标配，基于线上线下全生态业务的供应链建设将成为常态。

（2）供应链库存与网络。

本次疫情，让更多的企业了解到供应链网络的避险功能，供应链节点建设也将从重点仓储建设转化为物流网络布局，利用物流网络的效应来提供服务与保障供给，降低物料或成品的供应短缺概率。供应链节点建设将从以下三个方面加强建设：

第一，物流的数字化信息平台。疫情期间，整体供应链监控和响应计划，缺少较底层的透明性，这源于供应链的数字化程度并不高，在整个供应链中，数字化平台的应用并不普遍，这给应急物流的及时响应与调度带来困难。疫情过后，物流数字化管理平台将被越来越多的企业所运用，整个社会都可通过数字化平台来快速了解变化，做到对物流状态的及时、透明、可控。

物流数字化的信息平台将成为企业信息化建设的必备内容，基于软件平台建设的迭代性特点，整个技术平台都会按照应急物流的高要求来设计与部署。

第二，物流的智能化。疫情期间，需要员工人数较少、便于疫情管控的智能化工厂与智能化物流中心成为一大亮点，相反，对劳动力要求较高的产业或企业都受到较大影响。在此背景下，基于无人化、少人化的物流场景将会有较大发展，对与此相匹配的智能物流技术的需求也会增多，也将对智能物流技术的深度应用与可靠性提出要求。与此同时，基于 5G 的商业应用会加大普及，加速物流的云服务推广。

第三，物流的柔性。基于疫情对物流响应的高要求，物流设施的共用性与通用性成为关注焦点，这也要求在后来的物流建设中，物流设施具备一定的柔性属性。物流的柔性体现在战略级物流中心或节点的多功能性、对多种业务的兼容性及对紧急业务的包容性；还体现在增设部署的柔性与便利性，能够在较短的时间内实现物流产能的补充或扩大。这对规划、软件与智能硬件的融合都提出了要求。

参考文献：

《研判：新冠疫情对物流供应链有何影响？这篇文章讲全了》，载 https://www.headscm.com/fingertip/detail/id/9759.html，最后访问日期：2020 年 10 月 5 日。

 附 录 5-5

融入互联网：Nike 的数字化转型

2012 年 12 月，耐克公司推出了 Nike+加速器（Nike+ Acclerator）项目，该项目旨在鼓励创业公司利用 Nike+技术开发创新型的体育应用。随后，耐克公司开始直接在官网提供 Nike+ API 开发者入口，为应用开发者提供工具和相关资源，以便他们将 Nike+的健康和运动数据接入到自己的应用中。

随着加速器计划的推行和开发者入口的上线，耐克公司试图把 Nike+做成一个平台，为各种健康和运动应用提供基础设施。

对于开发者和用户来说，耐克公司平台化举动也带来了无限的想象——接入 Nike+ API 之后，一个计算三餐摄入热量的数据可以直接传递给一个运动辅助应用，以便定制运动计划。有网友就利用 Nike+提供的应用程序开发接口，将 Nike+上的跑步记录读入自己的博客中，是不是很酷？

实际上，通过 Nike+ API 能够实现的功能远不止于此。耐克公司从上百家报名企业中挑选出了 10 家成为 Nike+ API 的合作伙伴，如 FitDeck、GoRecess、Chroma.io 等，被挑选的企业从健身卡到互动游戏奖励，完全超出了传统的运动衣裤、运动鞋的局限。这一举动旨在鼓励这些企业使用耐克旗下的 Fuelband 腕带和运动手表等新兴运动监测设备来收集数据。

Nike APP 团队利用相同的共享解决方案快速集成下游 API，Nike APP 及其本地化产品推荐的目标是根据消费者的实时位置提供个性化的建议。

　　2018 年，耐克公司又收购了一家创立于 2014 年的以色列英威腾公司，该公司的业务是利用 3D 技术、AI 技术为用户提供在线的扫描来量体导购。据创始人大卫·布莱切（David Bleicher）介绍，项目的初衷是帮助用户在线上买到更合脚的鞋子。"线上消费已经非常普遍了，但是鞋类占比通常低于 10%，很多人在网上买鞋的体验都不太美妙，不合脚，退货又很麻烦。"尽管有鞋码做参考，但鞋码本身并没有标准化，即使特定的一个品牌，也会有两个不同的 10 码鞋，英威腾公司希望通过线上建模，以此向用户推荐适合的某一双鞋的尺码。

　　网购有风险，对于用户而言，英威腾公司提供了更精准的决策服务，减少了退换货的麻烦，这对于一些主动提供退货费用的商家而言，也省掉了一大笔费用。除了提供导购解决方案之外，英威腾公司还能帮助零售商根据顾客的特殊需求来定制产品。

　　耐克公司首席数字官亚当·苏斯曼（Adam Sussman）表示，此番收购意味着耐克将进一步加速数字化转型，提升公司在 3D、人工智能等方面的能力。

　　2016 年，耐克收购了数字设计工作室维珍美加（Virgin MEGA）。2018 年 3 月，耐克收购了消费者数据分析公司卓达（Zodiac），2019 年收购了总部位于美国波士顿的零售预测分析和需求感应公司凯尔特（Celect）。

　　2017 年 6 月，耐克集团在一份声明中发布了"直击消费者"（Consumer Direct Offense）战略。简单理解，就是希望能以更快渠道向顾客提供个性化服务，更迅速地回应消费者的需求，强化耐克公司与客户之间一对一的关系。"通过消费者的直接沟通，我们在数字市场上的竞争力越来越高，针对关键市场并提供比以往更快的产品。"公司 CEO 马克·帕克（Mark Parker）如是说。据了解，"直击消费者"策略的核心目标，是将 Nike 网站的客户转化为会员。目前，耐克公司已经在全球拥有超过一亿会员用户，他们的消费额是普通用户的三倍之多。

　　频繁收购技术公司还为了改变耐克的库存模式。埃里克·斯普朗克（Eric Sprunk）表示，在以前，很多品牌认为批发商的订单是"真正的市场需求"，但如今，消费者的需求才是最终的需求。"我们必须提前预测市场需求，因为没有 6 个月的时间来准备，只有 30 分钟"，他说。通过数字化技术，能够有效地利用线上线下渠道收集来的数据，对市场需求和库存进行预测。

　　中国服装协会一位专家表示："数字化技术"一直是服装行业关注的热点，该项技术将会变革服装行业的销售模式。"不重视数据的服装品牌可能无法生存下去"，他说。

倚重于数字渠道被看作是耐克提振增速的途径，帕克表示在未来 5 年，他们将把数字渠道销售的总收入占比从 15% 提升到 30%，包括直营和零售商线上收入。

而在过去一年里，耐克不仅推出了与 NBA 合作的 Nike Connect 应用程序，为用户提供专属定制的内容和产品渠道，还针对中国用户推出了 SNKRS 应用程序，据说，在首个月就有 200 万次的下载。

据了解，耐克的老对手阿迪达斯在 2018 年花费了近 9 亿欧元来提升数字化运营的效果，这个投入已经超过了阿迪达斯去年电商销售额（16 亿欧元）的一半。

参考文献：

1. 《七个专注利基市场的新型创业孵化器》，载 https://www.yicai.com/news/2599078.html，最后访问日期：2020 年 10 月 5 日。

2. 《Nike 发布 Nike+API 开发者平台》，载 http://www.geekpark.net/news/171804，最后访问日期：2020 年 10 月 5 日。

3. 《耐克为什么要收购一家科技公司？》，载 https://baijiahao.baidu.com/s?id=1597446931010139612&wfr=spider&for=pc，最后访问日期：2020 年 10 月 5 日。

4. 《耐克收购了一家数据分析公司，出于什么考量？》，载 https://baijiahao.baidu.com/s? id=1641891028863116689&wfr=spider&for=pc，最后访问日期：2020 年 10 月 5 日。

附录 5-6

欧阳日辉："直播+"经济在云端战"疫"中助农

2020 年 1—2 月份，国民经济承受住了新冠肺炎疫情的冲击。互联网及其新业态在推动经济发展中发挥的作用不容忽视。

（1）"直播+"电商开启"云"经营。

如何保障市民"菜篮子"和保住村民"钱袋子"？网络直播在抗击疫情中

体现了社会价值，淘宝直播、抖音带货等帮助部分受疫情影响地区的农民线上销售农产品，在"防疫情、保供应、平抑物价、解决滞销"中发挥作用。

疫情期间，"县长+直播+助农"成为促消费和促销售的"直播+"电商新模式。

今日头条、抖音和西瓜视频共同发起"齐心战疫，八方助农"农产品直播售卖活动，截至 2020 年 3 月 16 日，活动已通过线上、线下销售农产品 1.9 亿元。其中，在抖音、西瓜视频进行超过 60 场直播，销售农产品 55 万件，销售额超 2100 万元。

相比通过文字和图片形式描述商品的传统电商，"直播+"电商模式展示农产品采摘和包装的真实场景，建立了消费者对农产品品质的直观信任感。

（2）"直播+"催生助农"云"供应链。

疫情期间，最大的难题是物流问题。成功的"直播带货"需要多方合作，其中供应链至关重要。

比如，抖音带货的能力很强，但在带货背后的最核心要点就是供应链。抖音直播"县长来了"公益助力过程中，字节跳动项目组在前期筛选时会详细考察申报县市重点产品的供应保障能力，调研供货企业、合作社等的产品生产和库存情况、产品相关资质信息、产品主要卖点、供应链情况、电商基础、新媒体内容制作能力、扶贫带贫情况等，既要确保供应链不爆仓，又要确保果蔬品质。

在四川嘉陵的春见项目筹备期间，当地商家已经陷入线上发出 20 万斤春见但坏损高达 6 万斤的窘境。对市场进行调研后，字节跳动平台和商家共同制定了标准，从"采摘—分拣—仓库—包装—流通—消费"六个环节进行改善，通过采摘时剪短果蒂枝条减少扎伤、包装上增加透风口、采取网套加泡沫托等方式，降低运输过程中的坏损风险，最终将春见的售后好评率提高到 94%。

阿里巴巴通过云品控、淘宝直播等方式，重新打造了一条抗疫助农供应链。阿里通过钉钉启动"云品控"，从农户采摘到进入加工厂进行全程监测，通过随机抽检农产品，让消费者买得更加放心。

除了能看得见的直播，看不见的大数据、云计算等数字技术，也在助力直播带货背后的助农供应链。

京东在探索"直播+助农+电商"的新模式中，数字化供应链功不可没。在此次疫情中，京东的物流快递系统得到了社会的高度赞扬，该系统同时拥有京东智能供应链和智能物流两大体系，一边连接生产供应商，一边为消费者提供配送服务。

（3）"直播+"科教助力"云"春耕。

"直播+"不仅为当前的农产品产销对接提供了新模式，还为农民进行农业科技知识讲解。直播的助农公开课，成为抗击疫情助农的重要形式，全力助力"防疫春耕两不误"。

直播间成为新农人的新课堂，成为农技专家线上农业信息和知识"集散地"，以及指导农业生产和经营的交流平台。从农技在线课程中，农户们可以了解新一年的农业政策和农业信息，系统性、有针对性地学习农业技能和知识，从而应对疫情带来的影响。

大庆市制作了打击假劣种子、假劣农药等15个共计103分钟的农业系列普法短视频，已经全覆盖发送到执法人员、域内农资销售商和基层农户手中，并在抖音、快手、今日头条和掌尚大庆等网络平台发布，目前点击量已超过1.75万次。

在春耕中，网络直播和短视频发挥了信息和知识放大器、扩音器的作用，"直播+"助农公开课，让农民进一步认识到网络直播模式的深层次意义。

（4）"直播+"经济对农业影响深远。

在本次疫情中，"直播+"经济在抗击疫情过程中助力了产供销有机衔接，加速了数字经济在农村的发展。疫情过后，"直播+"经济的价值有望在数字乡村建设发展中进一步凸显，在催生新型消费、推动消费升级上发挥更大作用，在实践中形成农村生产生活的"直播+"经济新生态。

"直播+"经济深入渗透农村地区，新农人将更加积极地拥抱"直播+"，因此迫切需要推动以下工作：

第一，加快推进农村"新基建"。既要补齐农村基础设施和公共服务设施建设短板，又要加快5G、物联网等新基建在农村的布局，推进数字农业农村发展。

第二，完善农村的物流体系和农产品供应链体系，加快推动建设农业供应链信息平台，集成农资、生产、库存、渠道、物流、营销等各环节信息。

第三，推动农村电商和县域电商加速发展，把被抑制、被冻结的消费释放出来。

第四，推动"直播+农产品""直播+乡村旅游""直播+扶贫""直播+农户+农产""直播+乡村文化"等业态的发展，形成直播生态，增加农民收入，推动文化传播，成为实施数字乡村振兴战略和助力乡村振兴的重要力量。

第五，加强"直播+"经济的管理和引导，让广大农民过上美好生活。

参考文献：

欧阳日辉：《"直播+"经济在云端战"疫"中助农》，载 http://finance. people. com. cn/n1/2020/0323/c1004-31645063. html，最后访问日期：2020 年 10 月 5 日。

 附 录 5-7

如何保障网络虚拟财产权？

截至 2021 年 6 月，我国网民规模达 10.11 亿，互联网普及率达 71.6%。随着网民在网络上的各种活动，如网店、QQ 账号、电子邮箱、微博、博客、游戏账号及装备等也渐渐成为有价值的网络虚拟财产，对于这些"财产"，目前互联网企业一般只是通过用户协议约定用户仅有使用权，没有所有权。

2018 年 8 月，最高人民法院发布第一批涉互联网典型案例，其中的"王某诉汪某、周某、上海舞泡网络科技有限公司网络店铺转让合同纠纷案"，引起了网络店铺是否是虚拟财产，及其财产权转让的大讨论。

2003 年 12 月 18 日，北京朝阳区人民法院就网络游戏装备丢失一案经审理后作出判决：游戏玩家需要支付一定的费用才能参与该游戏，需要付出一定的游戏时间和现实金钱才能获取虚拟装备，因而这些虚拟装备具有一定的价值含量，如丢失可以获得法律适当的救济和评价。被告对这些虚拟财产没有尽到应有的保护义务，因此要求其在游戏中恢复原告丢失的装备，并赔偿原告经济损失 1560 元。

网络中虚拟财产的财产权如何界定、可否继承等，都是互联网带来的新问题。

2021 年 1 月 1 日实施的《民法典》在总则篇中明确规定，法律对数据、网络虚拟财产保护有规定的，依照其规定；具有一定知名度的网名已被作为人格权利在《民法典》人格权篇中给予保护。有专家认为，在世界范围内，将虚拟财产的保护写入民法典，是我国此次编纂民法典的一项立法创举。

　　《民法典》继承编对继承遗产的范围也作了改变，将原《继承法》的遗产范围扩大为"遗产是自然人死亡时遗留的个人合法财产"。只要是自然人合法取得的，都属于遗产，可以被继承。网络财产、虚拟货币等都被囊括其中。

　　基于网络财产的虚拟特性，其本质上属于电子数据，往往可以通过对相关数据的修改或设定的变动进行人为干预，致使其性质、交易等不同于传统财产权利。因此，其财产权的认定、继承或转让都需要平台运营商的配合。Facebook 网站系统关于去世用户账户有两种可选对策：要么删除账户，要么保留账户供"缅怀"之用。第二种对策意味着逝者的账户依然存在于网站的系统中，而且其他用户还可以到其留言墙上留言。

　　《民法典》将虚拟财产定位为法律意义上的民事财产权利，为日益丰富的虚拟财产的界定和保护奠定了基础，这既是我国《民法典》回应新时代呼声的创举，也是数字时代为全世界法律制度建设进行的探索。

参考文献：

　　1. 《游戏账号能否继承〈继承法〉都做了哪些修改?》，载 https://news. china. com/socialgd/10000169/20200517/38230279. html，最后访问日期：2020 年 12 月 15 日。

　　2. 《为网络虚拟财产赋权 迈出数字立法第一步》，载 https://tech. sina. com. cn/roll/2020-06-18/doc-iircuyvi9151183. shtml，最后访问日期：2020 年 12 月 15 日。

　　3. 《虚拟财产成为民事财产 权利定性尚待法律界定》，载 https://baijiahao. baidu. com/s? id=1672607914116128332，最后访问日期：2020 年 12 月 15 日。

CHAPTER 6 ▶ 第 **6** 章

解读共享经济

　　"共享经济"一词的流行虽然晚于 O2O 模式，但其实现形式却汇集了数字经济时代"融合创造价值"的重要特征：借助线上线下交互和平台模式，共享经济与人们建立其密切的联系，为人们提供着更多便利，如哈啰、青桔等共享单车，相关企业的经营活动也明显"跨界"。尤其是在 2016 年，李克强总理在《政府工作报告》中提出："以体制机制创新促进共享经济发展，建设共享平台，做大高技术产业、现代服务业等新兴产业集群，打造动力强劲的新引擎。"之后，共享经济在我国出现了多种落地形式，如遍布在许多城市的共享单车，为人们提供就近"几公里"的出行便利；还有一些并不广为人知的共享经济业态，如办公空间共享、厨艺服务和知识技能分享等。2020 年我国共享经济年市场交易额约为 33 773 亿元，同比增长约 2.9%。未来 5 年，我国共享经济年均增速将保持在 10% 以上。共享经济参与者人数约为 8.3 亿人，其中服务提供者约为 8400 万人，同比增长约 7.7%；平台企业员工数约 631 万人，同比增长约 1.3%。共享经济在推动服务业结构优化、促进消费方式转型等方面的作用进一步显现。[1]

　　短短几年，共享经济相关的各种新业态已经自然融入了人们的日常生活中，其依托互联网的平台模式、线上线下交互以及对便利性的极大改善等，有效地匹配了供给与需求；一些跨界进入共享经济领域的初创企业通过平台效应实现了"闪电扩张"，跻身于全球大型企业行列，吸引了大量的风险投

---

〔1〕 国家信息中心分享经济研究中心：《中国共享经济发展报告（2021）》，载 http://www.sic.gov.cn/News/557/10779.htm，最后访问日期：2021 年 5 月 25 日。

资，如我国的滴滴出行、闲鱼网、猪八戒网等，美国的爱彼迎、优步和波德公司（共享电动滑板车）等，都是共享经济的典型代表。

这些，都进一步彰显了共享经济对社会经济活动和人们生活方式等带来的多种改变，其发展过程从现象到本质不仅集中体现了融合的三大特征，也暴露出一些代表性的法律问题。

本章将通过对共享经济的解读，深化"融合创造价值"这一主题。

6.1 共享经济概述

6.1.1 共享经济的兴起

（1）对物品（或资源）的共享，古已有之，是人类古老的习惯。最早的共享概念，多指以个人信用为纽带的人与人之间的物品借用或是租用，主要发生在亲人、熟人或朋友之间，双方凭借对对方的信任完成整个过程；所共享的物品大多数是个人以及个人能力范围内的生活、生产或社会资源，且大都以实物的共享为主。在传统社会中，由于整体经济发展水平不高，共享行为并不多见也难以产生有吸引力的货币收益或其他报酬。因而，共享现象既不普遍，频率也很低，远没有成为具有经济效益、乐于被人们采用的经济形态。

20 世纪 70 年代，共享开始作为一种较普遍的经济形态出现。1973 年，阿拉伯产油国家大幅提升原油价格触发了能源危机，进而引发了持续三年的全球经济危机。为应对危机中汽油价格大幅上涨带来的交通成本的急剧增加，在欧美国家，一些居住在同一社区的人们，开始兴起了私人汽车共享，如拼车出行等。此后，随着节能环保、绿色消费等意识的增强和互联网技术的发展，加入汽车共享、闲置房屋共享和闲置物品共享等的人群不断扩大。在个人消费领域，与共享经济（Sharing Economy）内涵相似的概念还有协同消费（Collaborative Consumption）、协作经济（Collaborative Economy）、临时工经济（Gig Economy）等，由此可见，共享所释放的经济性，直接与降低消费成本或增加个人收入有关。

2008 年金融危机后，共享模式顺理成章地成为很多失业者的就业方式，如人们通过共享出行、民宿、二手物品和服务等来赚取收益，共享的经济效应随之凸显，进而促使一些人将其作为创业或谋生的方式。2020 年的新冠肺炎疫情迫使一些企业不得不"停业"，其中的一些员工也通过共享经济来应对"暂时性失业"，如以加入滴滴平台成为网约车司机为过渡期，慢慢寻找新工作。英国伦敦什锦公司（OLIO）的业务是帮助用户与其邻居分享不需要的食物和其他物品，疫情中该公司的食物分享增加了约 50%，其他物品的分享增加了 200%。正如阮晋勇（Nguycn）所言，全球经济低迷，是促使人们重新审视财富和消费关系的重要因素之一；共享经济的倡导者之一雷切尔·博茨曼（Rachel Botsman）说："我想要的不是物品，而是通过使用物品实现的一种体验。"[1]

在个人消费领域，近十年来通过互联网平台开展共享经济业务的买方和卖方数量都在迅速增加，共享的物品或服务种类也不断增加。2008 年成立的美国爱彼迎住房共享平台，短短 11 年就在全球 10 万多个城市中拥有了超过 700 万的房源数量，平均每秒就有 6 位客人签约入住。截至 2019 年 9 月 15 日，爱彼迎网站上的房东们，在平台上通过共享房屋获得的收入已超过 800 亿美元，爱彼迎目前的估值为 310 亿美元左右。[2]在国内，2012 年 8 月正式上线的小猪短租平台，目前房源已经覆盖全国 200 多个城市，在全球 700 座城市共有超过 80 万间房源，有 5000 万用户注册。[3]这种广泛的连接和共享，正如社会科学院信息化研究中心秘书长姜奇平所言："互联不再是技术上的互联网通，而是社会关系上的你中有我、我中有你。这可能是原子论的'你是你，我是我'时代的终结。"雷切尔·博茨曼在《我的就是你的》（What's Mine is Yours）一书中，把网络发展分成了四个阶段：第一阶段是程序员之间可以自由共享网络规则。第二阶段是人们在网上分享自己的生活，比如 Facebook 和 Twitter。第三阶段，人们可以在网络上分享自己的创造成果，就像 YouTube 和 Flickr。而第四个阶段，人们利用同样的技术在现实世界里分享各种财产。[4]

---

〔1〕　Nguycn G. T., "Exploring Collaborative Consumption Business Models-case Peer-to-peer Digital Platforms", *Aalto University*, 2014.

〔2〕　《Airbnb 官宣 2020 年上市，估值 310 亿美元，重金砸营销》，载 https://tech. ifeng. com/c/7qB5M4IYFUd，最后访问日期：2020 年 11 月 9 日。

〔3〕　《民宿平台进入下半场，"小猪"快跑》，载 https://www. sohu. com/a/315150099_425901，最后访问日期：2020 年 11 月 9 日。

〔4〕　参见杨璐：《共享经济，一个时代的来临》，载《三联生活周刊》2015 年第 26 期。

在生产领域，生产资料的共享模式类似于已有的"设备租赁"，尤其是对闲置资产的利用。但基于互联网平台的共享经济，使买方可以与更多卖方交易，提高了其议价能力，使传统租赁实现了买卖双方的关系对等与能力均衡，也使更多资源以共享形式出现在企业服务和公共服务等领域，如共享办公空间、财税人员等就满足了很多小微企业的需求。安德烈（Andrea）和劳雷尔（Laurell）等根据瑞典社会和传统媒体的数据，发现瑞典有 17 个部门和 47 个子部门都有共享经济模式在运行，其中包括按需服务、时尚、服装以及食品配送等部门，并发现共享经济还在某些行业引起了破坏性创新。[1]

（2）概念与内涵。1978 年，美国的两位社会学教授费尔逊（Marcus Felson）和斯潘思（Joe L. Spaeth）在其论文《社区结构与协同消费：一个常规方法》（Community Structure and Collaborative Consumption：A Routine Activity Approach）中提出了"共享经济"一词，此后被人们广泛采用，它是指这样一种经济形态，即"社会资源"拥有者有偿与他人共享使用权，从而优化资源配置、提高利用效率，以创造出更多价值，其经营方式一般是由第三方创建一个基于互联网的交易平台；借助该平台，个体或企业之间进行物品或服务的交易，包括图书、生产设备、知识和经验技能、生产能力等闲置资源（包含利用不充分的资源），或者为企业或某个创新项目筹集资金，在满足各方需求的同时提高社会资源利用效率。因此，我们可以将共享经济简单定义为"通过互联网技术平台，将商品、服务、数据或技能等在不同主体间进行共享，是一种顺应可持续发展理念的经济模式"。

虽然"共享经济"一词在 1978 年就被提出，但共享经济作为一种经济形态，由于缺乏一个能够合理而充分地展示、交换信息的第三方平台作为载体，它的发展受空间和信息传播约束而被局限在相对狭小的区域内，如各种城市/社区的跳蚤市场。同时，由于受时间、空间和信息充分性等的限制，参与共享的物品和交易双方的数量也极其有限，难以实现有效的资源优化配置，因而经济效应也难以显现。沙欣（Shahcen）和科恩（Cohen）认为，20 世纪 90 年代后，互联网商业应用的大众化，使得以汽车共享为代表的共享经济逐渐

---

〔1〕 Andrea Geissingerab, Christofer Laurell, Christian Sandström, "Digital Disruption beyond Uber and Airbnb—Tracking the Long Tail of the Sharing Economy", *Technological Forecasting and Social Change*, （2018）6, pp. 1-8.

得以流行，这既满足了全球不同消费群体的交通需求，又减少了私人车辆所有权的负面影响。[1]

无疑，互联网、移动互联网技术及包括智能手机在内的移动终端设备的逐渐成熟及应用普及，为共享经济发展所需要的第三方平台和大众参与，提供了强有力的技术支撑和交易手段，如多样化的商品展示、随时随地的信息沟通方式，跨时空的广域连接等，让更多的资源得以去除中间环节而被高频率地实现共享。共享经济的市场规模也因此而扩大，还出现了如技能银行、时间银行等无形资源的共享模式。英国市场调研公司朱尼普研究所（Juniper Research）预计，到 2022 年全球共享经济的市场规模将达到 402 亿美元。[2]在胡润研究院发布的"2020 胡润全球独角兽榜"榜单中，共享经济行业中独角兽企业共 14 家，上榜企业的公司估值总计 5580 亿元，上榜门槛为 70 亿元。其中，滴滴出行以 3700 亿元的公司估值位列第一，自如居第二，估值 400 亿元，哈啰出行估值 300 亿元排名第三。[3]

各种形式不一的共享经济实践都包括三个基本要素：一是基于互联网技术所搭建的社会化交易平台；二是闲置资源，包括资金、实物、不动产，还有知识、经验、时间和技能等无形资产；三是广泛的参与者，包括公众、个人、企业和政府等。很多参与者既是买方也是卖方，有着双向的交易行为。参与共享经济的各方，都期望将闲置资源共享给他人来获得一定的报酬；这种报酬可以是货币，也可以是非货币形式，如一些环保人士通过共享物品来满足其环保诉求，获得心理报酬。所有这些，共同构成了目前共享经济发展的基础。

2011 年，美国《时代》杂志曾将共享经济列为改变世界的十大想法之一。现在，这一想法已经变成越来越多的现实：雨伞、充电宝、图书和衣服等各种生活用品，办公室、职员和实验室等各种生产要素，都可以通过互联网平台共享。处于互联网世界中的人们越来越多地参与共享，如哈啰出行全

---

〔1〕 Shahcen S. A., Cohen A. P., "Worldwide Carsharing Growth: An International Comparison", *Institute of Transportation Studies Working Paper*, 2007-11-01.

〔2〕《2022 年全球共享经济规模将达 402 亿美元》，载 https://www.sohu.com/a/159862123_118838，最后访问日期：2020 年 11 月 9 日。

〔3〕《2020 胡润中国共享经济行业独角兽排行榜》，载 https://new.qq.com/omn/20200804/20200804A0RGYB00.html，最后访问日期：2021 年 8 月 10 日。

国注册用户已累计超过 3 亿，截至 2020 年 10 月，哈啰单车已入驻全国 460 多个城市，用户累计骑行 240 亿公里，累计减少碳排放量 280 万吨。[1]国家信息中心的报告显示，2020 年我国共享经济市场交易规模约为 33 773 亿元，同比增长约 2.9%。生活服务、生产能力、知识技能三个领域共享经济市场规模位居前三，分别为 16 175 亿元、10 848 亿元和 4010 亿元。[2]

（3）共享经济的经济学意义。在经济学中，所有权和使用权是两个重要概念，也是共享的双方通过交易来实现价值与使用价值转化的必要条件。

从共享经济的兴起可以看出，其核心是产品的所有权与使用权的分离，参与一方需要的是产品的使用价值，而不是拥有产品本身。正如博茨曼（Botsman）和罗杰斯（Rogers）所认为的，共享经济是基于对物品、时间、空间和技能等物理或人类资产的"使用而非拥有的一种经济"。[3]这一观点很好地突出了共享经济中"使用而非拥有"的经济学特性。与"使用而非占有"相对应的是"使用权而非所有权"，是在不转移所有权的情况下满足消费需求。因而，是否拥有所有权，不再是最重要的价值指标。同时，随着可持续发展理念的日益传播，甘斯基（Gansky）深化了共享经济的经济学意义，在认同"使用而非拥有"的基础上，指出共享经济具有"不使用即浪费"特性，强化了资源配置效率，并为提高社会资源的配置效率提供了可行方案，而如何提高资源配置效率正是经济学的核心命题。[4]提高效率亦即减少浪费，正好也吻合了社会可持续发展理念。因而，"使用而非拥有"成为研究共享经济的理论起点，为学者们和业界人士所共同接受。

正是因为所有权和使用权的分离，人们才可以通过共享使用权，实现资源在拥有者和需求者之间的价值和使用价值的多次转换，从而降低社会总成本，增加社会总福利。从产权与交易成本角度来看，共享经济通过对产权的深入细分和界定，为降低交易成本提供了可行、易操作的方式，从而提升了社会总效用。从网络经济学、环境资源学的角度来看，共享经济通过互联网

---

〔1〕 参见哈啰官网，https://www.helloglobal.com/about-brief.html，最后访问日期：2020 年 12 月 1 日。

〔2〕 国家信息中心分享经济研究中心：《中国共享经济发展报告（2021）》，载 http://www.sic.gov.cn/News/557/10779.htm，最后访问日期：2021 年 5 月 25 日。

〔3〕 Botsman R., Rogers R., "What's Mine is Yours: The Rise of Collaborative Consumption", *Harper Business*, 2010.

〔4〕 Gansky L., *The Mesh, Why the Future of Business is Sharing*, Penguin, 2010.

平台模式和线上线下交互，尽可能地消除市场信息不对称问题来降低交易风险和交易成本，如共享单车中物联网所主导的低成本信息传递，实现了单车的灵活调动，提高了使用频次，提升了经济效率和用户效用。博茨曼和罗杰斯认为，作为一种新经济手段，共享经济是社会资源（尤其是闲置资源）高效配置和利用的一种新兴模式，为企业和个人广泛参与全社会的可持续发展提供了低成本途径。[1]对于理性人和企业而言，能够将闲置资源变成利润来源的共享经济，无疑为其提供了追求利益最大化的重要商业机会。

萨克（Sach）和艾米莉（Amelie）认为，基于互联网的共享经济模式与传统的交易方式不同；由互联网技术所构建的共享经济平台，为交易者提供了跨越时间和空间的"点对点连接"，使双方都可以利用共享平台便捷地相互搜寻信息、洽谈交流；平台在交易与支付条件、评价体系、市场监督等方面的日臻成熟，大大降低了信息搜寻、沟通谈判、决策执行、交易监督和售后服务等各种交易成本，促进了双方的了解、信任和建立合约关系，进而降低了共享经济的不确定性，减少了交易风险。[2]

这样一来，较之通过购买来获得所有权的使用权共享，对满足交易双方的需求都更具有价格优势，而互联网平台不仅为供需双方提供了动态定价的线上线下交互机会，还为满足个性化、定制化和非标习文化的需求提供了便利。这种与传统交易方式不同的、由不涉及所有权的使用而促成的共享经济模式，也改变着人们对经济增长的评估方式。[3]

通过高效地整合和配置资源，共享经济使闲置资源得以实现市场化、货币化或价值化；即使对传统交易方式难以驱动的资源，共享经济也能够以较低的成本使其实现使用价值和价值的再次转化，这既为社会创造了更多的价值，又降低了资源使用的社会（个人）成本。从发展现状看，共享经济已经贯穿于三大产业中，在工农业基础设施、生产制造及个人消费服务体系的多个方面，均有所发展。众多的生产者、服务者、消费者参与其中，向社会共

---

〔1〕 ［美］雷切尔·博茨曼、路·罗杰斯：《共享经济时代：互联网思维下的协同消费商业模式》(第 1 版)，唐朝文译，上海交通大学出版社 2015 年版。

〔2〕 Sach A. , "IT-user-aligned Business Model Innovation (ITUA) in the Sharing Economy: A Dynamic Capabilities Perspective: EC1S", *Completed Research Papers*, 2015.

〔3〕 Belk R. , "You Are What You Can Access: Sharing and Collaborative Consumption Online", *Journal of Business Research*, (2014) 67, pp. 1595–1600.

享超越所有权的产品、服务、知识和技能等，正如安德烈和劳雷尔等的研究所表明的，共享经济是一种不连续的破坏性创新，它为整个社会创造了更多的财富[1]。

6.1.2　共享经济的特点

（1）业务跨界与融合。移动互联网的发展，使得任何移动或固定的终端都可以随时随地接入无所不在的网络，因此促成了爱彼迎、滴滴出行等代表性的共享经济企业的诞生。这些不同行业的企业，均在跨界中实现了业务融合，主要表现在两个方面：

第一，互联网公司搭建共享经济交易平台，跨界传统行业展开经营活动。例如，滴滴出行跨界用车服务、爱彼迎跨界住房短租、阿里巴巴旗下的闲鱼跨界二手商品交易，等等。这种跨界，将互联网技术与传统行业充分融合，挖掘出大量而多样的潜在的社会闲置产品、服务或能力，通过共享模式以更低的价格、更便捷的方式，满足并激发出巨大的消费需求。物联网和大数据技术在共享经济领域的运用，能够实时监控产品状态，汇聚并分析各种产品的闲置时间特征；信息的实时更新和广泛连接，提高了共享之物的使用频率，进而减少了闲置时间，使产品"性能涨溢"的形成周期更短，"性能涨溢"的价值也得以便利实现。这种跨界显著改变了传统市场中闲置产品、服务、能力的供给方式，网络中快速流动的信息流带动着市场中的资源流加速流动而产生价值增值，形成了"信息流—资源流—价值流"互相促进的良性循环。

第二，很多个体参与者的职业、工作内容跨界和作为交易主体的身份跨界。通过共享经济平台，很多人实现了职业和工作内容跨界，将工作方式和生活方式融为一体。各种共享经济平台，为更多人提供了商机，即可以利用自己的一技之长或兴趣，在服务他人获得收益的同时，也使兴趣成为自己的生活方式，而这正是很多人梦寐以求的。同时，很多参与者轻松地跨界于"供给者"和"需求者"之间，买者和卖者的界限不再清晰。人们可以主动发布自己的消费需求寻找商品，也可以将自己闲置的物品、信息等资源有偿

---

〔1〕 Andrea Geissingerab, Christofer Laurell, Christian Sandström, "Digital Disruption beyond Uber and Airbnb—Tracking the Long Tail of the Sharing Economy", *Technological Forecasting and Social Change*, （2018）6, pp. 1-8.

地共享给需要的人，从"买家"秒变"卖家"。

这一跨界现象，使基于互联网平台的共享经济闪烁出人文主义的光芒，有利于帮助人们实现自由和全面发展。马克思认为："人的本质不是单个人所固有的抽象物，在其现实性上，它是一切社会关系的总和。"[1]这就要求我们从人与他人的"主体间"关系中理解人。人与社会的关系往往通过工作来构建和体现，简单而言，这种社会关系表现为三种形态：人的依赖关系、以物的依赖性为前提的人的独立性和自由个性。互联网所助推的共享经济，为人们提供了更多、更灵活也更符合个人特点的构建社会关系的工作方式，也从不同层面验证着波兰尼（Polanyi）的嵌入理论[2]。我们看到，嵌入在社会和文化结构之中的互惠或再分配的方式，以共享经济的形式得以展现，在强调竞争的市场经济中，融入了带有人文精神的脉脉温情。对很多通过共享经济模式来增加收益或享受职业自由的人们来说，真正的自由并不是与他人或社会相隔离，而是将与他人的社会关系作为自身自由的条件，如可以自由地选择工作地点、时间和方式。共享经济的出现，既降低了自由就业的门槛，也为许多人提供了自由选择职业的途径，有助于人们通过共享建立起令自己更愉悦的社会关系。[3]比如，美国艾西（Etsy）网站就聚集了一大批极富创意的手工达人和才华横溢的设计师，他们不仅在网上创造属于自己的品牌，开网店销售自制手工艺品，还参加网络社区交流，进行线下聚会，参加艾西赞助的工艺品集市或展览。艾西对于这些"手艺人"的价值已经不能仅用获得金钱来衡量，它更多的是手工业者团体的一种联系，是创业，是就业，也是分享。国家信息中心的调查显示，我国也有越来越多的劳动者根据自己的兴趣、技能、时间和资源，以弹性就业者的身份参与到各种共享经济活动中，进而也刺激了"零工经济"的兴起。[4]

（2）互联网平台模式。在费尔逊和斯潘思所定义的共享经济概念中，由

---

〔1〕《马克思恩格斯选集》（第 1 卷），人民出版社 2012 年版，第 135 页。

〔2〕 Karl Polanyi, *Trade and Markets in the Early Empires: Economies in History and Theory*, Free Press, 1957, pp.243~270.

〔3〕 葛建华、赵梅：《延迟退休的适用性矩阵：对不同行业和岗位的分析》，载《北京行政学院学报》2018 年第 2 期，第 81~92 页。

〔4〕《国家信息中心分享经济研究中心发布〈中国共享经济发展报告（2020）〉》，载 https://www.ndrc.gov.cn/xxgk/jd/wsdwhfz/202003/t20200310_1222769_ext.html，最后访问日期：2020 年 11 月 9 日。

第三方创建的、以信息技术为基础的交易平台是重要基础，由它连接起海量的需方和供方，使个体、企业之间直接的商品与服务交换得以实现；共享经济近年来的快速崛起，正是得益于互联网及其相关技术的发展。如移动互联网与物联网技术的结合及普及，实现了实时定位与信息匹配，这才使交通工具的共享得以大规模实现，如共享单车、共享汽车等。正如贝尔克（Belk）所提到的，共享是一种与人一样古老的现象，但"共享经济"则是产生于互联网时代的经济现象。[1]萨克和艾米莉将共享作为一种信息技术支持的经济现象引入其研究中，指出正是因为互联网的中介作用，共享经济的互联网平台模式与现有的经济互动模式明显不同；共享经济中多样化的消费者需求，可能导致商业模式在资源配置中的创新性和可接受性相互冲突。[2]而互联网平台模式使平台经营者可以在信息较充分的情况下，谨慎地平衡这种冲突；通过不断地将新技术整合到具体的商业模式中，使共享经济逐步适合平台上各方的需求。所以，贝尔克认为互联网开启了共享的新纪元。

作为共享经济快速扩张并不断创新的技术基础，互联网平台模式对共享经济发挥着重要的支撑和驱动作用，平台所具有的双边（多边）市场的特性也促进了共享经济市场规模的迅速扩大：首先，互联网平台打破了信息屏障，使信息传递更为自由与快捷，使资源供需匹配的交易信息的获取成本更为低廉。其次，互联网平台增强了信息透明度，可以较好地解决传统二手商品交易中因信息不对称而经常出现的道德风险和逆向选择等问题。最后，互联网以其所强调的开放性和平等性，打破了共享经济中的参与各方在时间、空间与社会阶层等方面的限制，所有消费者都可以在互联网平台上，参与或形成各式各样的虚拟社区与群落来实现共享；平台上参与者众多，也可以较好地满足多样化、个性化的需求。正因如此，共享才从偶然或较少的互惠行为，演变为现在这样必然而广泛的互惠且能够带来收益的行为，进而成为经济现象。目前，区块链、人工智能技术等正在成为共享经济商业模式创新的重要技术支撑，更好地促进了交易与互信，化解信息安全等难题。

---

〔1〕 Belk R., "You Are What You Can Access: Sharing and Collaborative Consumption Online", *Journal of Business Research*, (2014) 67, pp. 1595–1600.

〔2〕 Sach A., "IT-user-aligned Business Model Innovation (ITUA) in the Sharing Economy: A Dynamic Capabilities Perspective: EC1S", *Completed Research Papers*, 2015.

如今，在各个领域的共享经济中，基于互联网的平台模式最为广泛，如空气般存在的线上线下交互所形成的信息流和价值流的闭环，在提高交易效率的同时又提高了便利性，很好地改善了消费体验，也突出了共享经济在提高资源配置效率方面的经济性。共享经济平台的搭建者，往往不需要雇佣数量庞大的正式员工，不需要购入庞大的运营资产如不动产、机器设备等，而是专注于提高共享的交易效率和客户体验，通过线上线下数据和服务的无缝链接来提高消费者满意度，促进平台发展。

（3）蕴含可持续发展理念。通过共享，人们不再看重是否拥有某些物品，而将能够方便地满足需求放在消费首位，在不转移所有权的情况下满足消费需求，"占有"不再是最重要的价值指标。[1]这种消费观念的转变体现的正是可持续发展理念，因此，雷斯曼（Leismann）等认为，共享经济在改变消费模式和消费理念方面发挥着重要作用。[2]

从共享经济兴起的过程看，其本身就与欧美等国的节能环保意识的增强有密切关系。20世纪70年代，欧美和日本相继开展了以治理环境污染、保护生态多样性为主的循环经济，强调经济发展、资源节约和环境保护应相互协调和有机统一。这也让更多人开始关注日常生活中闲置物品的充分利用，希望物尽其用而不是被闲置或废弃，如借助汽车共享，既能够满足出行需求，又可以减少汽车尾气排放，还能减轻经济负担。因此，共享经济最初主要是对二手商品和私家车的共享与循环使用；减少能源消耗、保护环境，是共享这一消费行为的重要诉求之一。除了环保意识增强外，人们也希望通过共享来充分利用资源，降低资源的使用和管理成本，如共享办公空间和共享住宿等，都体现了通过优化配置来低成本地解决闲置与短缺并存的矛盾。我国北上广等大城市共享汽车停车位的实践，就是通过提高停车位利用率来增加供给，以弥补现有停车位的短缺，从而实现了降低使用成本、增加收益的经济价值，还为化解停车难、消解交通拥堵等社会问题提供了可行方案，为政府部门提高城市规划的科学性、治理城市交通问题等提供了新思路，相关内容

---

〔1〕　杨帅：《共享经济带来的变革与产业影响研究》，载《当代经济管理》2016年第6期，第69~74页．

〔2〕　Leismann, Kristin, Schmitt, Martina, Rohn, Holger, Baedeker, Carolin, "Collaborative Consumption: Towards a Resource-saving Consumption Culture", *Resources*, (2013) 2, pp. 184-203.

参见本章附录。

2019 年 8 月，生态环境部环境与经济政策研究中心课题组发布的《互联网平台背景下公众低碳生活方式研究报告》显示，通过在支付宝平台上共享单车、共享汽车、共享闲置物品等，蚂蚁森林上有 5 亿中国人坚持"手机种树"，实现碳减排 792 万吨。根据测算，这相当于少烧了 34 亿升汽油。[1]从城市交通治理角度来说，共享出行为解决城市交通"最后一公里"供给短板，提供了更加便捷、高效、可靠的出行组合，也提供了更多可借鉴的思路和可选择的方案，由此也成为城市智慧交通创新发展的策源地。截至 2019 年 8 月底，我国共享单车覆盖全国 360 个城市，注册用户数超过 3 亿人次，日均订单数达到 4700 万。共享经济，不仅增加了人们的出行选择，还缓解了城市交通压力，减少了大气污染。[2]

共享经济所蕴含的可持续发展理念，在增加收益、盘活闲置资源、增加创业和就业机会、助推绿色生活方式等方面都有所体现，既具有经济价值，也具有环境价值和社会价值。

综上所述，共享经济所带来的价值，概括如图 6-1 所示：

消费者	劳动者	社 会
-增强了在市场中的话语权 -改变了原有的消费模式 -使用价值更为重要	-促进市场竞争 -就业/创业形式更加多样 -灵活的薪酬制度降低了失业风险	-促进市场竞争，从而提高了社会福利 -提高全社会有限资源的利用效率 -环境得到一定的保护

图 6-1　共享经济的价值

---

〔1〕《支付宝蚂蚁森林发低碳生活报告 5 亿人手机种树》，载 https://baijiahao.baidu.com/s? id = 1643000556981078052&wfr = spider&for = pc，最后访问日期：2020 年 11 月 9 日。

〔2〕《首份共享出行报告——〈中国共享出行发展报告（2019）〉发布》，载 https://new.qq.com/omn/20200104/20200104A03KU700.html? pc，最后访问日期：2020 年 10 月 8 日。

6.2 共享经济的商业模式

6.2.1 共享经济的类型

共享经济既被看作一种经济发展模式，也被视为一种新兴商业模式，在各行各业都有很多实践案例，同时覆盖范围还在不断扩大。因共享内容和用户的不同，共享经济提供产品或服务的方式也不同，肖尔（Schor）将其划分为几个类型，见图6-2：

		供给者类型	
		个人到个人（P2P）	企业到个人（B2P）
平台导购	非盈利	食品互换 （Food Swaps） 时间银行 （Time Banks）	创客空间 （Makerspaces）
	盈 利	Relay Rides平台： Airbnb公司（爱彼迎）	Zipcar公司

图6-2 共享经济的类型

资料来源：杨帅：《共享经济类型、要素与影响：文献研究的视角》，载《产业经济评论》2016年第2期，第35~45页。

如图6-2所示，肖尔将共享平台划分为盈利和非盈利两种，而将供给者角色划分为P2P和B2P两种类型。这两种维度将共享平台划分为"P2P，非盈利""P2P，盈利""B2P，非盈利"和"B2P，盈利"四种类型。

杨帅基于共享经济参与主体的差异，提出了一个涵盖生产和消费领域且区分不同参与主体的共享经济类型划分框架，见表6-1：

表6-1　基于供求主体差异的共享经济类型划分

供给	需求	基本特征	典型案例	影　　响	主要问题
企　业	企　业	企业闲置生产能力的分散利用	航天二院云制造、阿里淘工厂	优化社会生产资源配置，化解过剩产能，加快产业向绿色可持续发展方向转型	依赖于高效匹配信息的第三方平台
企　业	个　人	企业资产（产品）出租给个人	设备、空间等租赁，如创客空间；产品租赁，如 DriveNow	提升企业设备与资源利用率，促进企业服务化转型	受消费观念和资产租用成本制约
个　人	企　业	个人技能、闲暇时间、资金	临时工经济、众包、众设、众筹等，如猪八戒网、京东众筹	企业可节省管理成本、五险一金等支出，用工更灵活	不可能形成企业文化、团队精神
个　人	个　人	个人闲置固定资产、资金、技能等	狭义共享经济，如爱彼迎、滴滴、人人贷、技能银行等	提高全社会私人资产利用率，建立起新的社会关系	税收、监管等机制的建立完善

资料来源：杨帅：《共享经济类型、要素与影响：文献研究的视角》，载《产业经济评论》2016 年第 2 期，第 35~45 页。

　　国家信息中心的年度共享经济报告将共享领域分为交通出行、共享住宿、知识技能、生活服务、共享医疗、共享办公和生产能力七个类型，见表6-2：

表6-2　共享经济的应用领域及代表性平台

共享经济应用领域	部分代表性平台
交通出行	滴滴出行、易到用车、PP 租车、友友租车、AA 拼车
房屋短租	游天下、蚂蚁短租、小猪短租、途家网
P2P 网贷	陆金所、红岭创投、宜信、人人贷、点融网
资金众筹	京东众筹、天使汇、众筹网、点名时间、淘宝众筹
物流快递	达达物流、e 快送、人人快递

续表

共享经济应用领域	部分代表性平台
生活服务	58 到家、功夫熊、e 代驾、爱大厨、我有饭、河狸家、共享衣橱
技能共享	猪八戒、iworku、在行、K68、时间财富、做到网
知识共享	百度百科、知乎网、豆瓣网
生产能力	沈阳机床厂 I5 智能平台、阿里巴巴淘工厂、易科学
联合办公	WeWork、纳什空间、优客工厂、WE+

资料来源:《中国共享经济发展年度报告（2021）》。

总体来看，共享经济的分类并无统一标准，蒋瑜洁对不同分类进行了汇总，见表 6-3:

表 6-3　共享经济的类型

	类　别	实　例
平台商	盈利性	优步、滴滴出行
	非盈利性	时间银行、创客空间
分享目的	出让资源所有权和使用权	易贝（eBay）、麦路卡利（Mereari）
	保留资源所有权，提高资源使用效率	爱彼迎、小猪短租
	交换服务	时间银行、阿日妈妈（As-Mama）
	共享生产性资源，用于产出	百度百科、维基百科
分享资源主体	个人与个人（P2P）	爱彼迎、优步
	企业与个人（B2P）	摩拜单车、一步汽车（Zipcar）
分享资源	交通出行	优步、滴滴出行
	房屋住宿	爱彼迎、小猪短租
	知识技能	我有饭、可可娜拉（Coconala）
	物　品	易贝、58 同城
	金　融	淘宝众筹、京东众筹

资料来源: 蒋瑜洁:《日本分享经济的发展现状研究》，载《日本学刊》2018 年第 4 期，第 63~84 页。

我们认为，这些不同的分类方法，实际上反映了人们研究共享经济的不同视角，有助于从不同侧面加深对共享经济的认识。

6.2.2 共享经济的基础模式

在个人消费领域，共享经济首先在与人们日常生活关系密切且使用频繁的领域发力，如共享出行。无论是汽车或自行车，越来越多的消费者并不在意是否拥有产品的所有权，而更多地期望在需要时就可以便利地使用。共享，既带来物品或服务的获得便利，还带来了金钱和精力的双重节省，这些便利性要素的满足也使共享越来越受欢迎。尤其在大中型城市，共享汽车、共享单车还为使用者减少了停车、维护保养等使用环节的诸多不便，无需为购买、养护等付出额外的精力和金钱。从北京的共享单车发展来看，在经历了 2016 年、2017 年爆发式的野蛮生长后走向低谷，在不断发现问题、应对问题的过程中接受市场的洗礼。目前，ofo 小黄车、摩拜等已少见，代之以哈啰单车和滴滴出行的青桔单车，押金模式也转为以信用积分免押金，如支付宝信用积分 650 以上，即可免押金使用哈啰共享单车。2018 年 12 月，哈啰单车全国免押累计辐射 1.61 亿用户，免除押金约 320 亿元；近 1/3 的运营城市已升级为定点停车模式，禁停区域停车将收取每次 20 元调度费的做法等，[1] 有效解决了退押金难、单车乱停放的现象。

与 20 世纪 90 年代基于互联网的共享经济刚刚兴起时不同，现在的共享物品并非局限于闲置资产，如哈啰、青桔等共享单车，其供给端并非对已经拥有的闲置单车进行共享，而是集中采购大量单车作为资产投入市场运营。在消费端则充分体现着共享经济所具有的"使用而非占有"、节能环保等特点。这种将"使用而非占有"作为商业机会、以盈利为最终目的的企业行为，为共享经济在我国的发展注入了强大的市场力量，为创新创业提供了可行的切入点。

在消费领域，各种实物共享模式增多的同时，人们开始通过互联网平台来提供知识技能的服务，将共享一技之长作为谋生或增加收入的手段。例如，喜马拉雅等音频平台，为很多人提供了用声音增加收入的机会，也满足了更多听书人的需求。这类共享经济平台，在整合人们技能的同时，也为"小白"

---

〔1〕 参见哈啰官网，https://www.helloglobal.com/about-history.html，最后访问日期：2020 年 12 月 10 日。

们提供学习培训机会，让更多人通过拥有某种技能来改变现状。这类共享经济模式，使共享"物品"从有形资产拓展到知识技能等无形资产。而且，供给方在提供无形资产服务的过程中，为满足消费需求又不断自觉地提升自身的知识技能水平，其无形资产的价值在不断的服务中有所提高，而不是被消耗、被折损，为其未来带来更多的价值增长空间。

这种货币收益和非货币收益同时存在的"互惠共赢"，使知识技能等的共享与有形资产使用价值的共享有了本质区别，也更能吸引人们加入其中，将自己的特长、兴趣以共享的方式转化为自己的职业，如基于共享平台的专职司机、骑手、主播等网红大量涌现，使共享经济平台成为"双创"活动的重要入口，为有梦想的创业者和就业者提供着机会。[1] 同时，知识技能的共享，还诞生了一种新的平台发展模式——用户生成内容模式（User Generated Content，UGC）。这一模式的出现和发展，充分体现了融合创造价值——互联网技术对信息的汇集、沉淀、分析、处理和应用，平台模式所建立的广泛连接和线上线下交互，交易与便利性的改善等借共享经济而相互融合，更好地体现了共享经济对传统经济价值创造逻辑的改变——供给方主导模式转向用户主导模式，用户直接参与共享经济平台的价值创造。

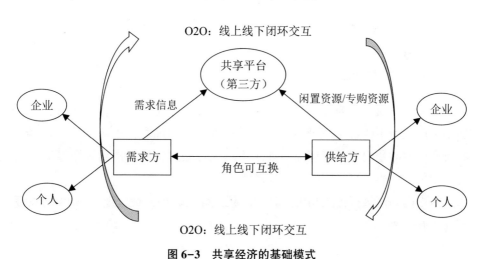

图 6-3　共享经济的基础模式

---

〔1〕　参见《中国共享经济发展报告（2020）》。

不难看出，无论是实物还是无形资产的共享，共享经济的基础模式是基于互联网技术搭建线上线下互动的交流平台，平台参与者有个人也有企业，且由于共享物品或知识技能的互补性，供需关系可以相互转化，C2C、B2C、C2B 的交易方式同时存在，见图 6-3。

随着共享经济在消费与生产领域的快速拓展，与具体的共享产品和需求相适应的各种商业模式也层出不穷，如分时租赁的点对点模式、租赁或转售的再分配模式、共用或非货币化的互助模式、共享交通或住宿的消费模式，等等，且随着市场环境的变化还在不断衍生出新的模式。在 2020 年突发的新冠肺炎疫情中，共享住宿、共享出行等皆遭遇了"寒冬"，但同时又催生了员工共享模式，如在西贝餐饮待工的 1000 名员工前往盒马鲜生上班，餐饮企业在防疫期间因不能营业而闲置的大量员工，恰好可以满足以互联网为基础的新零售的用人需求。因此，苏宁、京东、盒马鲜生等零售平台纷纷开放岗位给餐饮企业，实现员工共享，这既减轻了餐饮企业的负担，也解决了互联网零售企业的"用工荒"。[1]正是在现实需要和外部环境的不断变化中，共享经济的具体模式也不断被创新，但无论如何变化，各个领域的共享经济模式万变不离其宗，其基础模式和价值流运行的商业逻辑如图 6-3 所示。

6.3　共享经济模式存在的法律风险*

6.3.1　研究现状

共享经济模式颠覆了传统经济的发展模式，不仅提高了资源配置效率，还为生产生活中的各个领域带来了极大的便利。但随着其迅速发展，共享经济所产生的问题也越来越明显，如果不对现行法律法规和市场规则等加以完善，则可能阻碍共享经济的进一步发展。

对中国知网数据库中相关文献的高频关键词进行分析，排名前 34 的关键词如表 6-4 所示：

---

〔1〕 张一琪：《共享经济在"升级"中规范发展》，载 http://www.xinhuanet.com/fortune/2020-06/15/c_1126113983.htm，最后访问日期：2020 年 10 月 10 日。

＊ 特别致谢严芳芳、杨亚娟对本部分的贡献。

表 6-4　排名前 34 的关键词频次

关键词	频　次	关键词	频　次
共享经济	255	法律责任	8
共享单车	94	创　新	7
法律规制	56	法律监管	7
网约车	40	法律关系	7
监　管	18	发　展	7
共享经济模式	13	共享经济	6
押　金	13	法律风险	6
法律问题	13	网约车平台	5
劳动关系	12	挑　战	5
规　制	12	互联网金融	5
互联网	11	建　议	5
政府监督	11	行政法	5
问　题	11	行政许可	5
互联网+	11	法律法规	5
对　策	10	发展现状	5
商业模式	9	个人信息	5
信用体系	8	法　律	5

　　从表 6-4 可以看出，国内共享经济法律风险的研究热点集中在网约车、共享单车、互联网金融领域，也正是这些领域发生的问题，引发了大众、学者和政府对共享经济中法律风险的高度关注。[1] 进一步分析得到六个聚类，如图 6-4 所示，依次是商业模式、网约车、押金、共享经济模式、法律问题、法律关系。其中，押金、法律问题、法律关系和网约车都与法律风险密切相关，而搭建一定的商业模式则是共享经济得以运行的基础。

---

　　〔1〕　如郑州滴滴网约车司机杀害空姐案；e租宝通过虚构项目、虚假承诺，短短一年多时间，500 多亿元入其彀中，被骗者多达 90 万人；等等。

图6-4 "共享经济-法律"领域：热点聚类

6.3.2 七类法律风险

从共享经济的发展状况看，其法律风险主要集中在七个方面：

（1）共享平台的支付风险。共享经济模式是以共享平台为纽带，建立起供给者、需求者等多元参与者之间的关系。[1]但是在实际运营中，供求双方的支付交易均存在极大的不稳定性。共享平台的提供者可能由于经营困难导致破产，平台无法按照约定及时支付资金或押金，给供给者和需求者造成利益损害，如上百万用户的 ofo "小黄车"退押金问题，至今都没有得到解决。2019年，清华大学法学院大三学生小孙在"小黄车"APP 申请押金退款，一直未能到账。小孙就此向北京市第四中级人民法院提出申请，请法院确认"小黄车"APP 中的仲裁协议条款无效。2019年7月23日，法院作出裁定，驳回小孙的申请，申请费400元由小孙负担。小孙的99元押金未退回，反而倒赔

---

〔1〕 李金金：《移动互联网时代下共享经济模式的有关法律问题研究》，载《法制博览》2018年第6期，第217~219页。

400 元。[1]

（2）用户隐私与信息安全风险。共享经济模式是一种双边市场模式，共享平台作为闲置资源供需双方的中间平台，要求供需双方均进行实名注册登记以便进行适时监管。[2]一旦共享平台的系统网络出现故障或者不法分子有意泄露后台信息以牟取个人利益，大量的用户个人信息将会遭到泄露，极大损害用户利益。例如，共享单车每增加一次网上注册和网络接入，就有可能增加个人信息泄露的风险和安全隐患，如青桔等共享单车的用户在用车期间，个人的移动路径数据等被共享，带给个人很大的不安全感。

（3）由垄断和不正当竞争引发的风险。不同平台为了自身利益，势必与提供同类或类似产品、服务的其他平台展开激烈竞争，最常见的竞争方式是价格战。例如，滴滴和快滴曾经都使用了优惠券、免费乘车、乘车返利、司机补贴等多种方式相互竞争，其实质都是价格战。最终，在价格战中存活下来的平台往往资金雄厚，与其竞争的平台由于价格战拖累而出现资金困难，最终退出市场，从而带来潜在的行业垄断的问题。[3]这不仅不利于市场的健康运行，还将损害消费者的利益。截至 2021 年 3 月 31 日，全国共有 227 家网约车平台公司取得网约车平台经营许可，但从活跃用户数量上看，滴滴出行以 7775.50 万用户占据榜单第一位置，远超其他网约车平台。[4]显而易见，滴滴出行在该市场中已经取得了绝对的领导地位。这种一家独大的卖方市场结构，是市场监管者和消费者都不愿意看到的。只有促进适度竞争，才有利于市场健康发展，也使消费者有更多选择，相关内容请参见附录。

（4）资源供应者及需求者的行为所带来的风险。共享经济主要以闲置资源共享为主要手段，供需双方仅仅基于信赖来实现资源使用权的短期让渡，

---

〔1〕《清华大学生起诉小黄车 ofo 索要押金 99 元 为何最后倒赔 400 元》，载 http://china. qianlong. com/2020/0805/4530550. shtml，最后访问日期：2020 年 11 月 10 日。

〔2〕王伟：《以共享单车为例浅谈共享经济法律规制的创新发展》，载《经济与管理科学》2017 年第 2 期，第 238～230 页。

〔3〕何玥：《我国共享经济发展条件下的法律保障机制研究》，载《开封教育学院学报》2017 年第 7 期，第 231～232 页。

〔4〕《2021 年中国网约车行业市场竞争格局与发展趋势分析 滴滴出行龙头地位是否稳固?》，载 https://baijiahao. baidu. com/s? id=1698615137896552410&wfr=spider&for=pc，最后访问日期：2021 年 8 月 6 日。

在此过程中易引发信任危机。[1]例如，资源需求者不及时归还物品，私自占为己有；短租平台中的中介与房东的纠纷；资源供给者的不道德或违法行为对需求者造成的伤害，如滴滴司机性骚扰、抢劫、杀人等违法犯罪行为。而相关部门对于供需双方行为的约束又需要消耗相当大的成本，目前还没有法律明确规定此类问题的监管及责任追究。除此之外，用户在共享物品的使用过程中如遭遇产品质量问题或其他不可抗力因素时，往往也无法通过有效途径维护自身权益。

（5）税收风险。奥义（Oei）和瑞因（Ring）认为由于共享经济的这种"微商业"性质，对税收执法和合规性都可能带来挑战，一些共享企业往往会利用实体税法在规则解释上的漏洞而选择更有利于自己的监管解释，这将不利于国家税收的实行。[2]《中国税务报》曾撰文指出，纳税主体、课税对象和税率是税收制度的三大核心要素，而共享经济在现有的税制模式下，三大要素都难以准确确定。例如，网约车平台通过网络提供信息咨询服务、运输资源调配、数据实时共享等，机构所在地已在一定程度上被网络虚拟化。根据现行税收管辖权的认定方式，无论是通过机构所在地、劳务发生地还是消费地，都较难确定谁对其拥有税收管辖权。张卉认为共享经济存在税种不明确的问题，如很多时候纳税主体二重性特征可能造成对应的税种边界模糊，或者共享平台的服务提供方没有进行过税务登记而导致难以确定纳税主体等问题，增加了税务机关的征税的难度。[3]税种边界模糊、无纸化交易不便监管、纳税主体与纳税对象不清，被认为是共享经济带来的三大税收难题。这些也是数字经济对税收管理提出的新问题，相关内容请参见附录。

（6）地方自由裁量权过大所带来的风险。为了推进共享经济的发展，国家有关部门往往会明确监管的基本方向和原则，属地对具体的实施细则有较大的自由裁量权，这就致使各地在准入标准、监管方式、违规处罚等方面存在较大差异，平台企业需要投入大量的精力和资源满足不同属地的合规要求。

---

〔1〕 呼琦：《我国共享经济现状及其存在的法律问题》，载《法制与社会》2017年第12期，第89～90页。

〔2〕 Oei, S. Y. , & Ring, D. M. , "Can Sharing Be Taxed?", *Washington University Law Review*, 2015, 94 (4).

〔3〕 张卉：《探析网络预约车类共享经济平台的法律保护》，载《法制与社会》2016年第30期，第93～94页。

仅以网约车为例，不同的城市对网约车司机的户籍、车价、排气量等方面都设置了不同的门槛，这种自由裁量权过大的"一城一策"的现象，令平台企业无所适从，大大增加了运营和合规成本。[1]相关部门对于跨越行政区划运营的共享经济平台的监管，也要应对不同行政区域的政策法规，各地监管部门还会因为政令不同而难以协同形成工作合力。上述这些问题既影响市场秩序的治理效果，也给平台运营带来较大负担。

（7）其他风险。正如波利茨（Pawlicz）所认为的那样，共享经济是一个全新的现象，也带来监管的难度，相关治理的经济、社会和法律科学文献等都处于萌芽阶段，有关市场本身的数据和信息也很少。[2]因此，从平台上获得数据是正确评估共享经济的增长和范围的唯一方法，但大多数平台又不愿意与监管机构合作，导致政策制定者的数据只能来源于二手数据库，信息公开水平较低，不利于制定或完善相关法律制度。卡桑（Kassan）和奥西（Orsi）认为，由于企业进行经济活动背后的动机无法判断，因此配套的法律建设将难以同步进行。[3]由于共享经济对传统行业产生的冲击，传统行业从业者的利益损失是否需要制定相关制度予以保护，也是一个较难解决的问题。[4]例如，滴滴出行与Uber等已经对传统出租车行业形成较大冲击，导致其利润大大下降，在国外或我国一些城市都出现过出租车司机为此的罢工事件。何玥指出，共享经济模式下关系人的法律定位尚不清晰。[5]从现有法律看，共享经济模式所涉及的法律关系最接近中介服务关系。但根据现实情况，共享经济关系与传统的中介服务关系又存在较大差异，其内部法律结构关系已经超出了传统的中介服务关系范畴。因此，不能用传统的中介服务关系来定义共享经济中的法律关系，尤其是对承担重要职责的共享平台的法律定位，需要

---

〔1〕《中国共享经济发展报告（2020）》，载 http://www.logclub.com/articleInfo/MTg4OTAtYzc3OTg2ZjA=，最后访问日期：2020年11月14日。

〔2〕 Adam Pawlicz, "Pros and Cons of Sharing Economy Regulation: Implications for Sustainable City Logistics", *Transportation Research Procedia*, (2019) 39, pp. 398-404.

〔3〕 Kassan J., Orsi J., "The Legal Landscape of the Sharing Economy", *Journal of Environmental Law & Litigation*, 2012, Volume 27, Number 1, pp. 1-27.

〔4〕 呼琦：《我国共享经济现状及其存在的法律问题》，载《法制与社会》2017年第12期，第89~90页。

〔5〕 何玥：《我国共享经济发展条件下的法律保障机制研究》，载《开封教育学院学报》2017年第7期，第231~232页。

有关立法明确其法律权利和义务。目前，人们普遍用传统的中介服务关系来定义共享经济中的法律关系，导致关系人的法律定位不清，这势必会在处理相关法律纠纷时产生争议，应当给予重视。[1]此外，具有公共服务特征的共享物品的管理也存在法律漏洞，如共享单车大量涌入城市、占据公共道路空间，乱停乱放及单车"坟场"既妨碍交通也对城市形象造成破坏，还违背了共享经济节约资源的初衷。[2]

城市中，大面积的共享单车坟场并不是新鲜话题，如何处理这些废弃的自行车已经成为一个全国性的问题。很多企业将其当作废铁出售，几百元的成本最终以十余元的价格售出。虽然令人遗憾，但似乎没有更好的解决办法。2019年，一位名叫迈克（Mike）的缅甸商人发起了一项名为 Less Walk 的活动，把废弃的共享单车免费捐赠给缅甸的儿童和学校。让这些孩子每天花更少的时间在路上，让他们有时间获得更多的知识，更接近他们的梦想，有更好的机会摆脱贫困。[3]

6.3.3 共享经济相关现行法律

随着共享经济相关的各种新业态的快速发展，其所产生的问题与弊端逐渐暴露并引起重视，相关法律法规相继出台。2017年7月，国家发展改革委联合八部门出台的《关于促进分享经济发展的指导性意见》对共享经济的定位和发展作了宏观布局，这比发达国家领先了一大步。2018年，我国共享经济发展的制度环境进一步完善，规范化、制度化和法治化的监管框架开始建立，平台企业合规化水平明显提高，多方协同的安全保障和应急管理体系建设取得积极进展，社会各界对共享经济的信任和信心进一步提升，为共享经济长期更快更好发展奠定了坚实基础。[4]2019年1月1日，《电子商务法》正式实施，这不仅是规范和约束一般性电商平台的基本法律，也是共享经济平台必须遵守的基本法律。这些都表明我国共享经济相关法律已得到重视并在

---

〔1〕 郭淑君：《论共享经济模式下的法律关系》，载《法制博览》2017年第21期，第201~216页。

〔2〕 郑毅夫：《论共享经济的法律规制问题》，载《山西农经》2018年第11期，第118~119页。

〔3〕 《共享单车国内惨败，却在国外"复苏"，被这个缅甸人"变废为宝"》，载 https://baijiahao. baidu. com/s? id=1677885070227269123&wfr=spider&for=pc，最后访问日期：2020年6月5日。

〔4〕 《共享经济监管趋严 2018年共享经济主要领域政策法规一览》，载 https://baijiahao. baidu. com/ s? id=1627701144913927335，最后访问日期：2020年10月12日。

逐步建立。除了上述文件之外，一些城市还专门制定了地方性行业法规，例
如，2016 年北京市交通委公布了《北京市网络预约出租汽车经营服务管理实
施细则》、2018 年成都市人民政府办公厅公布了《关于鼓励和支持停车资源
共享利用工作的实施意见》、2019 年交通运输局公布了新修订的《网络预约
出租汽车经营服务管理暂行办法》，等等。

　　针对网约车、共享单车、网络内容共享等领域集中暴露出的问题，相关
部门还采取了针对性的措施，监管举措主要包括三个方面：开展系列专项整
治行动、进一步完善政策法规和加强政策落地与执行等。

　　表 6-5 是我国近几年颁布的互联网相关的政策法规。总体而言，目前国
内还没有针对共享经济模式的专门立法，对共享平台所涉及的法律关系、法
律权益、责任处理、行业监管等，均在现有法律框架下视行业属性和个案采用
探索性地释义和适用，包括《民法典》《消费者权益保护法》《保险法》等。

表 6-5　共享经济相关主要领域出台的政策法规*

领　域	时　间	部　门	文件名称
网约车	2018.6	交通运输部	《出租汽车服务质量信誉考核办法》
	2018.9	交通运输部、公安部	《关于进一步加强网络预约出租汽车和私人小客车合乘安全管理的紧急通知》
	2019.1	交通运输部	《2019 年交通运输安全生产工作要点》
共享单车	2017.8	交通运输部等十部门	《关于鼓励和规范互联网租赁自行车发展的指导意见》
	2019.5	交通运输部等六部门	《交通运输新业态用户资金管理办法（试行）》
在线外卖	2016.3	国家食品药品监督管理总局	《网络食品安全违法行为查处办法》
	2018.1	国家食品药品监督管理总局	《网络餐饮服务食品安全监督管理办法》
	2019.5	中共中央、国务院	《关于深化改革加强食品安全工作的意见》

---

*　由严芳整理。

续表

领　域	时　间	部　门	文件名称
互联网医疗	2018.4	国务院办公厅	《关于促进"互联网+医疗健康"发展的意见》
	2018.7	国家卫健委、国家中医药管理局	《互联网诊疗管理办法（试行）》《互联网医院管理办法（试行）》《远程医疗服务管理规范（试行）》
	2019.2	国家卫健委	《关于开展"互联网+护理服务"试点工作的通知》
网络内容	2018.2	中央网信办	《微博客信息服务管理规定》
	2019.8	全国信息安全标准化技术委员会	《信息安全技术移动互联网应用（APP）收集个人信息基本规范（草案）》
	2019.12	国家互联网信息办公室	《网络信息内容生态治理规定》

　　国外一些国家也根据共享经济的发展出台了一系列相关政策，王灏晨、赵硕刚和李舒沁[1]对其有所归纳。例如，美国从自身特点出发，以相应的规定界定了共享平台的责、权、利。在共享出行方面，2014年美国有17个城市和4个州通过了合法化专车的城市条例；2015年8月，美国共享专车合法化的城市和州增加至54个。其中，加利福尼亚、俄勒冈和华盛顿均通过了有关汽车共享的法律，将责任明确归属于汽车共享服务公司和保险公司，并且明文禁止保险公司取消车主的相关政策。加拿大、韩国等也积极着手调整管制法规，调整的核心是放松管制。加拿大政府一方面开始进行新法律框架的拟定和修改以支持共享经济的发展；另一方面宣布将引入最新的旅游法，包括对民宿共享服务等业务进行调节。韩国政府也在努力将共享经济与现行制度接轨，韩国企划财政部拟从汽车共享和住宿等产业形式比较明晰的领域入手，完善相关规制内容，推进特定地域的示范产业。芬兰政府引导市民在各类行政系统（如纳税系统）中使用电子身份认证，既加快了金融共享业务的发展，还简化了在线借贷的步骤，同时免除了交易双方信任疑虑，在很大程度上提

　　[1]　王灏晨、赵硕刚、李舒沁：《国外应对共享经济面临问题的措施及启示》，载《中国物价》2017年第8期，第76~78页。

升了诚信意识。庞晓、周悦也对国外的相关政策进行了研究，[1]如英国政府着手推出 UK 验证，在强调身份验证系统重要性的同时，也努力扩大其适用范围。澳大利亚工党要求共享经济企业必须设立适当的保险政策来降低客户和第三方的风险，并与保险部门建立合作关系。意大利众议院 2016 年 1 月提出了有关共享经济的立法草案（2016 年第 3564 号文件），其中第 9 条规定涉及了共享经济业务的监测事宜，要求各义务主体，即平台经营者要向国家统计机关提交有关数据，协助监管机关实时掌握共享经济的发展态势，等等。

6.3.4　法律风险规制建议

共享经济的法律风险都表现在具体的运行环节中，主要涉及信息安全、信用管理、市场监管和竞争秩序等方面。针对共享经济中的法律风险的相关制度的制定和完善，应体现系统性矫正功能和一定的前瞻性，既能够治理现有风险，也能够对尚未显现出来的风险有规避作用，而非"头痛医头脚痛医脚"的"救火式"规制。结合已有法律法规、借鉴国外规制的经验，参考其他学者的观点，笔者提出以下建议：

（1）完善市场准入制度。共享平台为了获取规模效益、扩大利润来源，往往会降低闲置资源提供者的市场进入门槛和条件，这样不仅会造成市场中产品的供求不平衡，还会由于产品质量良莠不齐损害消费者利益。因此，有必要围绕闲置资源提供者的法律主体地位，设置一定的市场准入机制，如严格依照《行政许可法》规定的行政许可程序来进行，以维持社会经济秩序的良好运行。

（2）完善信用审查制度。共享经济的正常发展离不开平台和消费者良好的信用条件，政府应当建立完整的"信用双审查"体系，既要审查共享平台的信用条件，将平台企业信用作为重点考察和评估对象以减少支付风险。同时，也要审查消费者的信用，避免消费者故意拖欠费用或者私自占有物品，以推进诚信建设，促进征信体系的完善。还应建立网络信用评价体系，在实行网络注册实名制的基础上，将允许的客户活动范围与客户诚信挂钩，推动信息的公开化和透明化。

---

〔1〕　庞晓、周悦：《城市共享单车治理的国际化比较研究》，载《现代商业》2018 年第 3 期，第 48~50 页。

（3）明确共享经济主体法律关系及相应的侵权责任。共享经济主体主要包括资源的供给方、需求方和平台三方，应明确这三方的法律关系及定位，并将其作为法律保障机制构建的基础，这对于税收、地方裁量自由度过大等问题的解决都有积极意义：一是对资源的需求方，可以参考《消费者权益保护法》对消费者法律地位的规定，明确资源需求者的法律权利和义务。二是对资源的供给方，可以参照《民法典》中违反安全保障义务的责任承担形式。三是对于平台，由于其身份的特殊性，不能简单地以中介身份对其加以定义，而应将其视为共享经济模式下的盈利性准公共服务机构，其承担的侵权责任也应视情况而定：如果资源供给方恶意损害需求方人身安全、财产等权益，资源供给方不仅需要承担相应侵权责任，平台也应为其疏忽行为承担责任；如果资源供给方是由于自身的非故意行为而给需求者造成损失，则由供给方单方面承担赔偿责任，平台不承担责任。

（4）完善保险制度。共享经济模式下交易结构中存在的潜在风险，难以规避。例如，目前大多数共享经济依赖于互联网技术及其平台，一旦出现技术性问题，可能导致整个运营系统瘫痪，遭受不可挽回的经济损失，而保险制度能够有效降低前述风险。[1]因此，政府应当推动保险机构完善相关保险制度，创新保险产品，实现风险的最小化。

（5）规范市场主体竞争行为。政府应当建立"以公平竞争审查为中心"的监管制度，明确共享经济中不正当竞争行为的表现形式，并提出明确的惩罚措施，坚决抵制不正当竞争，避免出现垄断竞争的局面，以保护消费者利益，维护正常市场秩序。[2]

（6）其他建议。完善共享经济的财政法律激励与约束制度，如政府应当改革财政转移支付制度，一方面要引导市场主体主动从事政府鼓励的共享产业，以提高市场主体利用闲置资源的意愿；另一方面要提高资金转移支付效益，减少不必要支出。除此之外，还应完善共享经济的税收法律激励与约束

---

〔1〕 梁敏、郭金来：《激励与约束视角下共享经济的法律规制研究》，载《财经理论研究》2018 年第 3 期，第 66~74 页。

〔2〕 任超、孙超：《付费搜索的反不正当竞争法规制——以〈反不正当竞争法〉修改为背景》，载《大连理工大学学报（社会科学版）》2019 年第 4 期，第 81~88 页。

制度，推进针对共享经济特点的税收立法，保证共享经济运营主体的预期利益，增进市场总体福利。

6.4 共享经济中供需双方的信用管理[*]

信用及信用管理，是共享经济也是市场经济赖以发展的基石，其对于无形资产的共享尤为重要，在此特别专门讨论。

6.4.1 信用风险种类及分析

相对于实物共享，信用风险更多存在于知识技能共享平台中。

本质上讲，知识技能共享是基于互联网的非实物商品交易，是电子商务的一种新形式。弗里德曼（Friedman）等指出，由于电子商务交易中支付和货品相互分离，交易双方对对方的相关信息没有办法全部知晓，从而使交易双方不能完全信任。[1]在信息不对称的情况下，交易一方因为不信任会理性地选择减少自身损失，如不付费或不提供后续服务等。这些都可能最终导致平台整体的信用丧失，进而损害三方利益。

总体来看，互联网平台上知识技能共享主要存在的信用风险有三大类——道德风险、逆向选择风险和知识产权侵权纠纷，详述如下：

（1）道德风险。道德风险是指在信息不对称的情况下，从事经济活动的人在最大限度地增进自身效用的同时做出不利于他人的行动，或者当签约一方不完全承担风险后果时所采取的使自身效用最大化的自私行为，[2]很多委托代理问题便是道德风险的延伸。在知识技能共享中，雇主雇佣知识工作者为其服务就是一种委托代理关系，如果信息不对称，交易一方由于不能监督另一方的行动或当监督成本太高时，就可能为追逐自身利益而违背契约，导致另一方的利益受损或承受被转嫁的成本。比如，知识工作者很可能会欺诈或作弊，雇主也可能利用信息优势做出损害知识工作者的行为。从已经曝光

　＊　本部分由葛建华、王亚婷合作完成，特此感谢王亚婷的贡献。

　〔1〕　Friedman E. J. , Resnick P. , "The Social Cost of Cheap Pseudonyms", *Journal of Economics and Management Strategy*, 2001, 10（1）, pp. 173-199.

　〔2〕　陆雄文主编：《管理学大辞典》，上海辞书出版社 2013 年版，第 79 页。

的事例看，双方作弊都比较普遍，如有些雇主发布一个设计需求来收集知识工作者们提交的作品，自己再改头换面自买自卖此创意；有些知识工作者则直接参与刷单炒信、伪造需求来模拟完整交易，以虚假的交易信用记录误导雇主作出购买决策而获利，这些现象对知识技能共享的健康发展非常不利。

（2）逆向选择风险。知识技能等交易往往是一个持续的过程，用户体验非常重要，但逆向选择却会导致用户体验越来越糟糕，如一些劣质供给方通过价格优势或虚假宣传等手段获得订单，而优质供给方因为订单量少会逐步退出平台。用户逆向选择所导致的"劣币驱逐良币"现象，将使需方的体验越来越糟糕，最终影响平台的口碑并阻碍平台的发展。

由于知识技能的服务很难有统一标准，其内容或质量高低如何，需求者往往缺乏有效的鉴别措施。因此，围绕如何衡量知识、技能服务的质量和效果会存在争议。若雇主支付一定的资金后获取的内容和网络上免费提供的内容一样，如为雇主制作的网站，实际上就是直接从网上下载的源码（类似于免费的模板）而并未达到付费定制的应有效果。长此以往，需方此后的购买支付意愿难免会变得消极，从而导致出现逆向选择，优质供给方将会因收益不合理而逐渐退出平台。

（3）知识产权侵权纠纷。随着各种依托互联网的新兴传播载体的出现，如果不能清晰界定并保护其版权则极易引发侵权问题，如保障知识共享内容的权益不被免费二次传播、保障雇主不泄露知识工作者的稿件以免被其他投标人剽窃，等等。

和旧有的侵权比较而言，网络侵权具有明显特点：一是网络所具有的开放性特点，使侵权更加便捷；二是网络具有的交互性和移动性特点，使网络侵权范围更广，取证更难；三是网络快速传播的特点可迅速导致损害后果。因此网络版权有效维权难度更大。

以上种种，都是当前知识技能共享平台亟须解决的问题，其根本仍需强化市场经济的基石——信用管理。正如朴春慧等所言，信用值是买家是否进行交易的最直接依据，信用管理可以减少电商交易中的不诚信问题，大大提高交易的成功率，加快 C2C 发展。[1]

---

〔1〕 朴春慧、安静、方美琪：《C2C 电子商务网站信用评价模型及算法研究》，载《情报杂志》2007年第8期，第105页。

通过对已经曝光的互联网平台上知识技能共享中存在的问题进行梳理，其原因如图 6-5 所示。总体可归纳为四点：信息审核不到位、信用机制评价不完善、缺乏信用保障机制以及缺乏有效监督管理。

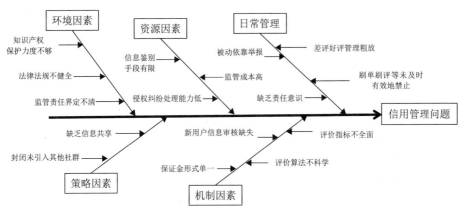

图 6-5　知识技能共享中存在的问题及原因分析

6.4.2　共享平台信用管理体系的基本框架

通过以上分析，我们提出构建一套较为完善的信用管理体系，以完善知识技能共享平台供需双方的信用管理。这一信用管理体系主要由信息审核机制、信用评价体系、信用保障机制、在线争议处理机制以及政府和协会联合监管五部分构成（参见图 6-6）。

这五个部分是相互联系、相辅相成的有机整体：信息审核机制贯穿于整个交易过程并在信用评价体系中及时同步更新；信用保障机制中的保证金机制依据信用评价指标进行浮动管理，为保险公司的保费收取提供依据；在线争议处理机制中的相关证据可从平台历史交易信息数据中提取；借助第三方的争议处理机制，有助于公开公平；与政府和行业协会等合作实施联合监管，促进信息共享，从而实现多赢。

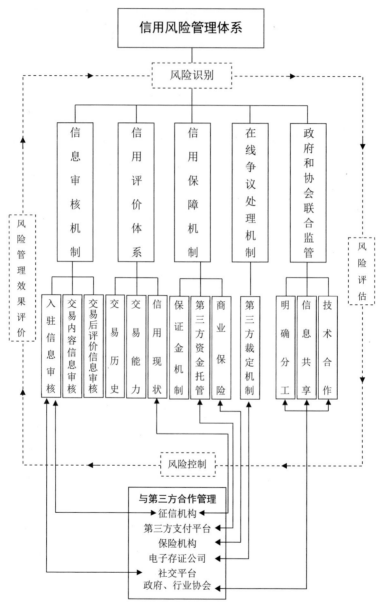

图 6-6　共享平台的信用管理机制示意图

6.4.3　共享平台的信用审核机制[1]

信息审核机制包括对交易主体、交易前和交易后三个方面的信息审核：

（1）交易主体入驻平台的身份审核。对于入驻互联网平台的供给方和需求方都应该进行实名认证，要求其提供本人或企业及负责人的真实有效信息，并通过多种方式对其身份进行验证，如通过"刷脸"等来完成对比；还可借鉴蚂蚁短租等不动产共享平台的做法，加快平台与公安人口信息数据库的对接。

对于企业，平台应自行或委托第三方机构进行实地调研，加快与工商管理部门的信息对接。对每一个入驻平台的企业的基本状况、资质及证件有效期、办公场所和交易信用等情况进行考察，拍摄留证并进行验证。

公开供需双方的真实信息，有利于降低交易风险。

（2）交易内容的审核与管理。平台对共享的内容如发布的交易、出售的服务、卖方的投标网站等都要进行严格审核，以保证信息的真实合法。同时，在网络交易的流程中纳入知识产权审查环节，制定规章制度明确知识产权归属，加强对原创知识、原创作品的保护力度。例如，猪八戒网规定，在平台上完成的知识技能交易，除双方有约定或者法律明确规定不能转让的外，其他相关知识产权随着交易的进行归需求方所有。[2]还可采用数据加密、数字签名、区块链等技术，有效防范信息被篡改等，以便及时发现或制止相关侵权行为。

（3）交易后评价信息审核。监测交易成功的数据，防止双方通过刷单、刷评论等影响信用评价的客观性。例如，开发监测系统对 IP 地址进行鉴别，如果相同 IP 地址或同一账号过于频繁地到一家店铺购买服务或产品则可视为可疑；还可监测流量与交易量的比值即交易转化率，基于大数据分析确定

---

〔1〕　此部分内容的主要参考文献：李文：《现代信用风险管理模型比较分析》，载《金融经济》2016 年第 2 期，第 164~165 页；白一池：《现代信用风险管理模型和方法的比较研究》，载《现代营销（经营版）》2018 年第 9 期，第 207 页；王志勇、张侃、梁新：《C2C 电子商务信用评价与供应商优选改进模型研究》，载《武汉理工大学学报（信息与管理工程版）》2018 年第 6 期，第 661~666 页；孟雅蕾、王予、陈金广：《基于改进 AHP 的储层综合评价方法》，载《计算机系统应用》2016 年第 8 期，第 8~15页。

〔2〕　参见《猪八戒网服务规则》第 1 章第 4 条第 2 款。

的转化率通常处于一定区间，若出现异常可分析其是否存在刷单行为。建立"黑名单"制度，曝光双方的刷单或刷评论行为。当监测到某账号存在相关行为时，应冻结其账号并降低其信用等级和信用评分，对于严重刷单、刷评论等的企业或个人，应关闭其账户。

6.4.4 共享平台的信用评价体系

本书运用层次分析法，遵循科学性、合理性和适用性三原则，建立信用评价体系。

（1）信用评价指标的选取。根据知识技能共享的特点并借鉴他人的研究成果，本研究通过对 11 位专家的访谈，选取交易历史、交易能力和信用现状作为信用评价体系的基本维度。其中，交易历史是指用户在平台上留下的交易痕迹和数据，首次在平台上交易的用户没有这一维度的得分。交易能力是指用户所具备的完成交易所体现出来的综合素质，如资质、财务状况等。信用现状是反映用户的信用状况、履行合约情况、有无欺诈行为等。

该体系根据三个维度生成的相应指数对用户进行信用评价，即交易历史综合指数、交易能力综合指数和信用现状综合指数。

（2）信用评价指标体系。本体系充分考虑共享平台的交易特点，采用三个维度多级指标体系对用户进行系统性的综合评价，指标体系框架由一级指标和二级指标构成，见表6-6：

表6-6 信用评价指标体系

一级指标	二级指标	指标性质	指标说明
交易历史	交易成功次数占比	定　量	累计交易成功次数/累计交易次数
	平均订单金额	定　量	累计交易金额/累计交易次数
	监管框架	定　性	故意回避、抵制检查、不提供相关资料等
	违规行为	定　性 数据辅助	违反平台服务相关规定（不含针对交易对方的失信行为）
	交易历史指数：是将用户交易历史作为要素作用的量化表达，综合反映用户信用历史的量化风险状态。		

续表

一级指标	二级指标	指标性质	指标说明
交易能力	基本信息现状	定　性	企业用户是否有营业执照、相关资质等；个人用户是否实名认证，提供相关服务资质
	管理能力	定　性	财务控制能力、信息处理能力等
	运营能力	定　性	运营现状、风险管理等
	发展能力	定　性数据辅助	销售增长率、用户增长率等
	交易能力现状指数：是对用户当前交易能力作为要素作用的量化表达，综合反映用户信用能力现状的量化风险状态。		
信用现状	顾客满意度	定　量	根据"正面评价"数据进行评价：$$PRR = \frac{PR}{NR}$$ PRR：正面评价比率 PR：正面评价数量 NR：负面评价数量
	顾客忠诚度	定　量	二次以上购买率
	履约率	定　量	履约合同数/总合同数
	外部信用	定　性	有无重大经济纠纷、侵犯知识产权、依法纳税情况等
	信用评价指数：是直接反映用户信用评价的综合指数，综合反映用户信用评价现状的量化风险状态。		

在比对上述各个指标后，根据各个指标的重要性程度进行排序，建立评价指标的判断矩阵，分析各指标的相对重要性。

为确定各指标的权重，研究过程中邀请 11 名专家，通过问卷对不同维度以及各维度内指标两两比较，参考托马斯·L. 塞蒂（Thomas L. Saaty）九级标度值表进行打分，得出某一指标相对其他指标的重要程度的数值，确定同一级指标中彼此的相对重要性，并分别构造出不同层次下的比较判断矩阵。然后对每一位专家意见进行统计，记录每一位专家得出的指标权重分配，并进行一致性检验，将通过一致性检验的权重最后进行平均处理，得出平均权重。

随后，对所有专家的打分进行层次单排序及一致性检验。层次单排序是为了对各个层次中的元素重要性排序的权重值进行确定。

一致性检验在判断矩阵的最大特征根的基础上进行计算，对误差采用随机一致性比值进行调整，见表6-7：

表6-7 平均随机一致性指标对照表

n	1	2	3	4	5	6	4	8	9	10
RI	0	0	0.58	0.9	1.12	1.24	1.32	1.41	1.45	1.49

经检验，11名专家打分均已通过一致性检验。取平均值最后得出一级指标交易历史的权重为0.3088，交易能力的权重为0.2139，信用现状的权重为0.4773。交易历史层级下的二级指标交易成功次数占比的权重为0.1435，平均订单金额的权重为0.3237，监管框架的权重为0.2100，违规行为的权重为0.3228。交易能力层级下的二级指标基本信息现状的权重为0.1742，管理能力的权重为0.2951，运营能力的权重为0.2744，发展能力的权重为0.2563。信用现状层级下的二级指标顾客满意度的权重为0.2196，顾客忠诚度的权重为0.2881，履约率的权重为0.2683，外部信用的权重为0.2240。

需要说明的是，通过专家打分的交易历史指标权重达到0.3088，足见交易双方的历史信息对信用评价的重要性。但共享经济兴起时间还不长，平台的一部分用户可能是第一次进行相关交易，并没有可以评分的历史记录。对于这些用户的信用评价，主要集中于交易能力和信用现状的得分。对此，平台应抓紧引入第三方信用数据，如社交平台信用数据，尽可能完善用户的初始信用资料，以弥补交易历史数据欠缺对信用评价造成的影响。

本指标体系对用户主体信用评级中末级指标的评分是采用定量与定性、经验与统计相结合的综合评价法，各个指标的满分为100分。定性分析由平台评估人员根据自己的经验和知识等，在深入了解调查评价对象后，依据评价参考标准，分析研究判断每个评价指标的内容，形成定性评价结论。定量分析是以平台交易数据为主要数据来源，代入公式进行加工整理得到分值。信用评价定量模型分为两种：一种是设定标准值，根据指标实际值偏离标准值的程度确定最终的指标得分，数据值用绝对值，数据段用标准差。另一种是针对与信用得分呈线性相关的指标，根据百分比系数计算指标得分，如果是正相关指标，直接计算得分；如果是负相关指标，用满分扣除指标发生值即得到分数。

在实际应用中，通过信用评分等级标准，平台不仅可以区分各个用户的信誉度，规避可能出现的风险；还可以据此对入驻者的信用差异设置不同权限，引导供需双方按照信用评价体系中的指标要求，努力作出正相关的举措。

6.4.5　共享平台的信用保障机制

（1）动态保证金设计。研究表明，动态保证金可以更好地覆盖交易风险、平衡经营成本。[1]本书也采用动态保证金，设计标准主要考虑了两个要点：一是其应覆盖交易过程中可能带来的风险，满足一段时间内所有可能申请退款雇主的退款请求；二是其可根据交易量和交易双方的信用状况而变化，既考虑加大违约成本又要尽可能降低交易成本，体现出对交易双方的约束和激励。

动态保证金设计与用户入驻平台时间、信用评分、预计交易金额和退款率等相挂钩。具体来说，为吸引更多用户加入平台，在新用户入驻时可以进行授信免交保证金，达到一定用户级别后启用动态保证金以规范其行为。平台还可设计不同分数段的信用评分，保证金金额随着交易者信用评分的变化及时变更，促进其更加诚信经营。

动态保证金随着交易量和退款率的变化而浮动。在交易量较少时，保证金也随之减少，以减少用户的运营成本、增加其资金的流动性，有效平衡风险覆盖和经营成本。对于大额订单，平台可以暂时扣一定比例的订单金额作为质保金，在交易完成的质保期后，平台可将质保金的本金及利息返还供给方。

（2）第三方资金托管。在托管方式下，平台对资金没有实质控制权，每笔资金的进出都通过托管方如商业银行或第三方支付机构而不经过平台的账户；银行或第三方支付机构对平台的交易金额、借贷余额起到监督作用，负责平台用户资金的清算和划拨。

现实中，一些共享经济平台建立了自己的第三方资金管存业务，如猪八

---

〔1〕 孙宝文等：《动态交易保证金在网上交易信誉激励机制中的设计和实现》，载《经济与金融》2014年第26期，第35页。

戒网建立了"诚付宝"支付平台，一来可以使平台的现金流更加充裕，二来可以不用向第三方支付平台交佣金以降低平台的运营成本，但用户对这类自建的支付平台可能缺乏信任。所以，平台与支付宝、财付通、银联等公众认可度高的第三方支付平台合作，有助于增加信誉度、保障用户资金安全，进而提高交易量。

（3）商业保险。商业保险能够有效地分散并转移风险。与电子商务有关的保险服务近几年有所创新并快速发展，如退换货运费险等，但与知识技能共享相关的保险服务还非常欠缺。

保险机构可考虑设立面向不同对象的信用险种，如面向平台、雇主的知识工作者信用保险和面向知识工作者的雇主信用保险。我们期待这些险种可以发挥类似于保证保险或信用保险的作用，帮助交易双方有效避免或减少债权人的损失，促进知识技能共享。

知识技能共享中供需双方的信用保险不同于财产意外损失保险，它和法律中的民事侵权或违约损害赔偿责任密切相关，保险机构在设计任何一项保险时，需要参考大量历史信息进行分析和计算，以取得一些关键数据来确定自身能够承担的风险程度，如测算累积责任、最大潜在损失可能和损失率等，并以此为确定保险费率和保险条款等提供依据。但共享经济还是新生事物且处于高速发展和变革中，可参考的损失记录和资料很不充足，相关的法律规定也在建立和完善中。所以，平台有必要与保险机构密切合作，共享有关数据，以便保险机构能够测算出合理的保险费率，建立合理的保险条款并不断优化。

（4）第三方参与的在线争议处理机制。建立有第三方参与的在线争议处理机制，有利于平台运营者避免受到外界利益影响而失去中立性。当交易中的双方出现矛盾和纠纷时，平台可启用该机制迅速应对，提出调解方案。

首先，当纠纷发生时，平台应快速响应并限定第三方在尽短的时限内作出判断，以减少当事人的不满。其次，解决过程、在线指导和信息沟通应简单便捷，便于双方了解自己享有的权利、举证责任、解决争议的流程和预期可能的结果。最后，公开解决争议的过程和结果，如在平台上公布争议的原因、解决过程和最终判定的结果，这既可彰显公平正义，也有警示和借鉴作用。

具体实施中，还可参照闲鱼网的"小法庭"、猪八戒网的"诚信委员会"等，设计相应部门来处理交易纠纷。[1]

（5）加强与第三方合作。政府或行业协会的信息数据与平台数据形成的互补，可为平台监管提供更为全面的数据。在"平台+政府+行业协会"的合作监管模式下，政府负责制定总目标和预期结果，行业协会负责制定行业标准，而平台制定具体解决方案，三方各有分工，相互配合，共同实现监管目标。在监管中，三方应强化合作，公开透明，严惩违规者；当相关法律法规滞后，监管责任界定不清时，平台应强化自身的监管责任。

三方在合作过程中，应加强信息共享力度。政府可将共享经济信用体系纳入社会信用评价体系，使得该信用体系在社会各个领域都能得到广泛应用，以促进交易各方的守信行为。政府和国家征信机构可公开脱敏处理后的犯罪记录，将公民守信行为激励和失信行为惩罚的数据公示常态化，使共享经济平台能够支付较少的成本而获取用户相关的社会信用数据，以利于平台用户识别和防范信用风险。行业协会也可主导开发统一的信用管理信息系统，各共享经济企业或平台通过使用该系统不断更新并积累数据，实现数据服务各方的多赢。而当纠纷发生时，平台应协助用户积极提供相关证据。

为了提高信息质量和信用管理的影响力度，平台与其他第三方的合作也非常重要：

首先是与征信机构加强合作，加强对客户信誉度的鉴别和管理，如与国家征信机构和独立的第三方征信机构开展合作。现实中，小猪短租、蚂蚁短租、滴滴出行等已与"芝麻信用"进行合作，将芝麻信用分数纳入到交易双方的信用等级评价中。

其次是与电子存证公司进行合作，加强涉诉管理。由于互联网知识产权侵权举证困难，平台企业可以与存证云等专业的电子存证公司合作。存证云的电子存证服务，主要提供电子数据取证、存证、出证等服务，并将司法鉴定取证规范与标准等前置于一系列取证工具中，能够有效解决目前电子数据

---

[1] 在闲鱼网，当平台的纠纷被提交到小法庭时，系统会随机抽取17名符合条件的用户担任"小法官"，类似于英美司法制度中的陪审员制度。买卖双方可以提交图片、交易证据到系统上，再由"小法官"根据证据投票，多数票获胜。猪八戒网的诚信委员会成员面向平台资深会员公开招募，通过市场调节机制保障交易公平。

保全过程中遇到的取证手段有限、证据效力不高等问题，平台、企业和个人都可以通过接口进入存证云进行电子取证，形成独一无二的哈希校验值（Hash Verification）以防止篡改。

再次是与保险机构合作，强化信用保险。当前，一些房屋短租、共享出行等平台已与保险机构合作，由保险公司对用户有可能遭遇的人身意外伤害、财产损失纠纷和其他风险等提供可靠的风险保障，在很大程度上减少了责任纠纷，预防了信任危机的发生。但在知识技能共享领域，与保险公司的合作还是空白。值得借鉴的是，美国在 20 世纪 90 年代就推出了知识产权保险制度，它包含两方面险种——知识产权执行保险（IP Enforcement Insurance）和知识产权侵权保险（IP Infringement Insurance），以此分别来保障知识产权权利人和侵权人双方的相关权益。[1] 随着我国知识产权法律制度的不断完善，知识产权保护的需求不断增强，共享经济平台与保险机构合作推出有关知识产权的险种，有望为用户带来更为全面的救济体系，为保护用户利益发挥更为积极的作用。

最后是与知名社交平台合作，通过社交关系链接来构建信任机制。社交网络的普及成熟有利于培养信任关系，因为"社交因素的作用很大程度上包含在信用建立、名誉以及促进商业交换的数字社群之中"。[2] 平台可以验证用户身份并链接到微信、微博、领英等常用的社交平台，还可将社交平台的指标数字化，添加到平台的信用体系中。

共享是人类古老的行为，借助互联网技术快速发展起来的共享经济，充分融合了传统需求与现代科技，以线上线下一体化的消费体验、便捷的交易方式，促进了"使用而非拥有""不使用即浪费"等可持续消费习惯的培养；其发展过程中，往往是互联网公司跨界服务行业发现并抓住商机，如滴滴出行、爱彼迎等，为提高社会资源的配置效率提供了可行方案，其本身也充分体现了数字经济时代的相关技术与行业融合所创造的经济价值和社会价值。

---

〔1〕 李平：《美国的知识产权保护制度对我国的启示》，载《世界经济与政治论坛》2003 年第 2 期，第 14~17 页。

〔2〕 〔印〕阿鲁·萨丹拉彻：《分享经济的爆发》，周恂译，文汇出版社 2017 年版，第 137 页。

6.5　典型案例：闲鱼

让闲置物品翻身*

闲鱼，是阿里巴巴旗下一款帮助人们解决无处安放的闲置物品的应用软件；当然，也帮助人们为自己闲置的时间和技能寻找出路。

闲鱼取自"闲余"二字的谐音；"闲"是闲置，"余"是闲置的物品、空间和时间；用户使用淘宝账号或者使用支付宝账号登录，点击进入闲鱼客户端使用一键转卖功能后，就可以拍照上传二手闲置品的信息，为闲置的箱包、家具、书本等找到它们的新主人。

根据闲鱼《2019 年度"断舍离"公益报告》，全年除 C2C 闲置交易外，闲鱼还回收了 3 万吨旧衣、942.7 万本图书、122.2 万部手机、50.85 万台大家电。阿里巴巴 2020 年财报显示，闲鱼 2020 财年 GMV 超过 2000 亿元，同比增长超过 100%。[1]巨大的市场空间与增长速度，让行业预测闲鱼有可能成为继天猫、淘宝之后又一个准万亿级交易规模的平台级业务。

6.5.1　闲鱼诞生

闲鱼雏形诞生于 2013 年。这一年，"共享经济"这一热词传入中国的时间还不长，但闲置资源交易的市场规模在中国一直都较庞大，并经历了从 2008 年的萌芽到 2013 年的快速成长，见图 6-7。[2]2013 年 6 月，闲鱼的前身——淘宝二手上线；2014 年 6 月，闲鱼从淘宝独立出来，阿里老兵谌伟业开始专心致志地"烹饪"这条鱼，抢占了共享经济在中国市场的先机。

人们常常将被冷落称为"咸鱼"，闲置物品何尝不是如此？被买回时兴高采烈，束之高阁就难显身手了。闲鱼的目的就是让咸鱼翻身继续发挥作用，为"咸鱼"打造一个价值再现的社区性交易平台——解决供给方的闲置物品

---

* 本案例素材来源于调研和众多网络资料，恕不一一列出。在此，特别向各位无私的分享者致敬。案例内容由黄子津、韩德馨、施珺、张书曼等联合编写，葛建华指导并修改定稿。

〔1〕《闲鱼交易额破 2000 亿 增长超 100%》，载 https://www.360kuai.com/pc/9c046196e21 901c03?cota=3&kuai_so=1&sign=360_57c3bbd1&refer_scene=so_1，最后访问日期：2020 年 9 月 3 日。

〔2〕《闲鱼产品分析报告：用一个交易平台打出一手社交牌，究竟靠不靠谱？》，载 http://www.woshipm.com/evaluating/817856.html，最后访问日期：2020 年 8 月 8 日。

图 6-7　共享经济在中国的发展

的价值变现，满足需求方"低价买好物"的实惠。

为了实现"咸鱼翻身"，闲鱼整合了线下二手商品和线上网络资源，它不仅是一个二手交易平台，还是一个传播环保和可持续发展理念的共享经济社区。在这个虚拟社区里，人们不但可以方便地买卖二手商品，还可以分享个人独特的技能、私人时间与空间。很快，到 2018 年，闲鱼就从一个不起眼的 APP 页面品类，发展为阿里的一个独立事业部，独占在线二手交易鳌头，承载着阿里争霸二手市场的战略目标。

在实际运营中，源于淘宝的闲鱼，极力标榜自己并不是淘宝的"富二代"，它得到的待遇并不"富裕"。阿里高层也对闲鱼提出了一个近乎苛刻的条件：第一年不给闲鱼一分钱做市场，但是产品必须做到 100 万的 DAU（日活跃用户数量）。

没有钱，没有资源，自有淘宝二手频道流量不高，谌伟业用什么高招让咸鱼游动起来？

6.5.2　建设闲鱼社区

思来想去，谌伟业认为应该花尽心思与用户线上线下互动。直到今天，"用户流失"依然是用户量早已过亿的闲鱼最担心的事。为此，闲鱼在社区建设上费尽了心思。

（1）重新定义社区。在这个移动化、数据化高速发展的时代，每个人都具备了前所未有的潜力，可以参与到越来越多的社会生产和服务中来，并能提供差异化极高的价值，且并不只表现为金钱。比如，有些人通过闲鱼平台找到志同道合的伙伴，结识工作圈以外的朋友……这样的新兴社交模式对年轻人总是极具吸引力。因此，闲鱼建立了网上社区——"鱼塘"：一个以地理位置和兴趣爱好为导向的互联网电子社区。在这个社区里，每个人都可以参与到社区的互动和共建中，分享自己的生活，获得小而美的成就与收益。

为将闲鱼建成一个高效的共享经济平台，谌伟业设计了多种互动模式，"闲鱼与拍卖做乘法"就是其中之一。这揭示了闲鱼的发展模式，即闲鱼和拍卖合并后，将探索包括闲鱼拍卖、闲鱼二手交易等在内的多种共享经济业务形态。这样的业务跨界不仅仅是相加，而是相乘。它意味着闲鱼的交易方式除了一口价之外，还出现了拍卖形式，这是跨界、是共享经济交易方式的一大突破。

对于拍卖而言，可以通过互联网跨越时间和地点的界限，召集最多的参与者，实现被拍卖物品的价值最大化；闲鱼社区引入拍卖模式后，也意味着人人都可参与的全民拍卖时代已经到来。可以说，这样的业务跨界使得闲鱼和拍卖都获得了双向拓展，对于整个阿里集团都具有不可忽视的意义。这一跨界，还开辟了阿里集团"社区+拍卖+交易+共享经济社区化平台"的新发展模式。

为此，建鱼塘、建社区、召集"社员"……种种措施让闲鱼快速发展。2016 年 6 月，闲鱼官方披露，自 2013 年离开淘宝后，闲鱼已完成从百万级用户向亿级用户量的跳跃，成交闲置物品 1.7 亿件，散布在各地的"鱼塘"达20 万个。

（2）建"鱼塘"。这些快速增长的数据背后，闲鱼是以怎样的一种模式在运转？从一个交易网站到一个用户交流的社区，闲鱼是怎么做到的？

在闲鱼的实际运转中，第一件要做的事情就是建立信任。在互联网和商业结合的过程中，有两种建立信任的模式：一种是电商平台的担保交易如支付宝的交易体系，它保证了交易的正常进行；另一种是像 Facebook 这样基于人与人之间的互动、交流而产生信任的社区规则体系。闲鱼将社区作为载体来建立信任，这是其在战略布局和定位上的一种取舍和选择，谌伟业将之形象地称为"鱼塘"。

按照社区交流的逻辑，闲鱼设计了页面布局：你的东西越多人评论，越多人看，跟用户搜索的匹配度越高，在闲鱼的排序就会越靠前，区别于淘宝按销量排序的体系。此外，闲鱼还引入了芝麻信用、淘宝用户等级、新浪微博等个人信息，以及钱货两清的担保交易体系、塘主服务和客户服务体系等，由此建立体验感和规则上的信任。

闲鱼的最大特色在于其运营了海量的鱼塘，如以小区等地理位置为核心的地理鱼塘、以兴趣为导向的兴趣鱼塘，用户可以在鱼塘中或晒或卖或交流分享心得与技能。第三方数据挖掘及市场研究机构比达（Big Data-Research）发布的《2019年第1季度中国在线二手闲置物品交易市场研究报告》显示，2019年3月闲鱼APP月活用户数为2439.9万，优势明显，可见深挖鱼塘对闲鱼做出的贡献。

目前，互联网上半场的人口红利正在消失，下半场人们将更加关注用户留存，发挥用户的边际成本。如果说上半场时间内闲鱼主要背靠淘宝进行导流，那么在人口红利消失的下半场，淘宝能够提供的流量面临上限，闲鱼未来将会面临增长乏力的状况。这样一来，鱼塘的社区运营便能够吸引用户自然增长和沉淀，以便在下半场的竞争中保持实力。

（3）让用户留在鱼塘。如今，鱼塘已经成为闲鱼的社交据点，但大多数闲鱼用户的最初目的只是交易，闲鱼如何能够将用户导入鱼塘并留存呢？

闲鱼会时刻提醒用户有鱼塘存在，让用户熟悉鱼塘的概念并产生好奇。比如，最醒目的提示是页面底部导航栏中的"鱼塘"按钮；卖家在发布商品时的填写也有"同步鱼塘"的选择；买家浏览每一件商品的左下方都会以蓝色小字标明其发布地址与归属的鱼塘；搜索栏唯一的搜索关联提示就是搜索鱼塘，结果页面置顶显示鱼塘。这些方法，向每一个使用闲鱼的用户，时刻提示着鱼塘的存在及其功能，由此吸引用户进入鱼塘，完成用户导入。

在用户留存方面，闲鱼也很费心思，见图6-8。通常，在发布商品、选择同步鱼塘时，用户就已经被留在鱼塘了，但这个方式只是扩充了鱼塘的用户数量，并不能保证用户活跃度。所以，通过内部建设提升用户活跃度就显得至关重要。鱼塘的架构参照了陌生人社交的贴吧模式，让玩过贴吧的用户在看到鱼塘的第一眼就产生熟悉的感觉，以此降低用户的心理门槛。鱼塘的玩法也和贴吧非常相似，塘主统一管理，负责鱼塘的日常维护和活动的发起。鱼塘内还单独设置了搜索功能，用户在鱼塘内搜索商品范围更小、目标更明确，更容易找到满意的商品；问答模块则可以帮助用户解决一些常见的问题。这尤其适用于兴趣鱼塘板块，可以很好地弥补二手交易平台客服人员的缺失。

门槛降低加上内容质量的保证，用户在鱼塘内寻求到方便和认同感，用户留存也就借此完成。

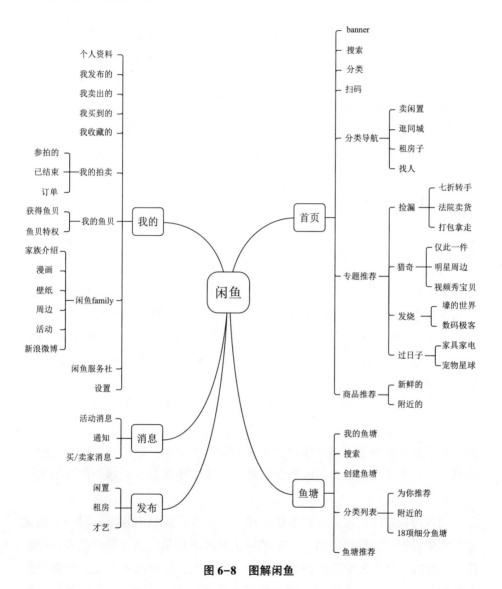

图 6-8　图解闲鱼

6.5.3 为什么选择闲鱼?

在网络上,各种社区类的网站或 APP 不计其数,用户为什么会选择闲鱼? 很多运营很好的社区类站点都面临变现难题,闲鱼如何来形成交易?

闲鱼上线之后一直保持着极为频繁的版本迭代,除了优化功能体验之外, 对外部环境变化和用户反馈都及时作出反应。这些都是闲鱼能在移动端的闲 置商品交易市场稳居第一的主要原因。

(1) 更新迭代,做大鱼塘。在不断地更新迭代当中,闲鱼的交易功能逐 渐退居于社区功能之后。通过不断的优化突出社区化的特点,鱼塘模式类似 于贴吧与论坛的操作,拉近了与用户的距离。

在闲鱼版本的多次迭代中,35%的更新与鱼塘有关,鱼塘功能被置于一 级导航栏便于用户进入;互相关注、超赞、发布视频和语音聊天等也很好地 支持了社交化功能。目前,社交属性已经成为闲鱼在庞大的二手市场中脱颖 而出的关键点,一些用户即使不买卖闲置物品,也愿意花时间在闲鱼上浏览。

从鱼塘迭代内容上看,起初的鱼塘是基于 LBS 的社区,主要依靠地理位 置相近来建立陌生人之间的信任关系。但这种鱼塘活跃度并不好,社交潜力 后劲不足。为解决此问题,闲鱼研究并找到了社交的根本驱动力——兴趣, 创建了兴趣导向的鱼塘并在此方向深耕,建立起大批活跃度高、用户量大的 优质鱼塘。

(2) 扩大品类,不仅仅分享实物。通过不断跟用户互动,闲鱼增进了对 用户价值的理解:闲置物,不仅仅是实物,也包括碎片时间、技能。交易它 们,自然会产生价值。闲鱼由此扩大了商品品类范围,将时间、技能也纳入 交易,成为大而广的综合类闲置交易平台,非实物共享正在逐渐成为闲鱼的 新战略点。

闲鱼所构建的社区之所以能够形成,一个重要的原因是闲鱼利用个性化 推荐和用户搜索,提供给用户一个相对小量级的货架,提升用户感兴趣的匹 配度,增加了参与的个性化与趣味性。在闲鱼上,用户加入以个人兴趣或实 时地理位置为依据的鱼塘后,塘主充当着类似论坛、贴吧管理员的角色,努 力培养起用户在闲鱼探讨问题的习惯。

培养用户的目的是希望减少不确定性。谌伟业甚至想到闲鱼是不是有勇气能够不给用户选择，还能够被用户接受。比如，把用户需求精准地简化成一两个诉求，最终通过产品、规则、信任体系去解决不确定性，以保证与用户实际需求达到极高的匹配度。

现在闲鱼已作为阿里系一环，在信用回收、租房租衣、免费送等功能上与淘宝、天猫、支付宝和芝麻信用等打通。在环保回收、共享经济、服务维修和公益领域等开放资源，并逐步建立闲置商品的行业分级标准，推动闲置资源流通。

同样地，闲鱼也面临着严峻的挑战。

比如，闲鱼如何解决二手平台在规模化之后普遍面临的商品鱼龙混杂、用户诚信体系亟待完善等情况。尽管现在通过接入支付宝、淘宝等方式直接调用用户的信用指数，但是倘若出现二手物品的质量问题，究竟如何确定双方责任还是个亟待解决的问题。

再比如，闲鱼如何不断创造场景，使得用户使用闲鱼出售闲置物品？尽管现在闲鱼的活跃用户数获得了很大的提升，但是相较淘宝和支付宝这些传统老牌 APP 还是差距悬殊，因此如何扩大用户群体还是一个根本性的问题。

"很多人把闲鱼看作二手交易，大家有这个认知，我也能接受，也没关系。但我们做的，远远超出二手物品的范畴。"谌伟业的说法透露出闲鱼的"野心"绝不是二手交易，甚至不是单纯的市场导向。

下一步，闲鱼将如何发展？

附 录 6-1

反思共享经济的八大争议

2018 年 5 月 5 日临近午夜，21 岁的空姐李某落地郑州，她走出机场，拿出手机，打开滴滴出行 APP 约了一辆顺风车，赶往市区。5 月 7 日下午，李某的爸爸报案，称其失踪；16 个小时后，噩耗传来，警方找到遗体，法医告诉其父，总共中了"二三十刀"。5 月 10 日，该案在微博上迅速引爆舆论，当晚，滴滴出行悬赏 100 万元寻找有犯案嫌疑的顺风车司机。5 月 12 日凌晨 4 点，警方在河南郑州市西三环附近的一河渠内打捞出一具尸体，初步确认该尸体是嫌疑人刘某华。

案件侦破暂告段落，逝去的生命让人惋惜，但引发的讨论和争议并未停歇。不论是国内还是国外，共享经济模式越来越成为争议的焦点。

这一新经济模式，已经不知不觉成为我们每个人生活的一部分，我们或多或少都在某个平台成为用户，或者接受相关的服务。笔者从 2014 年就开始关注并研究共享经济，对共享经济的崛起到当下的残局，有更深的研究与领悟，在此想换个维度，从八大争议切入，一一道破共享经济背后的问题。

（1）争议一：共享与责任。

共享经济，从国外兴起之后，在国内就以各种业态出现，出行领域的出租车、专车、快车到顺风车；共享充电宝更是让那个知名的"吃翔"赌局受到暴击，[1]共享成为一种流行，一种时尚，一种标签。

然而有一个争议确实存在，那就是如何界定共享平台的责任。以滴滴为例，每个用户在注册滴滴出行服务时，都会对跳出来的用户协议直接点"同意"。但这个协议可能让滴滴公司在类似事件中免责。比如，《滴滴顺风车信息平台用户协议》中明确，顺风车平台提供的并不是出租、用车、驾驶或运输服务，提供的仅是平台注册用户之间的信息交互及匹配服务。

换句话说，滴滴只起到撮合交易的作用，而非承运人。所以，出现意外时，滴滴并不承担交易双方风险。按照这样的理解，在类似事件中，滴滴完全可以免责。事实上，在 2018 年宣判的一起乘客因车祸诉司机和滴滴的案件中，滴滴被判免责。

如何界定？滴滴是否应当承担法律责任？这种责任是否属于连带责任？郑州空姐案件也许是一个明确权责的契机，让法制来规制，才更有意义。

（2）争议二：垄断与竞争。

当市场无法充分竞争，事实垄断形成后，平台必然会追求超额的利润，时

[1] 2017 年，陈欧在自己的社交平台上高调宣布投资共享充电宝，而这则消息被王思聪看到了，于是大战开始！王思聪发表了自己的观点："共享充电宝要是能成我吃翔，立帖为证！"参见《王思聪和陈欧打赌吃翔，如今是不是该兑现了？网友：坐等直播！》，载 https://www.360kuai.com/pc/98c01bc6986e6446d？cota＝3&kuai_so＝1&sign＝360_57c3bbd1&refer_scene＝so_1，最后访问日期：2020 年 11 月 14 日。

刻用自己的独占的市场地位，来碾压任何挑战者，甚至是居高临下地服务于那些曾经用种种手段形成黏性的用户。如何打破垄断？如何实现正向的竞争？这绝不是平台自己能够解决的，而需要更高维度的监管裁决。

（3）争议三：资本与用户。

共享经济、共享平台中到底是资本重要，还是用户重要，这是一个鸡生蛋、蛋生鸡的悖论。在初始阶段，用户是平台不懈追求的目标，为此可以用尽各种满足用户欲望与人性的方式和手段，利他主义成为平台的核心价值观。

然而资本才是背后真正的权力。资本可以左右的不仅仅是平台的生死、砸钱的多少或是赛道上的幸存者。更重要的是，在资本与用户之间，平台当然会选择资本。

正如交通运输部指出的，深化出租汽车行业改革，鼓励和发展新业态的初衷是激发市场活力，努力构建多样化、差异化出行服务体系，更好地满足人民群众的出行需求。然而，一些网约车平台公司在发展壮大之后，不是将必要的社会责任扛在肩上，而是挖空心思地侵害司机和乘客利益。这些企业仅仅将网约车作为增加"流量"和"估值"的工具，没有把人民群众的获得感放在心上，只顾看投资人的脸色，不考虑乘客的感受与体验，也不考虑司机的客观需要。

网约车企业是运输服务的提供者，必须承担承运人责任和相应的社会责任。检验网约车发展的标准不是"流量"或"估值"，而是人民群众的获得感。乘客和司机是网约车企业的"衣食父母"，是其走远做强的"资本"，正是他们的选择撑起了企业的"流量估值"和持续发展。如果没有乘客和司机的选择，再大的网约车平台也终将会轰然倒塌。

（4）争议四：监管与博弈。

监管与平台的博弈，一直伴随着共享经济的发展。早期的网约车法律地位问题、近期的网约车补贴竞争问题，都体现监管的身影。

不论是在野蛮竞争的初始，还是垄断逐步形成的当下，只有监管才能成为克制违规违法的最有效方式，但是这种缺乏全局性、事后弥补的方法，确实也在现实中造成种种滞后，可喜的是，监管的技术与艺术也在迅速进步，约谈、叫停，已经及时为用户的利益构筑保护伞。

（5）争议五：生存与死亡。

上百家网约车平台，几十家共享充电宝，盘点每年倒掉的共享平台名单，枯燥的数字中，有多少资本在流失，有多少创业者的努力付诸东流。面对共享经济的高风险，以及各路人马对共享经济的质疑，同行业的企业并没有选择合作与支持，而是恶性竞争，这种同行业的恶意厮杀，让很多共享经济企业加速死亡。

为了生存，平台可以不断挑战监管，可以用各种手段获取客户，为了生存而恶俗无原则地推广。生存或者死亡，已经不仅仅是平台和创业者的命题，甚至每一个倒掉平台背后都有更多用户的权益被任意侵害，那些永远退不回来的押金，那些永远无法注销的用户信息，那些没有任何回复的投诉，都在一次次地伤害用户们对平台的信任及对共享经济的认同。生存还是死亡，已经成为行业魔咒。

（6）争议六：骗局与魔咒。

为了打破魔咒，总有聪明的创业者和智慧的投资人设置宏大的局、诱人的故事，甚至让讲故事的人也沉迷不已，信以为真。

各种模式背后的逻辑，都是那么不堪一击，都成为我们习以为常的套路。于是，在其中产生了薅羊毛的用户，甚至演化成为职业的"薅羊毛党"。我们见过的共享骗局中，最常用的一个词就是"需求"，"需求"成为构建任何创业模式的必备要素，那么究竟是哪些需求？

（7）争议七：需求与人性。

有个投资的朋友和我聊起共享经济和平台，说到自己的发现："有个规律，不知是不是确定的，越是激发人性恶的平台，发展得越快，会迅速占领市场。"善恶因为评判标准不同容易产生偏差，但是将需求无限满足人性潜在的欲望，确实是某些平台迅速崛起的不可告人的秘密。有多少需求是真实客观的，有多少需求是确实必需的，有多少需求是想象臆断的，有多少需求是无用的伪需求？

共享经济，在满足需求的同时，更应规制边界、恪守底线。洞察人性，是为了人心，人心不仅仅是产品设计的研究方向，更应成为价值取向的正能量。

（8）争议八：边界与底线。

现在的共享经济，早已经失去了共享最本质的含义，这种共享本质上已经变成了资本的角逐，早已违背"节约"和"环保"的初衷，造成大量资源的闲置和浪费。当然，毋庸置疑，中国的现代共享经济实现了很大突破，会产生新的产品和服务，但是共享的前提还是所有权和使用权的分离。所以说，现在整个共享市场是以"垄断"为目的，早已不以"共享"为目的。

只有知道边界、懂得底线，共享平台才能在纷纷扰扰中发展，在客户利益与资本逐利的选项中选择合理的平衡。

共享经济是一个以闲置资源再利用为目的的新型的经济模式。共享单车、共享汽车再到共享充电宝等，这些使用的并不是现有的资源，而是需要再生产与创造的资源，我们已不再秉持着共享的初衷，在共享经济的道路上越走越偏。真正的共享经济的发展需要不断地摸索，不应该仅仅是一个又一个"来去匆匆"的牺牲者。

参考文献：

董毅智：《反思共享经济八大争议：如何打破一统江湖后的垄断》，载 ht-tp://finance. sina. com. cn/manage/mroll/2018-06-06/doc-ihcqccip2023433. shtml，最后访问日期：2020 年 10 月 21 日。（限于篇幅，有删减。）

 附 录 6-2

共享经济中信任机制的建立

交易的前提是买卖双方的自愿，而自愿的基础则是双方对产品与价格形成的一致评价。这是市场交易达成的基本前提，不论是传统市场还是共享市场均如此。但是，这种一致评价的形成，以及要保证交易后双方仍然满意，基础则是诚实与信任，卖家不随意报价而买家也不随意压价。正因如此，大多数学者也将信任视为共享经济发展及确保共享满意度的一个基本决定因素。

传统消费模式下，消费者信心要通过不断试错来建立，而共享消费模式下，消费者信心则主要依靠共享平台建立的良好信任机制。在互联网技术的支撑下，共享平台通过用户的"众包"式反馈和评价来降低风险。众多用户评价和共享平台设计的信誉信息功能已经成为共享模式不可或缺的基本保障机制。例如，全球知名的共享平台——沙发客（Couchsurfing）网站就设计了四个层次的信任功能供用户选择：基础层是用户姓名和地址认证卡；第二层是账户资料描述（设计开放式问题）；第三层是鼓励用户更多介绍自己；第四层是最高等级的信任，即"担保人"制度，通过线下接触过的第三人提供担保。淘宝、易贝等其他共享平台也都建立了各自的信任机制，主流方式都是依靠广泛的共享参与者提供评价和信誉评分。实践证明，这样的信任机制很好地解决了陌生人之间实现消费共享的信任障碍问题。

参考文献：

杨帅：《共享经济类型、要素与影响：文献研究的视角》，载《产业经济评论》2016年第2期，第35~45页。

附录6-3

数字经济存在税收流失"三大"风险

风险一：虚拟数字化产品和跨境数字服务未纳入税收征管体系，难以征税。一方面，互联网交易中的许多交易对象为虚拟产品或数字化产品，这些交易模糊了有形商品、无形劳务和特许权之间的界限，依据现行税制难以确定其所得应纳入销售所得、劳务所得还是特许权所得。另一方面，通过在线交易、在线广告、搜索引擎、社交平台等跨境线上数字服务业务赚取的收入，能够规避传统税制中"在一国设有常设机构"从事经营活动的规定，即企业只要在一国没有常设机构，就不用在当地缴纳相关税收，也必然会造成一国的税收流失。

风险二：数字服务税的起征点和税率差异较大，存在税收未能足额征收问题。目前，数字经济相关业务计量尚未达成国际共识，特别是各国在数字服务税的起征点和税率方面有着较大差异，如何缴纳数字服务税还存在着争议。从整体看，国际上普遍将数字服务营业收入而非利润作为数字服务税的征税门槛，即将从事数字经济的企业在全球或某国境内的年营业收入作为征收数字服务税的起征点，税率设置从2%到15%不等。各国数字服务税的起征点与税率不同，有些国家也就必然会存在税收流失风险。

风险三：有关数字经济征税的法律依据和税收政策缺失，难以对与数字经济相关的所得进行征税。以我国税制为例，我国《企业所得税法》仅对"企业取得的应税收入，包括以货币形式和非货币形式从各种来源取得的收入"作了明确规定，但对转让数据取得的收入并没有明确规定。数据是数字经济的关键要素，而数字货币也可能成为个人财产，随数据或数字货币财产权益而来的是受益主体的纳税义务，而当前我国税制中还缺乏对数据交易及数字货币相关财产权益征税的规定，客观上存在着税收流失风险。

建议一：完善税法，规避"数据收入"逃税等问题。基于全球数字税征收现状，OECD 国家正试图从立法层面解决数据收益所带来的征税权重新分配和税基侵蚀等问题。鉴于此，我国数字税征收也可考虑从税法层面入手，将数据交易、数据资产、跨境数据流动等有关涉税事项纳入税法，规避"数据收入"逃税等问题，为数字经济发展营造良好环境。

建议二：健全数据交易市场机制，提高税收征管的公平与效率。我国数据交易频率低、规模小，数据市场机制尚不完善，数据交易价格不透明等问题给税收征管带来了一定的困扰。建议进一步完善数据交易市场机制，推动数据交易市场健康发展，从而实现数据交易的公开、透明，提高数据税收征管的公平与效率。

建议三：密切跟踪国际数字服务税发展态势，做好相应准备。目前数字税多边解决方案在国际上已达成一定的共识，有可能改变国际上传统的税收规则。在这种背景下，我国应当精准把脉国际税收规则改革方向，适时完善数据相关业务的税收征管措施，重点是对国内互联网企业开拓海外市场遇到的数字税课税问题，提前做好应对之策。

参考文献：

中国电子信息产业发展研究院：《赛迪观点：数字经济是否存在税收流失风险？》，载 https://www.163.com/dy/article/G0ADT2BT05348OX3.html，最后访问日期：2021 年 1 月 19 日。

2020：北京海淀区的停车位共享

（1）花园路街道。

2020 年花园路街道以城建大厦、1201 厂为试点实行 250 余个车位有偿错时共享停车，有效缓解了周边小区停车难问题。

这 250 余个车位都是"私人订制"，不仅时间"共享"，停车位也"共享"。共享车位租赁价格为每月 350 元到 550 元不等，根据停车时长和时间段缴纳停车费。工作日 18 时至次日 8 时 30 分，350 块钱一个月，昼夜 24 小时停车，550块钱一个月，周末可全天停放。

（2）清河高铁站 200 个车位分期开放。

清河高铁站周边三个小区由于建成时间早没有规划停车位，停车曾是让小区居民头疼的事。

清河高铁站地下共建有南北两个停车场，北地下停车场停车位 306 个，目前不具备通车条件，暂未运营。南地下停车场于 2020 年 9 月 10 日正式投入运营，共有 234 个停车位。

2020 年 9 月，在海淀区城市管理委（海淀区交通委）及清河街道的协调下，根据清河高铁站停车场总车位数量及目前的客流量，在不影响站内接送旅客停车的情况下，清河高铁站提供 200 个共享车位解决周边居民停车难的问题。其中南地下停车场 100 个共享车位已经开放租赁，剩余 100 个有偿车位待 2021年北地下停车场运营后陆续开放。

为了鼓励周边居民错时停车，清河街道和清河高铁站及停车管理运营公司拿出了两套方案：前 50 个优惠车位 4400 元/年，后 50 个无优惠车位 5500 元/年。经过调查走访发现，错时停车位并不能解决周边居民实际问题，所以改成了全时段停车位。

（3）羊坊店街道。

根据《海淀区停车设施有偿错时共享实施方案（试行）》的相关精神，街道与海天停车下属的印象城停车场积极洽商，提供 200 个车位用于解决附近居民错时共享停车问题，停车费夜间包月 300 元/月。同时推出公众号在线办理停车业务，居民通过扫描二维码就可以办理错时共享停车，极大地方便了居民停车。

经全区 29 个街镇共同努力、统筹协调，海淀 2020 年共完成错时共享停车 62 处，全区错时共享可为居民提供停车位 4053 个，已达成错时共享停车 2141 个，促进了停车设施的有效利用，缓解了停车供需矛盾和群众停车难问题。

参考文献：

《新增 4053 个车位！》，载微信公众号"海淀那些事"，最后访问日期：2020 年 12 月 30 日。

参考文献

一、中文论著

1. 孔栋、左美云、孙凯:《O2O 模式分类体系构建的多案例研究》,载《管理学报》2015年第 11 期。

2. 叶惠:《移动互联网元年?》,载《通讯世界》2010 年第 12 期。

3. 王选:《市场需求是技术创新的动力》,载《发明与创新(综合版)》2005 年第 4 期。

4. 王毅:《需求导向的企业技术创新能力成长理论》,载《技术经济》2013 年第 1 期。

5. 王先甲、余子鹤:《网络外部性条件下差异化双边平台买者参与问题》,载《运筹与管理》2018 年第 4 期。

6. 王伟:《以共享单车为例浅谈共享经济法律规制的创新发展》,载《经济与管理科学》2017 年第 2 期。

7. 王灏晨、赵硕刚、李舒沁:《国外应对共享经济面临问题的措施及启示》,载《中国物价》2017 年第 8 期。

8. 王志勇、张侃、梁新:《C2C 电子商务信用评价与供应商优选改进模型研究》,载《武汉理工大学学报(信息与管理工程版)》2018 年第 6 期。

9. 北笙:《探索网络音乐平台背后的差异化布局》,载《互联网周刊》2017 年第 22 期。

10. 白一池:《现代信用风险管理模型和方法的比较研究》,载《现代营销(经营版)》2018 年第 9 期。

11. 冯华、陈亚琦:《平台商业模式创新研究——基于互联网环境下的时空契合分析》,载《中国工业经济》2016 年第 3 期。

12. 冯文娜:《互联网经济条件下的企业跨界:本质与微观基础》,载《山东大学学报(哲学社会科学版)》2019 年第 1 期。

13. 刘川:《互联网跨界经营的三种隔绝机制》,载《江汉论坛》2019 年第 4 期。

14. 刘铁、李桂华、卢宏亮:《线上线下整合营销策略对在线零售品牌体验影响机理》,载

《中国流通经济》2014 年第 11 期。

15. 刘瑞波、王成：《捆绑销售的理论解析、策略选择与研究展望》，载《山东财经大学学报》2020 年第 2 期。

16. 刘嘉：《电视节目包装中的跨界融合思维——以〈上新了·故宫〉为例》，载《中国广播电视学刊》2019 年第 10 期。

17. 吕正英、李想：《网络平台的竞争与跨界——一个理论视角的分析》，载《金融市场研究》2018 年第 10 期。

18. 朴春慧、安静、方美琪：《C2C 电子商务网站信用评价模型及算法研究》，载《情报杂志》2007 年第 8 期。

19. 任超、孙超：《付费搜索的反不正当竞争法规制——以〈反不正当竞争法〉修改为背景》，载《大连理工大学学报（社会科学版）》2019 年第 4 期。

20. 孙宝文、李二亮、王珊君：《动态交易保证金在网上交易信誉激励机制中的设计和实现》，载《经济与金融》2014 年第 26 期。

21. 朱振中、吕廷杰：《双边市场经济学研究的进展》，载《经济问题探索》2005 年第 7 期。

22. 杜两省、刘发跃：《线上与线下，联动还是竞争？——基于 ISPI 和 CPI 的线上线下价格差异收敛性分析》，载《投资研究》2014 年第 7 期。

23. 陈春春：《产业互联网的定义和分类》，载《互联网经济》2018 年第 9 期。

24. 陈滢：《浅析 O2O 模式的特性及推进其未来发展的建议》，载《中国商贸》2014 年第 15 期。

25. 陈红玲、张祥建、刘潇：《平台经济前沿研究综述与未来展望》，载《云南财经大学学报》2019 年第 5 期。

26. 陈林、张家才：《数字时代中的相关市场理论：从单边市场到双边市场》，载《财经研究》2020 年第 3 期。

27. 陈卫东、赵雪：《零售银行数字化发展的国际经验及启示》，载《中国银行业》2018 年第 11 期。

28. 陈筱贞：《共享经济流变中的法律运行探索》，载《经济论坛》2018 年第 2 期。

29. 何玥：《我国共享经济发展条件下的法律保障机制研究》，载《开封教育学院学报》2017 年第 7 期。

30. 张振接、梁祥丰：《Web3.0 向我们走来》，载《科技与出版》2007 年第 2 期。

31. 张玉泉：《O2O 线上线下协同发展新模式研究》，载《计算机光盘软件与应用》2014 年第 15 期。

32. 张茜、赵亮：《基于客户体验的 O2O 商务模式系统动力学建模与仿真研究》，载《科技管理研究》2014 年第 12 期。

33. 张卉：《探析网络预约车类共享经济平台的法律保护》，载《法制与社会》2016 年第 30 期。

34. 汪旭晖、张其林：《基于线上线下融合的农产品流通模式研究——农产品 O2O 框架及趋势》，载《北京工商大学学报（社会科学版）》2014 年第 3 期。

35. 汪旭辉、李晓宇、张其林：《多渠道零售商线上线下物流共生体构建模型及策略》，载《财经论丛》2014 年第 7 期。

36. 李普聪、钟元生：《移动 O2O 商务线下商家采纳行为研究》，载《当代财经》2014 年第 9 期。

37. 李金金：《移动互联网时代下共享经济模式的有关法律问题研究》，载《法制博览》2018 年第 6 期。

38. 李文：《现代信用风险管理模型比较分析》，载《金融经济》2016 年第 2 期。

39. 李平：《美国的知识产权保护制度对我国的启示》，载《世界经济与政治论坛》2003 年第 2 期。

40. 吴文钰：《城市便利性、生活质量与城市发展：综述及启示》，载《城市规划学刊》2010 年第 4 期。

41. 苏东风：《"三新"视角的"新零售"内涵、支撑理论与发展趋势》，载《中国流通经济》2017 年第 9 期。

42. 佟家栋等：《"逆全球化"与实体经济转型升级笔谈》，载《中国工业经济》2017 年第 6 期。

43. 励跃：《零售支付的创新与监管》，载《中国金融》2013 年第 12 期。

44. 周民：《世界互联网发展状况一瞥》，载《全球科技经济瞭望》2001 年第 4 期。

45. 金元浦：《互联网思维：科技革命时代的范式变革》，载《福建论坛（人文社会科学版）》2014 年第 10 期。

46. 金亮：《不同主导权下线上零售商定价与 O2O 渠道策略研究》，载《系统科学与数学》2018 年第 8 期。

47. 呼琦：《我国共享经济现状及其存在的法律问题》，载《法制与社会》2017 年第 12 期。

48. 孟雅蕾、王予、陈金广：《基于改进 AHP 的储层综合评价方法》，载《计算机系统应用》2016 年第 8 期。

49. 杨洋、李晓晖：《日本电子商务物流的发展经验及对中国的启示》，载《中国流通经济》2014 年第 4 期。

50. 杨帅：《共享经济带来的变革与产业影响研究》，载《当代经济管理》2016 年第 6 期。

51. 杨帅：《共享经济类型、要素与影响：文献研究的视角》，载《产业经济评论》2016 年第 2 期。

52. 罗珉：《价值星系：理论解释与价值创造机制的构建》，载《中国工业经济》2006 年第 1 期。

53. 罗珉、李亮宇：《互联网时代的商业模式创新：价值创造视角》，载《中国工业经济》2015 年第 1 期。

54. 庞晓、周悦：《城市共享单车治理的国际化比较研究》，载《现代商业》2018 年第 3 期。

55. 尚策：《融媒体的构建原则与模式分析》，载《出版广角》2015 年第 14 期。

56. 郑宇琦、张欣瑞：《平台企业的市场竞争策略探讨》，载《商业经济研究》2020 年第 6 期。

57. 郑毅夫：《论共享经济的法律规制问题》，载《山西农经》2018 年第 11 期。

58. 赵子军：《无接触配送国际标准诞生记》，载《中国标准化》2020 年第 8 期。

59. 赵振：《"互联网+"跨界经营：创造性破坏视角》，载《中国工业经济》2015 年第 10 期。

60. 胡海清、许垒：《电子商务模式对消费者线上购买行为的影响研究》，载《软科学》2011 年第 10 期。

61. 祝合良、王明雁：《消费思维转变驱动下的商业模式创新——基于互联网经济的分析》，载《商业研究》2017 年第 9 期。

62. 唐海军、李非：《长尾理论研究现状综述及展望》，载《现代管理科学》2009 年第 3 期。

63. 唐东平、王秋菊、丁禹宁：《差异化服务条件下双边市场平台定价策略》，载《工业工程》2013 年第 6 期。

64. 徐国虎、孙凌、许芳：《基于大数据的线上线下电商用户数据挖掘研究》，载《中南民族大学学报（自然科学版）》2013 年第 2 期。

65. 徐芳、应洁茹：《国内外用户画像研究综述》，载《图书馆学研究》2020 年第 12 期。

66. 徐晋、张祥建：《平台经济学初探》，载《中国工业经济》2006 年第 5 期。

67. 原磊：《国外商业模式理论研究评介》，载《外国经济与管理》2007 年第 10 期。

68. 原丕业、宋乃绪、万鹏：《微信小程序如何助力"新零售"》，载《管理工程师》2018 年第 6 期。

69. 郭馨梅、张健丽：《我国零售业线上线下融合发展的主要模式及对策分析》，载《北京工商大学学报（社会科学版）》2014 年第 5 期。

70. 郭国庆、杨明海：《营销科学的新问题：便利理论的研究评述及启示》，载《经济管理研究》2012 年第 4 期。

71. 郭全中：《小程序及其未来》，载《新闻与写作》2017 年第 3 期。

72. 郭可尊：《创新要以市场和客户的需求为出发点》，载《中国科技产业》2006 年第 7 期。

73. 耿强：《产业跨界融合，经济增长新动能》，载《新华日报》2017 年 12 月 20 日，智库专版。

74. 梁敏、郭金来：《激励与约束视角下共享经济的法律规制研究》，载《财经理论研究》2018 年第 3 期。

75. 黄令恭：《NGI——下一代的 Internet》，载《自然杂志》1998 年第 3 期。

76. ［日］植草益：《信息通讯业的产业融合》，中国工业经济杂志社编译，载《中国工业经济》2001 年第 2 期。

77. 蒋瑜洁：《日本分享经济的发展现状研究》，载《日本学刊》2018 年第 4 期。

78. 傅瑜：《网络规模、多元化与双边市场战略——网络效应下平台竞争策略研究综述》，载《科技管理研究》2013 年第 6 期。

79. 葛建华：《信息能力与现代零售企业的核心竞争力》，载《财贸经济》2005 年第 1 期。

80. 葛建华：《便利视角下中国 O2O 模式的演进路径研究》，载《吉首大学学报（社会科学版）》2017 年第 4 期。

81. 葛建华、赵梅：《延迟退休的适用性矩阵：对不同行业和岗位的分析》，载《北京行政学院学报》2018 年第 2 期。

82. 谢莉娟：《互联网时代的流通组织重构——供应链逆向整合视角》，载《中国工业经济》2015 年第 4 期。

83. 薛兆丰：《"捆绑销售"不应交给监管者来判断》，载《民主与法制时报》2016 年第 18 期。

二、学位论文

1. 张彩云：《外卖 O2O 商业模式评价研究》，哈尔滨工业大学 2016 年硕士学位论文。

2. 储益翔：《O2O 模式下的家具行业运营模式研究》，合肥工业大学 2013 年硕士学位论文。

3. 惠云云：《基于价值链的 O2O 电子商务商业模式评价研究》，南京邮电大学 2016 年硕士学位论文。

三、著作类

1. 《马克思恩格斯全集》（第 39 卷），人民出版社 2001 年版。

2. 《马克思恩格斯选集》（第 2 卷），人民出版社 1972 年版。

3. 《马克思恩格斯全集》（第 3 卷），人民出版社 1960 年版。

4. 《马克思恩格斯选集》（第 1 卷），人民出版社 2012 年版。

5. 孟鹰、余来文、封智勇：《商业模式创新——云计算企业的视角》，经济管理出版社 2014 年版。

6. 司晓等：《互联网+制造：迈向中国制造 2025》，电子工业出版社 2017 年版。

7. ［美］迈克尔·塞勒：《移动浪潮：移动智能如何改变世界》，邹韬译，中信出版社 2013 年版。

8. ［美］本杰明·戈梅斯-卡塞雷斯：《重混战略：融合内外部资源共创新价值》，徐飞、宋波、任政亮译，中国人民大学出版社 2017 年版。

9. 吕廷杰等编著：《信息技术简史》，电子工业出版社 2018 年版。

10. ［印］阿鲁·萨丹拉彻：《分享经济的爆发》，周恂译，文汇出版社 2017 年版。

11. 陈禹、方美琪：《复杂性研究视角中的经济系统》，商务印书馆 2015 年版。

12. 杨小平、李少庭主编：《融合与创新：新一代信息技术产业热点研究》，中国经济出版社 2016 年版。

13. 吴军：《浪潮之巅》，人民邮电出版社 2013 年版。

14. 张翼成、吕琳媛、周涛：《重塑：信息经济的结构》，四川人民出版社 2018 年版。

15. 芮廷先主编：《网络经济学》，上海财经大学出版社 2017 年版。

16. 张养成、刘冰：《经济学视阈下的互联网思维》，文化发展出版社 2016 年版。

17. 张波：《O2O：移动互联网时代的商业革命》，机械工业出版社 2013 年版。

18. 张文：《互联网+战略思维：传统企业 O2O 改造与落地》，人民邮电出版社 2016 年版。

19. 李志刚、余丛国、于吉等：《新连接：互联网+产业转型，互联网+企业变革》，电子工业出版社 2017 年版。

20. ［美］李相文、戴维·L. 奥尔森：《融合经济：融合时代的战略创新》，方晓光译，中国金融出版社 2013 年版。

21. ［美］克里斯托弗·G. 布林顿、［美］蒋濛：《网络的力量——连接人们生活的六大原则》，万锋译，中信出版集团股份有限公司 2018 年版。

22. ［美］克里斯·安德森：《长尾理论》，乔江涛译，中信出版社 2006 年版。

23. ［美］克莱顿·克里斯坦森：《创新者的窘境：大公司面对突破性技术时引发的失败》，胡建桥译，中信出版社 2010 年版。

24. ［美］鲍勃·罗德、［美］雷·维勒兹：《大融合——互联网时代的商业模式》，朱卫未、孙昕昕、王茜译，人民邮电出版社 2015 年版。

25. ［美］杰米里·里夫金：《零边际成本社会》，赛迪研究院专家组译，中信出版社 2014 年版。

26. 姜奇平：《网络经济：内生结构的复杂性经济学分析》，中国财富出版社 2018 年版。

27. 信息社会 50 人论坛主编:《重新定义一切:如何看待信息革命的影响》,中国财富出版社 2018 年版。

28. 夏志杰:《工业互联网:体系与技术》,机械工业出版社 2017 年版。

29. 夏妍娜、赵胜:《工业 4.0:正在发生的未来》,机械工业出版社 2015 年版。

30. [英]桑吉夫·戈伊尔:《社会关系——网络经济学导论》,吴谦立译,北京大学出版社 2010 年版。

31. [英]Sonja Jefferson、Sharon Tanton:《内容营销:有价值的内容才是社会化媒体时代网络营销成功的关键》,祖静、屈云波译,企业管理出版社 2014 年版。

32. 曹磊等:《互联网+:跨界与融合》,机械工业出版社 2015 年版。

33. 陆雄文主编:《管理学大辞典》,上海辞书出版社 2013 年版。

34. [美]雷切尔·博茨曼、路·罗杰斯:《共享经济时代:互联网思维下的协同消费商业模式》,唐朝文译,上海交通大学出版社 2015 年版。

35. [美]熊彼特:《经济发展理论——对于利润、资本、信贷、利息和经济周期的考察》,何畏、易家详译,商务印书馆 1990 年版。

36. [美]戴维·埃文斯、理查德·施马兰奇:《连接——多边平台经济学》,张昕译,中信出版集团股份有限公司 2018 年版。

四、英文论文

1. Amit R. and Zott C., "Value Creation in E - business", *Strategic Management Journal*, (2001) 22.

2. Amit R., and Zott C., "Crafting Business Architecture: The Antecedents of Business Model Design", *Strategic Entrepreneurship Journal*, 2015, 9 (4).

3. Brown, Lew G., "Convenience in Services Marketing", *Journal of Services Marketing* (1990), 4 (Winter).

4. Berry L., Seiders K. & Grewal D., "Understanding Service Convenience", *Journal of Marketing*, (2002) 7.

5. Byung-Cheol Kim & Jeongsik Jay Lee & Hyunwoo Park, "Two-Sided Platform Competition in the Online Daily Deals Promotion Market", *Working Papers*, *NET Institute* (2012).

6. Belk R., "You Are What You Can Access Sharing and Collaborative Consumption Online", *Journal of Business Research*, (2014) 67.

7. Christoph Zott, Raphael Amit & Lorenzo Massa, "The Business Model: Recent Developments and Future Research", *Journal of Management* (2011), 37 (4).

8. Cheung C., Chan G. and Limayem M., "A Critical Review of Online Consumer Behavior: Em-

pirical Research", *Journal of Electronic Commerce in Organizations*, 2005, Vol. 3, No. 4.

9. Christoph Zott, Raphael Amit & Lorenzo Massa, "The Business Model: Recent Developments and Future Research", *Journal of Management* (2011), 37 (4).

10. Caillaud B., Jullien B. M., "Chicken and Egg: Competition among Intermediation Service Providers", *Rand Journal of Economics* (2003), 34 (2).

11. Chen Y. M., "Equilibrium Product Bundling", *Journal of Business* (1997), 70 (1).

12. Choi JAY PIL., "Mergers with Bundling in Complementary Markets", *Journal of Industrial Economics* (2008), 56.

13. Dana J. D., Spier K. E., "Bundling and Quality Assurance", *The Rand Journal of Economics* (2018), 49 (1).

14. Dhruv Grewa, Ramkumar Janakiraman, Kirthi Kalyanam, P. K. Kannan, Brian Ratchford, Reo Song, Stephen Tolerico, "Strategic Online and Offline Retail Pricing: A Review and Research Agenda", *Journal of Interactive Marketing*, (2010) 24.

15. D. L. Hoffman, T. P. Novak, "Marketing in Hypermedia Computer Mediated Environments: Conceptual Foundations", *Journal of Marketing* (1996), 60 (3).

16. David Jobber, David Shipley, "Marketing–orientated Pricing: Understanding and Applying Factors That Discriminate Between Successful High and Low Price Strategies", *European Journal of Marketing*, 2012, Vol. 46, Iss: 11/12.

17. Daniele Scarpi, GabrielePizzi, "Marco Visentin Shopping for Fun or Shopping to Buy: Is It Different Online and Offline?", *Journal of Retailing and Consumer Services*, (2014) 21.

18. Edler J. and Georghiou L., "Public Procure–ment and Innovation–Resurrecting the Demand Side", *Research Policy*, (2007) 36.

19. Eisenmann T., Parker G., Van Alstyne M., "Strategies for Two–sided Markets", *Harvard Business Review* (2006), 84 (10).

20. Fujun Lai, Zhaofang Chu, Qiang Wang, Chunxing Fan, "Managing Dependence in Logistics Outsourcing Relationships: Evidence from China", *International Journal of Production Research* (2011), Vol. 51, No. 10.

21. Friedman E. J., Resnick P., "The Social Cost of Cheap Pseudonyms", *Journal of Economics and Management Strategy* (2001), 10 (1).

22. Geissingerab, Christofer Laurelcdl, Christian Sandström, "Digital Disruption beyond Uber and Airbnb–Tracking the Long Tail of the Sharing Economy", *Technological Forecasting and Social Change*, 2018.

23. Gandal N., et al., "Bundling in the PC Office Software Market", *GEPR, Working Paper*, 2005.

24. Hoberg G., Phillips G., "Text-based Network Industries and Endogenous Product Differentiation", *Journal of Political Economy* (2016), 124 (5).

25. Jacques Boulay, Brigitte de Faultrier, Florence Feenstra, Laurent Muzellec, "When Children Express Their Preferences Regarding Sales Channels: Online or Offline or Online and Offline?", *International Journal of Retail & Distribution Management* (2014), Vol. 42, Iss: 11/12.

26. Jillian Dawes Farquhar & Jennifer Rowley, "Convenience: A Services Perspective", *Article in Marketing Theory*, (2009) 11-4.

27. James F. Moore, "The Evolution of Wa-wart: Savy Expansion and Leadership", *Harvard Business Review*, (1993) May-June.

28. Jeffrey C., Neil G., "System Competition, Vertical Merger, and Foreclosure", *Journal of Economics & Management Strategy* (2000), 9 (1).

29. Katz M. L., Shapiro C., "Net-work Externalities, Competition, and Compatibility", *The American Economic Review*, (1985) 75.

30. Kodama M., Shibata T., "Developing Knowledge Convergence through a Boundaries Vision: A Case Study of Fujifilm in Jaoan", *Knowledge and Process Management* (2016), 23 (4).

31. Luqmani, Mushtag, Ugar Yavas, and Zahir A. Quraeshi, "A Convenience-Oriented Approach to Country Segmentation: Implications for Global Marketing Strategies", *Journal of Consumer Marketing* (1994), 11 (4).

32. Leismann, Kristin, Schmitt, Martina, Rohn, Holger, Baedeker, Carolin: "Collaborative Consumption: Towards a Resource-saving Consumption Culture", *Resources*, (2013) 2.

33. Laura Yale and Alladi Venkatesh, "Toward the Construct of Convenience in Consumer Research", in Richard J. Lutz eds., *NA - Advances in Consumer Research Volume*, Provo, UT, (1986) 13.

34. Lew G. Brown & Artha R. McEenally, "Convenience: Definition, Structure, and APPlication", *Journal of Marketing Management* (1993), (2) 2.

35. Liebowitz S. J., Margolis S. E., "Network Externality: An Uncommon Tragedy", *Journal of Economic Perspectives* (1994), 8 (2).

36. Lapo Filistrucchi, "A SSNIP Test for Two-Sided Markets: The Case of Media", *NET Institute Working Paper*, 2008.

37. McGuire, Tim, James Manyika, and Michael Chui, "Why Big Data Is the New Competitive Advantage", *Ivey Business Journal*, 2012 (7/8).

38. M. Granovetter, "The Strength of Weak Ties", *American Journal of Sociology*, 1973.

39. Michaela Stanko, Joseph M. Bonner, "Projective Customer Competence: Projecting Future Customer Needs That Drive Innovation Performance", *Industrial Marketing Management* (2013), 42 (8).

40. McIntyre D. P., Srinivasan A., "Networks, Platforms, and Strategy: Emerging Views and Next Steps", *Strategic Management Journal* (2017), 38 (1).

41. Meafee R. P., et al., "Multiproduct Monopoly, Commodity Bundiing, and Correlation of Values", *Quarterly Journal of Economics* (1989), 1 (2).

42. Mcgrath R. G., "The End of Competitive Advantage: How to Keep Your Strategy Moving as Fast as Your Business", *Research Technology Management* (2013), 56 (5).

43. Nguycn G. T., "ExploringCollaborative Consumption Business Models – case Peer – to – peer Digital Platforms", *Aalto University*, 2014.

44. Noe T., Parker G., "Winner Take All: Competition, Strategy, and the Structure of Returns in the Internet Economy", *Journal of Economics & Management Strategy* (2005), 14 (1).

45. Olimpia C. Racela, "Customer Orientation, Innovation Competencies and Firm Performance: A Proposed Conceptual Model", *Pro-cedia Social and Behavioral Sciences* (2014).

46. Oei S. Y., Ring D. M., "Can Sharing Be Taxed?", *Washington University Law Review* (2015), 94 (4).

47. Rosenkopf L., & Nerkar A., "Beyond Local Search: Boundary–spanning, Exploration, and Impact in the Optical Discindustry", *Strategic Management Journal* (2001), 22 (4).

48. Rochet J. C., Tirole J., "Platform Competition in Two–sided Markets", *Journal of the European Economic Association* (2003), 1 (4).

49. Régibeau P., "A Comment on Evans, Hagiu and Schmalensee", *CESifo Economic Studies* (2005), 51 (2-3).

50. Shaheen, George T., "Approach to Transformation", *Chief Executive*, March 1994.

51. Sigma Xi, "Removing the Boundaries: Perspectives on Cross–Disciplinary Research Final Report on an Inquiry", *Cross–Disciplinary Science* (1988).

52. Shahcen S. A., Cohen A. P., "Worldwide Carsharing Growth: An International Comparison", *Institute of Transportation Studies Working Paper* (2007).

53. Sach A., "IT–user–aligned Business Model Innovation (ITUA) in the Sharing Economy: A Dynamic Capabilities Perspective: EC1S", *Completed Research Papers* (2015).

54. Teece D., Pisano G., "The Dynamic Capabilities of Firms: An Introduction", *Industrial & Corporate Change* (1994), 3 (3).

55. Tobias Kollmann, Andreas Kuckertz, Ina Kayser, "Cannibalization or Synergy? Consumers'

Channel Selection in Online-Offline Multichannel Systems", *Journal of Retailing and Consumer Services*, (2012) 19.

56. Wen Gong, Rodney L. Stump, Lynda M. Maddox, "Factors Influencing Consumers' Online Shopping in China", *Journal of Asia Business Studies* (2013), Vol. 7, Iss. 3.

57. Whinstom D., "Tying, Foreclosure, and Exclusion", *American Economics Review* (1990), 80 (4).

58. Zhang Z., Luo X., Kwong C. K., et al., "Impacts of Service Uncertainty in Bundling Strategies on Heterogeneous Consumers", *Electronic Commerce Research and Applications*, (2018) 28.

五、英文学位论文

1. Voli Patricia Kramer, "The Convenience Orientation of Services Consumers: An Empirical Examination", Doctoral Dissertation, *College of Business and Public Administration*, *Old Dominion University*, 1998.

六、英文著作类

1. Ansoff H. I., *Corporate Strategy: An Analytic Approach to Business Policy for Growth and Expansion*, Penguin Books, 1965.

2. Botsman R. and Rogers R., *What's Mine Is Yours: The Rise of Collaborative Consumption*, Harper Business, 2010.

3. Cooper A., Robert Reimann R., Cronin D., *About Face 3: The Essentials of Interaction Design*, Wiley Publishing Inc., 2007.

4. Chesbrough H. W., *Open Innovation: The New Imperative for Creating and Profiting from Technology*, Harvard Business School Press, 2003.

5. Frank H. Knight, *Risk, Uncertainty and Profit*, Boston, MA: Hart, Schaffner & Marx; Houghton Mifflin, Co., 1921.

6. Gansky L., *The Mesh: Why the Future of Business Is Sharing*, Penguin, 2010.

7. J. T. Klein, *Crossing Boundaries: Knowledge, Disciplinarities, and Interdisciplinarities*, University Press of Virginia, 1996.

8. Karl Polanyi, *Trade and Markets in the Early Empires: Economies in History and Theory*, Free Press, 1957.

9. Mareh J. G., Simon H., *Organizations*, Wiley, 1958.

10. Von-Hippel E., *The Sources of Innovation*, Oxford University Press, 1988.

后 记

近年来，数字经济发展速度之快、辐射范围之广、影响程度之深，前所未有。

1996 年，美国新经济学家与策略大师唐·塔普斯科特（Don Tapscott）在其专著《数字经济：网络智能时代的希望和危险》中提出了"数字经济"概念。纵观这一概念的提出和发展，不难看出：正是互联网及相关技术的快速发展和在实践中的广泛应用，使全球经济深深地刻上了数字化的烙印，其对生产方式、生活方式和治理方式的深刻变革以及所产生的巨大活力，越来越清晰地呈现为"数字经济"这一全新的经济形态。它是以数据资源为关键要素，以现代信息网络为主要载体，以信息通信技术融合应用、全要素数字化转型为重要推动力，促进公平与效率更加统一的新经济形态。我国《"十四五"国家信息化规划》提出，到 2025 年数字经济核心产业增加值占 GDP 比重将从 2020 年的 7.8% 提高到 10%。

在数字经济逐步形成和发展的过程中，企业的价值创造模式也发生了很多改变，这些改变所催生的新现象和新名词层出不穷，令人目不暇接。究其本质，表现为各种层面上的融合，更进一步地表现为跨界、平台模式和数据流所贯穿的线上线下模式。这些改变，为产业、企业和个人的发展都带来了便利，共享经济更是集中地体现了这些特点。

本书的主要贡献是从跨界、平台模式、线上线下交互和便利性等四大问题入手，集中而深入地解读了数字经济时代的企业价值创造模式，期待能够为人们尤其是非技术专业人士提供参考。

在写作过程中，作者参考了国内外很多学者及各界人士的研究成果、相关文献（包括网络文献），并在注释和参考文献中列出，对重复出现的文献，并未多次标注，特此说明。对因难免的疏漏而未能列出的文献，特向相关作者致以歉意。

在此，特别感谢各位作者的无私分享，希望以后有机会交流合作。

特别感谢章亚如、陈风云、王亚婷、李可歆、赵梅、刘畅、严芳、武淏、杨亚娟、赵豪、车明遇、孔哲远、龚洛、文廷宇等，在资料搜集、企业调研、数据分析、图表制作和文稿校对等方面所做的工作。

感谢为本书出版付出辛勤劳动的中国政法大学出版社彭江先生、冯琰女士。

本书完稿于 2021 年 10 月，在其后的校对中，对部分数据和资料进行了更新。写作过程中听取了很多同行、同学、业界人士和朋友们的建议，在此一并表示感谢。

感谢您的阅读，期望对您有所裨益。限于作者的水平和精力，书中难免存在不足之处，欢迎批评指正。

作　者
2022 年 2 月